Le Mur de Sharon

Du même auteur

Les Larmes de la colère, Presses de la Renaissance, 1991.

Les Secrets de la guerre du Liban : du coup d'État de Bachir Gemayel aux massacres des camps palestiniens, Albin Michel, 2004.

Alain MÉNARGUES

Le Mur de Sharon

PRESSES
DE LA
RENAISSANCE

Ouvrage réalisé
sous la direction éditoriale de Victor LOUPAN

www.franceinter.com

Si vous souhaitez être tenu(e)
au courant de nos publications,
envoyez vos nom et adresse, en citant ce livre,
aux Éditions des Presses de la Renaissance,
12, avenue d'Italie, 75013 Paris.
Et, pour le Canada,
à Interforum Canada Inc.,
1050, bd René-Lévesque Est,
Bureau 100,
H2L 2L6 Montréal, Québec.

Consultez notre site Internet :
www.presses-renaissance.fr

ISBN 2.7509.0060.3

À Odette et Ralph

TRACÉ DU MUR

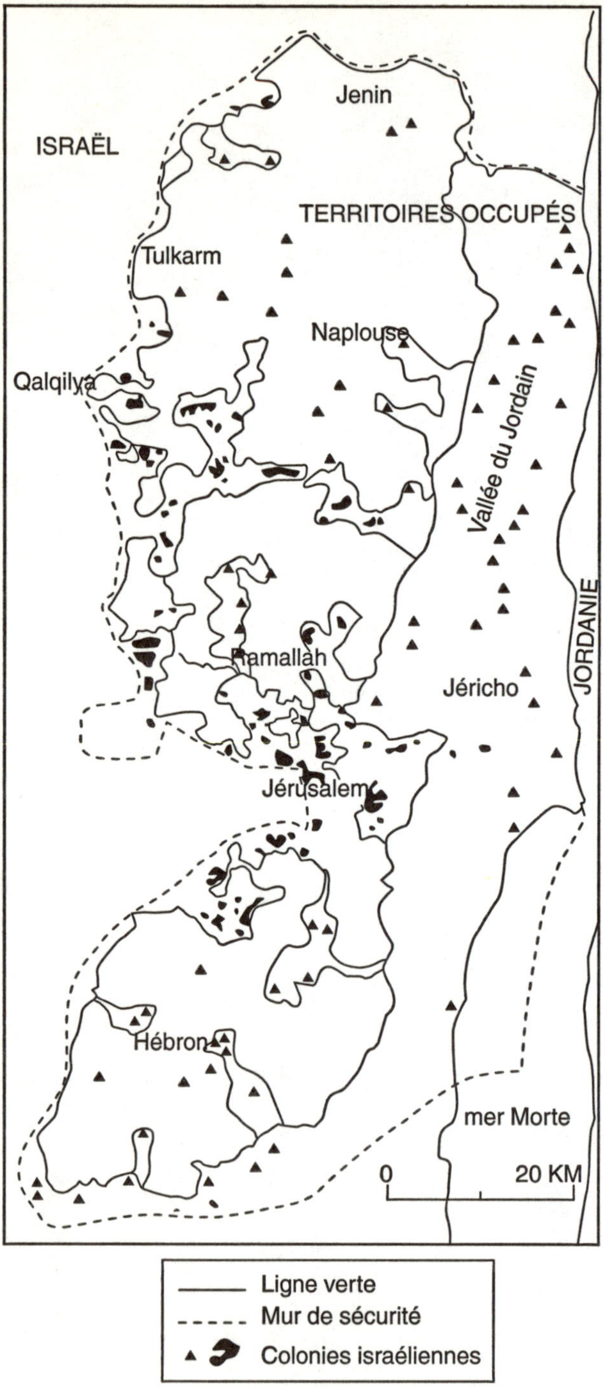
Jenin
ISRAËL
TERRITOIRES OCCUPÉS
Tulkarm
Naplouse
Qalqilya
Vallée du Jordain
JORDANIE
Ramallah
Jéricho
Jérusalem
Hébron
mer Morte
0
20 KM
Ligne verte
Mur de sécurité
Colonies israéliennes

« La guerre d'indépendance n'est pas terminée, 1948 ne fut que le premier chapitre. Chaque mètre de gagné est un mètre de plus pour Israël. »

Ariel Sharon, *Ha'aretz*, avril 2001.

Introduction

Après avoir longé les remparts et la porte des Lions, franchi le pont qui enjambe la naissance de la vallée Nakhal Kidron à hauteur de l'église de l'Assomption et traversé le vieux cimetière juif d'Har ha Zeitim, en laissant sur la droite l'impressionnante vision biblique de la vieille ville de Jérusalem, cerclée de ses hautes protections de pierres grises millénaires, et le dôme en or du rocher, j'ai enjambé l'épaule du mont des Oliviers pour plonger vers la mer Morte. La nuit venait tout juste de tomber. Le faisceau des phares balayait la façade des maisons : volets clos, rideaux des magasins tirés, trottoirs vides.

Il y un an à peine, l'animation de ce quartier arabe n'avait pas son pareil. Malgré l'occupation.

Quelques virages plus loin, la lumière des phares buta brutalement sur un mur de béton gris. Immense. Hideux. Si haut que le halo lumineux n'en atteignait pas le sommet. Menaçant, mais déjà couvert d'inscriptions : "Paid by the USA[1]", "Welcome to ghetto Abu Dis[2]", "From Warsow ghetto to Abu Dis ghetto[3]", "This wall will soon fall[4]". Et, soudain, « Israël Vaincra », œuvre sans doute d'un membre français du Betar[5] venu faire son service militaire en Israël. C'est du moins ce que je me suis dit.

1. « Payé par les USA ».
2. « Bienvenue au ghetto d'Abou Dis ».
3. « Du ghetto de Varsovie à celui d'Abou Dis ».
4. « Ce mur va bientôt tomber ».
5. Organisation sioniste regroupant essentiellement des jeunes, connue pour ses actions violentes.

Le spectacle que j'ai vu plus tard était effrayant. Des dizaines de bulldozers Caterpillar déchiquetaient les collines, déracinaient sur leur passage figuiers et pieds de vigne, écrasaient les vieilles maisons paysannes, dénudaient ces coteaux que tant de personnages bibliques avaient parcourus.

Le mur ? Une largeur d'autoroute à six voies, renforcé de haies d'acier de huit mètres de haut, surmontées de fils électriques. Aucun réalisateur n'aurait pu imaginer pour son film un tel périmètre pour un camp de prisonniers. Plus loin, des paysans regardent leurs oliviers, à travers le grillage. Les arbres sont en fleur. Enfermés derrière le mur, leurs champs, leurs pâturages, leurs puits sont condamnés. Un portail s'ouvre ou se ferme, au gré de l'humeur du soldat israélien de garde qui prélève, en sus, une taxe de péage : deux dollars[1] par personne et par franchissement. Taxe officiellement « illégale », mais prélevée classiquement par le détenteur de la force armée.

Les murs nous renvoient aux régimes totalitaires, à l'apartheid, à la honte[2]. Sauf qu'aujourd'hui, cela se passe en Israël, pays que nous avons pris l'habitude de considérer comme démocratique.

« Ce mur coupe le monde en deux », affirme Jean Baudrillard[3]. Il a raison.

Depuis plusieurs décennies, il y a d'un côté Israël et son allié stratégique américain et, de l'autre, le reste du monde. Comme si, pour les deux premiers, le peuple palestinien était une bande de « loqueteux » juste bonne à être parquée dans des réserves.

Cela fait des décennies que je parcours moi aussi la région. J'ai donc eu l'occasion de m'interroger plus d'une fois sur les raisons qui poussent Israël, État né d'une décision des Nations unies (!), à bafouer le droit international et à ignorer systématiquement les résolutions de l'Onu le concernant. Comme j'ai

1. Un peu moins de deux euros.

2. Voir l'article d'Éric Marty, professeur à Paris-VII, publié après un bref séjour à Jérusalem, dans *Le Monde* du 13 août 2003.

3. Auteur du *Pacte de Lucidité ou l'intelligence du mal* (Galilée, 2004). Dans le *Nouvel observateur*, 7 juillet 2004.

souvent pu constater l'arrogance d'Israël quand il s'arroge le droit d'être un pays « pas comme les autres », d'utiliser la manipulation et la désinformation pour arriver à ses fins.

Je ne le cache pas, la construction du mur de Sharon m'a choqué. Même si je savais que cette décision spectaculaire n'était ni soudaine, ni improvisée, mais ancrée dans l'histoire, fondée sur des postulats idéologiques et des réminiscences coloniales.

Le droit d'Israël à exister, à vivre en paix et en toute sécurité dans les frontières d'avant 1967 est une évidence. Les attentats terroristes qui frappent l'État hébreu sont moralement indéfendables et politiquement néfastes. Ils doivent être condamnés. Mais ils ne doivent pas pour autant interdire l'analyse. Je sais par avance que mon travail sera contesté et que certains extrémistes n'hésiteront pas à user des techniques tant de fois éprouvées du terrorisme intellectuel. Je sais également que les mots ne sont pas innocents. Que certains termes changent de sens en fonction des époques. Qu'ils se chargent d'affectivité, de souvenirs, de puissance symbolique. Le mot « juif » est de ceux-là. En France, nous avons pris l'habitude de tourner autour du pot. Nous disons « un chant juif », « une histoire juive ». Mais rares sont les goys[1] qui parlent de « juifs » comme ils parleraient de « catholiques » ou de « musulmans ». Nous bafouillons aussi souvent entre « israélite » et « israélien », ne sachant pas trop si le premier désigne bien la confession et le second la nationalité ou vice-versa. Une journaliste qui interrogeait un jour Roger Hanin hésitait elle aussi entre les deux. Avec la bonhomie mordante qu'on lui connaît, l'acteur lui aurait alors conseillé : « Dites juif comme tout le monde ». C'est ce que j'ai fait, moi aussi.

Le but de ce livre est de partager le fruit d'une recherche, pour tenter de mieux comprendre les tenants et les aboutissants de l'un des projets politiques, idéologiques et stratégiques les plus spectaculaires de la modernité. Comme celui de Berlin,

1. Terme à connotation péjorative, traditionnellement utilisé par les juifs pour désigner ceux qui ne le sont pas.

le mur de Sharon est plus qu'un mur. Balafre spectaculaire et laide, construction pharaonique jugée utile par certains et inutile par d'autres, il est l'expression du dernier avatar d'un conflit tragique dont il symbolise à la fois l'échec et l'impasse. Lancée au mépris des lois et des résolutions internationales, la construction du mur de Sharon est aussi, qu'on le veuille ou non, un défi à la morale. Et cette immoralité que chacun ressent le rend encore plus inadmissible.

Chapitre I

Pourquoi le mur ?

La peur incommensurable

Le ciel tomba littéralement sur la tête d'Israël, le 13 septembre 1993. Yasser Arafat et Yitzhak Rabin non seulement se reconnaissaient mutuellement, mais ils allaient signer des accords de paix. Tsahal allait se retirer des territoires occupés depuis 1967[1], une Autorité palestinienne allait être élue et son statut définitif négocié. L'État palestinien était en vue. Cette nouvelle déstabilisa une grande partie de la population israélienne. Personne, dans l'État hébreu, n'avait jamais vécu un seul jour de paix totale.

Les accords d'Oslo avaient été négociés dans le secret le plus absolu. Cela faisait des années que, d'entrevues secrètes en discussions officieuses, les ennemis de plus de soixante ans se rencontraient pour en parler. Sans résultats. Leur population en avait presque pris l'habitude et n'y prêtait plus une grande attention. Et puis, brusquement, éclatait cette déclaration de principe israélo-palestinienne sur l'autonomie. Ensuite la signature de plusieurs traités. La poignée de mains, devant le parrain Bill Clinton, sur la pelouse de la Maison Blanche à

1. Un accord qui devait être signé le 13 décembre 1993 sur le retrait des troupes israéliennes de Gaza et de la zone de Jéricho le fut finalement le 4 mai 1994.

Washington. La rupture avec le passé fut rapide. La paix. Nul ne savait ce qu'elle pouvait concrètement représenter. Elle faisait peur. Israël était tellement ancré dans la guerre, l'État hébreu pensait si peu à la paix qu'aucun débat de fond n'avait encore été entrepris sur sa forme et son contenu. Cinquante ans après l'indépendance, la société israélienne subissait le premier grand choc de la normalisation. Jamais autant de questions sur la nature de son identité ne s'étaient posées, jamais la remise en cause de ses mythes fondateurs n'avait été aussi claire.

Dans le passé, des réflexions avaient bien eu lieu en Israël. Timides. Ceux qui en parlaient, les « pacifistes », étaient taxés au mieux de fous, au pire de traîtres. Il y avait même eu quelques esquisses de solution, comme celle du Premier ministre, Menahem Begin, qui avait envisagé de donner une « certaine indépendance » aux Palestiniens à la condition que l'État hébreu garde la souveraineté du sol. « Les Palestiniens peuvent être indépendants à partir de la semelle de leurs chaussures », avait alors raillé Yasser Arafat.

L'année 1995 vit successivement la libération des grandes villes arabes ; l'élection du président Yasser Arafat – considéré par une partie de la droite, Ariel Sharon en tête, comme un terroriste – et d'un conseil législatif ; la signature des accords d'Oslo I ; l'installation de l'Autorité palestinienne et enfin, dans les derniers jours d'octobre, la signature d'Oslo II. Pour les Israéliens, des repères essentiels étaient remis en cause : des certitudes, rabâchées depuis l'enfance, d'un sionisme exigeant un territoire qui devait s'étendre jusqu'au Jourdain ; l'avenir qui devait, confusément, se construire sans « l'autre ». Resurgissaient la vieille anxiété, presque disparue, de l'Arabe impur et différent[1], les haines, les préjugés et stéréotypes accumulés au cours de deux mille ans de persécutions, de cent dix ans de conflits et d'un génocide.

La paix éclatait. « Pour demain. » Insupportable.

1. Voir « La séparation du pur et de l'impur » p. 50.

D'autant plus insupportable qu'après les accords d'Oslo, l'idée de paix s'était décantée d'une façon empirique, découvrant, telle la grève à marée basse, des visions fondamentalement différentes de l'avenir. La gauche, celle de Shimon Peres et de Yitzhak Rabin, s'était mise à plaider, malgré la résistance des militaires[1], pour un Israël intégré, ouvert à une politique de coopération avec les États voisins. Un Israël dont la dimension juive devenait presque une composante seconde, voire secondaire, de la réalité nationale. La droite de Ariel Sharon et de Binyamin Netanyahu, de son côté, hurlait à la trahison, mettait en avant les spécificités juives historiques et religieuses, le sionisme pur et dur de Theodor Herzl et de Ze'ev Jabotinsky. Pour cette droite, il n'était pas question d'abandonner les territoires de « Judée et de Samarie[2] ». Il fallait à tout prix limiter, à défaut d'annuler, la portée des accords signés avec les Palestiniens en ancrant profondément Israël en Occident et en le tenant éloigné – sauf peut-être sur un plan économique – des pays de la région.

Le débat entre les deux conceptions fut sans pitié. Tous les coups furent bons. Gonflés de passion et d'émotion jusqu'à la déraison, les Israéliens s'exacerbèrent, s'invectivèrent, s'insultèrent. Leurs hommes politiques commencèrent à tergiverser. Les négociations avec les Palestiniens, qui se poursuivaient, devinrent de plus en plus âpres. Chaque accord donné par Tel-Aviv était soumis à conditions au moment de son application. Les contradictions de la société israélienne, masquées depuis cinquante ans par l'état de guerre, éclatèrent au grand jour. Les extrémistes, affolés par la perspective d'être définitivement marginalisés, se mobilisèrent. Ariel Sharon et ses amis menèrent contre Rabin une campagne hystérique, certains allant jusqu'à le représenter en uniforme SS[3]. Le Premier ministre tomba finalement sous les balles d'un juif extrémiste, le 4 novembre 1995.

---

1. Voir début du chapitre 2, p. 84-85.
2. Les Israéliens utilisent les noms bibliques de la Cisjordanie.
3. *Cf.* Amnon Kapeliouk, *Rabin, un assassinat politique*, Le Monde éditions, Paris, 1996.

Côté palestinien, l'immense espoir provoqué par le début d'application des accords d'Oslo fut mis à mal par le manque de vision politique, puis miné par une guerre d'influence entre l'OLP de l'intérieur et celle de l'extérieur. Les notables des territoires occupés tentaient de résister aux cadres, venus avec Yasser Arafat, qui trustaient tous les pouvoirs. Là aussi, l'extrémisme incontrôlable – ou incontrôlé –, les réactions émotionnelles, les provocations[1] puis la destruction des structures régaliennes palestiniennes débouchèrent sur une spirale de violence. Tout finit par basculer et par laisser, face à face, l'honneur arabe, valeur suprême des Palestiniens, et la vie, valeur suprême des juifs. Le cycle humiliations-assassinats-représailles s'installe au quotidien, avec son lot de peur en Israël comme en Palestine occupée. « On a le sentiment de revenir à l'époque du mandat britannique, qui a précédé la création de l'État d'Israël, où deux communautés s'affrontaient par les armes », souligna l'historien Tom Segev[2]. Il est vrai que, depuis un demi-siècle, jamais autant d'actes de barbarie ne s'étaient multipliés à ce rythme : assassinats d'enfants, tirs au canon sur des manifestants, bombes aériennes d'une tonne sur des zones habitées, attentats suicides, pogroms anti-Arabes, lynchage de soldats israéliens, incendie de mosquées, destruction du tombeau de Joseph, bombardements depuis des avions F-16 et tirs de missiles d'hélicoptères, exécutions extrajudiciaires… La bataille politique coloniale d'un peuple contre un autre, occupé, luttant pour sa liberté, s'était transformé en combat ethnico-religieux à mort.

La crainte de « l'Arabe » est, depuis longtemps, profondément ancrée dans les esprits israéliens. Elle a débuté bien

---

1. En septembre 2000, Ariel Sharon, pour montrer qu'il était partout chez lui à Jérusalem, entouré de gardes du corps a fait une incursion longuement annoncée sur le Har ha Baït, l'enceinte de la grande mosquée construite sur l'esplanade du temple. Ce geste et les manifestations palestiniennes qui l'ont accompagné marquent le début de la seconde et meurtrière Intifada.

2. *L'Humanité*, 12 octobre 2000.

avant l'installation en Palestine des juifs émigrants venus d'Europe centrale et s'est cristallisée ensuite de crises en guerres, de massacres en attentats, de violences en exactions. Bon nombre d'Israéliens, à commencer par les chauffeurs de taxi, refusent toujours de se rendre dans la partie arabe de Jérusalem, pourtant annexée unilatéralement par l'État hébreu depuis trente-sept ans. La Ligne verte[1] qui a coupé la ville en deux, entre 1948 et 1967, est toujours gravée dans les subconscients. Infranchissable.

De plus, contenus loin des frontières de l'État hébreu depuis la création d'Israël, les combats israélo-arabes se sont rapprochés au fil des années. « Ils ont tiré dans notre salon » titrait à la une, sur cinq colonnes, le quotidien *Yediot Aharonot*, en 1996, après la première attaque palestinienne à la mitrailleuse contre la colonie de Gilo, considérée par les Israéliens comme un quartier périphérique de Jérusalem. La violence armée « passait la frontière » et s'installait durablement au cœur d'Israël. Après 1993, les attentats contre la population civile et les soldats israéliens se sont multipliés. Il y a eu cent trente-deux attentats entre le 6 avril 1994 et le 17 avril 2004. Des centaines de morts et des milliers de blessés. Le mode opératoire des kamikazes s'est, petit à petit, adapté à la sophistication des mesures de sécurité mises en place par l'État hébreu. Des hommes, puis des femmes et même des enfants se sont ceinturés d'explosifs pour aller mourir contre un Abribus ou une salle de restaurant afin de faire le plus de victimes possibles. Le Shin Beth[2] a même arrêté, près de Naplouse, un activiste palestinien, Rami Abdallah, qui s'apprêtait à se suicider à l'explosif à Tel-Aviv durant la semaine de la Pâque juive, après avoir placé sur la bombe une poche de sang infecté du virus HIV afin de contaminer les blessés touchés par les éclats[3].

1. Appelée ainsi parce que une végétation luxuriante verte avait poussé entre les barbelés du *no man's land* qui séparait l'État d'Israël et la Jordanie entre 1948 et 1967.

2. Service de sécurité intérieur. La DST israélienne.

3. Annonce faite par le Shin Beth le 11 avril 2004.

La crainte des attentats est aujourd'hui une véritable phobie. Les restaurants sont désertés. Les chauffeurs de bus scrutent les passagers qui ne sont pas des habitués de la ligne. Les modes de vie ont changé. Des dizaines de cafés ont fermé faute de clients, comme Le Moment, célèbre établissement du quartier Rehavia à Jérusalem[1]. L'existence quotidienne est suspendue à l'actualité. Un transistor ou un téléphone mobile en permanence sous la main, les Israéliens sont collés « aux événements » afin de mesurer le risque d'éventuelles représailles palestiniennes. En cas de risque important, nombreux sont ceux qui restent calfeutrés chez eux, attendant la riposte redoutée. Le 22 mars 2004, dans les minutes qui suivirent l'exécution extrajudiciaire du cheikh Ahmed Yassine, le leader spirituel du mouvement islamiste Hamas, avec des missiles tirés d'hélicoptères, les rues de Jérusalem se vidèrent entièrement. Des patrouilles et des contrôles de l'armée quadrillèrent la ville de jour comme de nuit. Les policiers, dans les rues, saluaient les passants de sonores « *Shalom*[2] ! ». Selon l'accent qui teintait les réponses, vérifiaient ou non les papiers d'identité. La vie était comme suspendue. Durant des jours, cette ambiance lourde et angoissante étreignit la population de la Ville sainte. Au bout d'une semaine, une femme s'écria : « Mais qu'ils la posent, leur bombe, qu'on en finisse ! »

Cette tension et cette peur permanentes ont profondément traumatisé l'opinion israélienne, entraînant un besoin immédiat, dominant de sécurité. Tout devint acceptable dès lors que l'objectif était de mettre fin à cette angoisse ravageuse. Ariel Sharon fut élu avec une confortable avance, le 6 février 2001, simplement parce qu'il promettait de ramener la paix et la sécurité. Déjà, en 2000, l'annonce, par le gouvernement sortant de Yehud Barak de la mise en place d'une séparation physique, un mur, avec les Palestiniens avait provoqué un véritable soulagement dans la population. L'objectif affiché était de protéger les Israéliens. Le choix de faire « autour » de la Cisjordanie occupée ce qui avait été fait – avec succès – à Gaza semblait de

1. Début août 2004.
2. « Paix » en hébreu. Signifie également « bonjour ».

bon sens. D'autant qu'un consensus général admettait confusément l'existence d'un État palestinien à côté d'Israël.

La « clôture[1] » devint donc le centre de toutes les préoccupations. Mieux, elle fut considérée comme *le* remède miracle par une majorité d'Israéliens. C'était le meilleur moyen de refouler les Palestiniens et tout ce qu'ils représentaient. Et puis, en pleine conscience, une partie de la gauche estima également que c'était aussi le meilleur moyen de se séparer discrètement, mais dans un même mouvement, des colons et leurs exigences onéreuses. Une façon de tirer le rideau…

Pour Gadi Algazi, professeur israélien réputé d'histoire contemporaine à l'Université de Tel-Aviv : « Ce n'est pas la première fois que l'on utilise les peurs pour justifier un projet politique qui, au nom de la sécurité à court terme, crée une situation dangereuse à long terme. Ce n'est pas non plus la première fois que les Israéliens confondent sécurité et vie derrière des barbelés. »

Personne ne connaissait la dimension du projet. En fait, personne ne s'y intéressait – pas même les Palestiniens. Les gouvernements israéliens successifs se gardèrent bien de communiquer quoi que ce soit sur le sujet. La presse a mis dix-huit mois pour commencer à en parler. Pourtant, la lecture du tracé sur une carte suffisait à faire comprendre qu'il ne s'agissait pas d'une simple barrière sécuritaire.

Le mur, une vieille idée

En Palestine, dans les années 1850, les relations entre la Yishuv[2] et les Arabes étaient celles d'une cohabitation de deux communautés bien distinctes l'une de l'autre. Au même

1. Terme utilisé par les hommes politiques israéliens au début du projet.
2. Communauté d'immigrants juifs en Palestine avant la formation de l'État.

moment, en Europe, un débat agitait le monde juif. Une large majorité, notamment les progressistes, estimait que le devenir des juifs résidait dans une assimilation au sein de leur pays de résidence. C'était le cas du père de Theodor Binyamin Ze'ev Herzl, l'émigré yougoslave résidant à Budapest. Mais une minorité active rejetait cette idée, affirmant que l'assimilation dans le milieu politique et social était une perte d'authenticité.

Le jeune Theodor Herzl partageait les idées de son père. Devenu journaliste, correspondant de l'agence Neue Freie Presse à Paris, il fut pris dans l'effervescence anti-juive de l'époque. Un temps, il songea même à se convertir au christianisme pour échapper aux discriminations sociales. Le 5 janvier 1895, dans la grande cour de l'École militaire, il assista, bouleversé, à la dégradation publique du capitaine Alfred Dreyfus. Ce fut pour lui une révélation. « Dorénavant, la question juive n'est ni une question sociale ni une question religieuse, c'est une question nationale », écrivit-il peu après. Il reprit, avec passion, une vieille idée : un pays pour les juifs. Ils pourraient s'y réfugier pour ne plus subir de persécutions. Durant les premiers mois de sa réflexion, il ne s'intéressa pas à la Terre sainte. Il envisageait de créer un État juif dans une zone peu ou pas peuplée, évoquant, au cours de différentes discussions, Chypre, l'Argentine, le Mozambique ou l'Ouganda. Cependant peu à peu, il prit conscience du pouvoir mobilisateur d'un appel à émigrer en Palestine. La Terre promise « constituait un cri de ralliement d'une irrésistible puissance ». Dans son livre fondateur *L'État juif* [1], il affirma : « La Palestine est notre inoubliable patrie historique. » L'année suivante, Theodor Herzl organisa un congrès juif à Bâle, ville à cheval sur la Suisse, l'Allemagne et la France. « Mon programme est un programme colonial », s'écria-t-il à la tribune[2]. Il fut ovationné. Le Mouve-

1. Titre d'origine : *Der Judenstaat, Versuch einer Modernen Lösung der Judenfrage* (*L'État juif, recherche d'une réponse moderne à la question juive*), 1896.

2. Theodor Herzl (1860-1904) fut également à l'origine de la création de la Banque nationale juive et du Fonds national juif pour l'achat de terres en Palestine.

ment sioniste, dont l'objectif proclamé était de créer un État juif, venait de naître[1]. Il était cependant loin de faire l'unanimité dans la communauté. Au moment même où se tenait le congrès de Bâle, la conférence centrale des rabbins américains à Montréal adoptait une motion « désapprouvant totalement toute initiative visant à la création d'un État juif » et affirmant que « l'objectif du judaïsme n'est ni politique ni national, mais spirituel ».

Le sionisme prônait ce qui serait qualifié, aujourd'hui, de philosophie coloniale de gauche, c'est à dire une politique de conquête territoriale, régulatrice sociale et économique, garante du respect des ouvriers. Le « retour à la terre » qu'elle recommandait stipulait que le travailleur juif ne devait pas exploiter d'autres travailleurs, *a fortiori* des Arabes. La vision dominante du Mouvement, à l'époque, était de faire comprendre à ces derniers tous les bénéfices qu'ils tireraient de l'immigration coloniale juive, en leur expliquant qu'elle les « civiliserait ».

Peu à peu, une armature institutionnelle se constitua au sein de la Yishuv. Furent créés le Syndicat socialiste confédéré, l'Agence juive[2] et une milice armée, la Haganah[3], dont le but était de protéger les quartiers et villages agricoles. David Ben Gourion[4] devint le chef des socialistes juifs de Palestine, en 1921. Les dirigeants de ces institutions colonisatrices étaient persuadés que les Arabes consentiraient volontiers à la création du foyer national juif en Palestine. Ce fut loin d'être le cas. Les terres étaient achetées par les organisations sionistes à des propriétaires libanais et syriens

1. Le programme établi à Bâle consacra le shekel comme cotisation (future unité monétaire d'Israël), la *Hatikvah* comme hymne national et le drapeau frappé de l'étoile de David comme emblème.

2. Son but était d'organiser le développement des implantations juives en Palestine.

3. « Défense » en hébreu.

4. David Grün, mieux connu sous le nom de Ben Gourion (emprunté à un héros de la résistance juive contre les Romains), était « monté » en Israël, alors partie de l'Empire ottoman, en 1906.

qui ne résidaient pas sur place. Elles devenaient alors « inaliénables » et ne pouvaient être rétrocédées aux Arabes.

La Première Guerre mondiale provoqua, indirectement, une profonde scission dans le mouvement sioniste. Une minorité de ses membres, avec à leur tête, un journaliste, Ze'ev Jabotinsky, sceptique sur l'acceptation du sionisme par les Turcs et les Arabes, prôna un engagement total auprès des alliés avec la constitution d'une force militaire juive pour libérer le Proche-Orient de la domination ottomane. L'objectif était d'obtenir ainsi, en retour, une place à la table des inévitables négociations de paix qui suivraient et le droit de réclamer la création d'un État juif indépendant en Palestine. Il ne fut suivi ni par le Mouvement sioniste ni par les Anglais, malgré la création d'un éphémère Corps des muletiers de Sion, en 1915, durant la guerre des Dardanelles, qui ne combattit qu'une fois à Gallipoli[1] avant d'être dissout.

Né à Odessa, en Ukraine, où il fit ses études, Ze'ev Jabotinsky[2] était à l'origine plus imprégné de culture russe que juive. Correspondant à Berne, en Suisse, de deux journaux de sa ville natale, il se passionna pour les idées socialistes et sionistes et se distingua en affirmant, dans l'un de ses premiers essais[3] : « Toutes les nationalités ont des fondements raciaux différents et que la race définit les mentalités. » Installé à Jérusalem, rédacteur en chef du nouveau journal en hébreu *Hadoar*, Jabotinsky s'investit physiquement dans la défense des quartiers juifs durant les émeutes arabes de 1920. Il se dressa contre Londres lorsque, en septembre 1922, la

1. Ce port est situé sur la rive nord du détroit des Dardanelles, à l'endroit où celui-ci s'élargit pour devenir la mer de Marmara. La ville a donné son nom à la longue péninsule dont le nom turc est Gelibolu.
2. 1880-1940.
3. Ze'ev Jabotinsky, *Race et nationalité.*

Grande-Bretagne amputa de plus de 75 % la Palestine du mandat pour constituer le royaume de Transjordanie[1] et mettre à sa tête l'émir Abdallah, l'un des fils de l'émir Hussein, sultan de La Mecque[2]. Le Mouvement sioniste, lui, ne broncha pas. Jabotinsky se sentit trahi : les juifs ne s'opposaient pas militairement à la mutilation du territoire qui devait leur revenir. Pour contrer les Anglais, les dirigeants sionistes, jouant l'action diplomatique, recherchèrent des alliés dans la communauté internationale[3]. Ils prirent contact un peu plus tard avec le fondateur du fascisme italien, Benito Mussolini[4].

Ze'ev Jabotinsky claqua la porte de l'Organisation sioniste en 1923 et constitua aussitôt une Fédération sioniste indépendante, fondée sur la révision des relations entre le mouvement sioniste et les Anglais. Il milita pour un profond remaniement des conceptions sionistes de Herzl. Le slogan unificateur des « révisionnistes », « *Raq Kakh*[5] », était surmonté d'un bras armé d'un fusil, sur fond de Grande Palestine d'avant 1922[6]. Leur objectif était de développer une immigration juive de masse vers la Palestine[7]. Ils affirmaient que les « socialistes » qui dirigeaient le Mouvement sioniste n'étaient pas conscients de la contradiction profonde qui

---

1. Aujourd'hui la Jordanie.
2. La création de cette nouvelle entité territoriale, confiée à un hachémite, découlait de la promesse faite pendant la guerre au sultan de La Mecque par la Grande-Bretagne de créer un royaume arabe en échange de son alliance contre Istanbul.
3. *Cf.* « Aux origines de la pensée de M. Netanyahou », *Le Monde diplomatique*, novembre 1996.
4. Nahum Goldman, président de l'Organisation sioniste mondiale, fut reçu en 1927 par le Duce qui le reconnut comme « fasciste ».
5. « Seulement ainsi ».
6. Par analogie, le pavillon du Hezbollah libanais est un poing tendu tenant une Kalachnikov sur un fond représentant la mosquée Al-Aqsa de Jérusalem.
7. Il souhaitait en faire venir quarante mille par an.

existait entre leurs aspirations et celles, nationalistes, de la population arabe.

Dans un article resté célèbre[1], Jabotinsky précisa : « Il est impossible de rêver d'un accord volontaire entre nous et les Arabes. Ni maintenant ni dans l'avenir prévisible [...] Toute nation, civilisée ou primitive, voit sa terre comme son foyer national où elle veut demeurer seule propriétaire. Une telle nation n'acceptera jamais de son plein gré de nouveaux propriétaires [et] combattra les colons aussi longtemps qu'elle pourra espérer s'en débarrasser. Ainsi les Arabes se comportent-ils et ainsi continueront-ils à se comporter tant qu'il y aura dans leur cœur une étincelle d'espoir d'empêcher la Palestine de se transformer en Eretz Israël. Seul le mur de fer des baïonnettes juives pourrait forcer les Arabes à accepter l'inévitable. » Ce fut la première référence à un mur. L'idée de séparation de Jabotinsky, lancée en 1923, sera exécutée quatre-vingt-un ans plus tard, en 2002, par ses descendants politiques, Ariel Sharon en tête.

Dans le cadre idéologique défini par Ze'ev Jabotinsky, parallèlement au parti révisionniste, naquirent le Mouvement de la jeunesse sioniste Betar[2] et diverses organisations armées secrètes distinctes de la Haganah : l'Irgoun Tsva'ï Le'oummi[3], dont l'histoire retiendra le premier mot, et le Lekhi[4], plus connu sous le nom de groupe Stern. Ne se résignant pas à « l'amputation » de la Transjordanie du « corps de la mère-patrie », l'Irgoun et le Stern menèrent une offensive à la fois contre les Anglais et les Arabes. Politiquement, l'Union mondiale des sionistes révisionnistes, créée en 1925, entra

1. Intitulé « La muraille de fer » (Les Arabes et nous).

2. Mouvement de jeunesse sioniste consacré notamment à l'autodéfense dont le but est la création d'un État juif sur les deux rives du Jourdain. Le nom « Betar » est un sigle ayant pour référence une ancienne forteresse de Bar Kokhba.

3. Organisation militaire nationale.

4. Lekhi, initiales hébraïques de *Lohamei Herouth Israël* (« Combattants de la liberté d'Israël »).

immédiatement en conflit avec la puissante Fédération du travail. Toutes les tentatives de rapprochement entre les « révisionnistes » de Jabotinsky et les « travaillistes » de Ben Gourion furent vaines. Ils demeurèrent d'âpres adversaires politiques. Ils le sont toujours.

Largement minoritaire mais très actif, Ze'ev Jabotinsky voulait convaincre les juifs de faire leur Alyah[1]. Les Sionistes travaillèrent, infatigablement, à « rééduquer » les juifs allemands. « Il y eut une pression considérable pour qu'ils cessent de s'identifier aux Allemands et pour éveiller, en eux, une nouvelle identité nationale juive[2]. » À l'avènement d'Adolf Hitler en 1933, la Fédération sioniste d'Allemagne adressa un mémorandum de soutien au parti national-socialiste[3] dans lequel il était notamment écrit : « Depuis que la fondation du nouvel État [germanique] a proclamé le principe de race, nous souhaitons adapter notre communauté à ces nouvelles structures. » Et plus loin : « Nous aussi, nous sommes contre les mariages mixtes et désireux de maintenir la pureté du groupe juif. »

Ainsi donc, les juifs, intégrés à la société allemande comme citoyens de plein droit, constituaient une menace aussi bien pour la « race juive » que pour la « race aryenne ». Jabotinsky avait affirmé, quelques années plus tôt, dans l'un de ses écrits : « Il est impossible à un homme de s'assimiler à un peuple dont le sang est différent du sien. Pour être assimilé, il faudrait qu'on change son corps, il doit devenir leur par son sang. Il ne peut y avoir d'assimilation. Nous n'autoriserons pas des choses du genre des mariages mixtes parce que la préservation de notre intégrité nationale est impossible autrement que par le maintien de la pureté de la race et, pour ce faire, nous aurons

---

1. Alyah : Littéralement « ascension ». Immigration des juifs vers la terre d'Israël.

2. Francis Nicosia, (écrivain américain), *The Third Reich and The Palestine Question* (*Le IIIe Reich et la question de la Palestine*), University of Texas Press, 1985.

3. Le 21 juin 1933.

ce territoire dont notre peuple constituera la population racialement pure. »

Ces propos expliquent, sans doute, pourquoi le Betar, principal mouvement de jeunesse fondé par Jabotinsky, fut autorisé à défiler en uniforme dans les rues de Berlin, dans les mois suivant l'arrivée au pouvoir d'Adolf Hitler.

Un jeune rabbin de Berlin, Joachim Prinz[1], affirmait à la même époque que la révolution nationale-socialiste allemande signifiait « la judaïté pour les juifs ». Pour lui, « aucun subterfuge ne peut sauver [les juifs] à présent. À la place de l'assimilation, nous désirons un nouveau concept : la reconnaissance de la nation juive et de la race juive[2]. » Cette vision raciale reçut le soutien effectif et total de certains dirigeants hitlériens. Ainsi Reinhart Heydrich, chef de sécurité de la SS[3], écrivit en 1935[4] : « Nous devons séparer les juifs en deux catégories : les sionistes et les partisans de l'assimilation. Les sionistes professent une conception purement raciale et, par l'émigration en Palestine, ils aident à bâtir leur propre État juif. » Alfred Rosenberg, principal théoricien du IIIe Reich, alla, lui, jusqu'à affirmer : « Le sionisme doit être vigoureusement soutenu afin qu'un contingent annuel de juifs allemands soit transporté en Palestine. » Une des plus importantes compagnies maritimes allemandes ouvrit une ligne directe entre Hambourg et Haïfa, en octobre 1933, fournissant sur ses bateaux de la nourriture strictement kasher, sous la supervision du rabbinat de Hambourg.

En 1934, l'officier SS, Leopold von Mildenstein, et le représentant de la Fédération sioniste allemande, Kurt Tuchler,

---

1. Réfugié aux États-Unis, il devint le leader du Congrès juif américain.

2. Joachim Prinz, *Wir Juden* (*Nous, les juifs*), 1934.

3. Schutzstaffel. Formation de police militarisée du parti nazi. Née officiellement en 1926, la SS ne fut jusqu'en 1934 qu'une branche particulière des Sturmabteillung (SA, sections d'assaut), puis elle devint la principale force d'intervention et de police ainsi que l'élite du mouvement nazi.

4. *Das Schwarze Korps*, hebdomadaire officiel des SS.

firent un voyage commun de six mois en Palestine. À son retour, Mildenstein[1] publia, dans le quotidien berlinois *Der Angriff*[2], douze articles illustrés sous le titre « Voyage d'un nazi en Palestine ». « Un foyer national juif en Palestine, écrivait-il, montre la voie de guérison d'une blessure vieille de plusieurs siècles sur le corps du monde : la question juive. » *Der Angriff*, pour fêter la série, fit même frapper une médaille extravagante : avec une svastika sur une face et l'étoile de David sur l'autre.

Au congrès du parti national-socialiste en septembre 1935, le Reichstag adopta les lois raciales dites « de Nuremberg », qui interdisaient, entre autres, les mariages et les relations sexuelles entre juifs et Allemands, et proclamaient que les juifs étaient une minorité étrangère. Le bimensuel de la Fédération sioniste d'Allemagne, *Jüdische Rundschau*[3], se félicita de l'adoption de ces textes : « L'Allemagne satisfait les demandes du Congrès sioniste mondial lorsqu'elle déclare que les Juifs résidant en Allemagne sont une minorité nationale [...] Le sionisme reconnaît l'existence d'un problème juif et désire une solution constructive et à long terme. Dans ce but, le sionisme souhaite obtenir l'assistance de tous les peuples, qu'ils soient pro- ou antijuifs, parce que, de son point de vue, nous avons affaire ici à un problème concret plutôt que sentimental, dont la solution intéresse tous les peuples. »

Le journal officiel SS *Das Schwarze Korps* proclama quant à lui en septembre 1935 que « La reconnaissance du judaïsme en tant que communauté raciale conduit le gouvernement allemand à garantir sans réserves la séparation raciale de cette communauté. Le gouvernement se trouve en parfait accord avec le grand mouvement spirituel à l'intérieur du judaïsme, nommé sionisme, avec sa reconnaissance de la solidarité juive dans le monde et dans son rejet de toute notion assimilationniste. Sur cette base, l'Allemagne prend

---

1. Von Mildenstein devint par la suite le directeur des Affaires juives du service de sécurité SS.
2. Journal lancé par Goebbels en 1927.
3. Revue juive.

des mesures qui joueront sûrement un rôle significatif dans le futur, pour la prise en main du problème juif dans le monde. » Les efforts des sionistes allemands portèrent leurs fruits. Le nombre annuel de « montées en Terre promise » passa d'un peu plus de cinq mille en 1930 à près de soixante-deux mille en 1935. La convention sioniste, qui se tint à Berlin en 1936, fut un succès. Jusqu'à la fin de 1938, le mouvement sioniste fut toléré en Allemagne. La diffusion de *Jüdische Rundschau* tripla en quelques mois. De nombreux livres sionistes furent également publiés[1].

Cette choquante politique devait atteindre son troublant paroxysme en 1941, lorsque le groupe Stern[2] proposa à l'Allemagne une alliance militaire pour lutter contre la Grande-Bretagne. Alors que la guerre faisait rage en Europe, un document signé par Abraham Stern et Yitzhak Shamir, le futur Premier ministre d'Israël, fut remis à l'ambassade d'Allemagne à Ankara. Il y était notamment écrit : « En matière de conception, nous nous identifions à vous. Pourquoi donc ne pas collaborer l'un avec l'autre ? »

À l'opposé de ce radicalisme colonial, les « pionniers socialistes » de la colonisation ouvrière créèrent des coopératives agricoles pour cultiver la terre et une milice, le Palmakh[3], pour se défendre. Leur programme politique était fondé sur la dictature du prolétariat juif. Officiellement, du moins jusqu'en 1942, ils tentèrent d'éviter tout conflit armé avec les Arabes. Le Mapam, qui se proclamait lui-même sioniste, marxiste, léniniste et stalinien[4], publia fin 1946 une plate-

---

1. Voir l'*Encyclopaedia Judaïca.*
2. Voir page 24.
3. Milice du mouvement des kibboutzim, le Palmakh, ou commando de choc, devait passer de l'autodéfense des colonies et de la collaboration militaire avec les Anglais dans la répression de 1936-1939, à son auto-proclamation en tant qu'armée « populaire » de libération nationale pendant les combats de 1947-1948.
4. Sous le slogan : « Pour le sionisme, le socialisme et la fraternité des peuples », dont Ben Gourion aimait à remarquer « qu'il est tout à l'honneur [du Mapam] de n'avoir accompli que le premier terme ».

forme politique intitulée « Le programme binational », dans laquelle il exposait les désavantages du partage et de l'indépendance à court terme. « Il faut prolonger par n'importe quelle forme la tutelle internationale », affirmait-il. Et il proposa une charte intitulée « La fraternité des peuples » ; prônant une reconnaissance internationale du droit des juifs à coloniser tout le territoire de la Palestine historique, y compris la Transjordanie, jusqu'à ce qu'ils y deviennent majoritaires. Un régime démocratique débouchant sur un État juif indépendant serait instauré par la suite. Le Mapam estimait que les juifs avaient des « droits sur la terre d'Israël prioritaires sur les droits des Arabes », et ce pour trois raisons : « La question arabe était une question nationale ; tandis que la question juive était une question internationale ; le développement économique [que les juifs avaient] introduit dans en Palestine ; et enfin, la souffrance passée, présente et à venir du peuple juif. » Cette part d'ombre du sionisme, rarement évoquée, peut aider à mieux comprendre les postulats idéologiques de l'extrême droite israélienne, dont l'influence ne cesse de croître dans les sphères du pouvoir, ainsi qu'au sein de la population de l'État hébreu.

Inquiets des conséquences de cette vague d'immigration venue d'Europe et de l'installation de colons sur des terres agricoles[1], les Arabes palestiniens décrétèrent une « grève nationale politique » contre le gouvernement de tutelle et les soulèvements se multiplièrent. Pour y faire face, « le mur de fer des baïonnettes » devint la pierre angulaire de la stratégie des juifs de Palestine[2]. David Ben Gourion lança une campagne appelée « *Khoma ve Migal* » (murs et tours), qui consistait à dresser un mur protecteur constitué de colonies et de postes

1. La Déclaration Balfour autorisait les immigrants juifs à s'installer sur les terres de l'État, des municipalités et sur celles qui n'avaient pas été cultivées pendant trois ans, comme le permettait la loi ottomane.
2. Avi Shlaim, « The Iron Wall » (intentionnellement titré ainsi pour faire suite à l'essai de Jabotinsky).

d'observation au sommet des collines les plus lointaines en territoire arabe. Le mode opératoire était toujours le même : un groupe de colons armés s'y installait pendant quelques jours. Si les autorités britanniques ne réagissaient pas, la construction de bâtiments en dur commençait[1]. Mais cette pénétration dans les zones à forte population arabe avait une conséquence : les juifs restaient une minorité importante, mais une minorité quand même dans un océan arabe. Ben Gourion tint alors sa première réunion avec Yosef Weitz, le directeur du département foncier du Fonds national juif, pour étudier la mise en place d'un organisme qui « aura pour but l'éviction d'autant d'Arabes que possible ». Cette étude débouchera sur la création, en août 1948, du « Comité du transfert » qui prendra tout son sens durant la guerre de 1948, lors des combats, avec les déplacements forcés des populations non juives[2].

La justification politique

La « séparation » est un concept utilisé aujourd'hui par pratiquement tous les partis politiques israéliens. Cependant, chacun d'eux en a une conception différente et des objectifs parfois totalement opposés. Pour le Meretz[3], ce mur, qui doit suivre la Ligne verte, signifie ultérieurement la création d'un État palestinien ayant plus ou moins comme frontières la ligne d'armistice de 1967.

Pour les Travaillistes – qui ont beaucoup évolué politiquement en ce qui concerne les Palestiniens depuis l'assassinat d'Yitzhak Rabin –, ce mur est, d'abord et avant tout, garant de la sécurité d'Israël, quel que soit le devenir d'un éventuel

---

1. La méthode est toujours employée par les colons dans les territoires occupés.

2. Voir les nouveaux historiens israéliens à ce sujet : Tom Segev, Benny Morris, Ilan Pappé, etc.

3. La gauche laïque.

État Palestinien. Binyamin Ben Eliezer[1] en est un franc partisan. Ministre de la Défense dans le gouvernement d'Union nationale d'Ariel Sharon au début de la seconde Intifada, Fouad comme le surnomment les Israéliens, a donné à plusieurs reprises des instructions pour poursuivre la construction du mur qu'il qualifie de dispositif tactique faisant partie d'un « plan de paix » que les travaillistes devront mettre en œuvre s'ils reviennent au pouvoir. Cependant, la position des travaillistes n'est pas sans arrière-pensées. La gauche israélienne n'a rien à voir avec la gauche française. Elle s'inscrit dans la droite ligne du sionisme colonial de David Ben Gourion et favorise l'extension du territoire israélien au détriment des Palestiniens et des Syriens[2]. Le Likoud et Ariel Sharon n'ont aucune exclusivité en la matière. De tous les gouvernements israéliens, c'est celui du travailliste Yehud Barak (mai 1999-février 2001) qui a autorisé le plus grand nombre de constructions de colonies de peuplement en Cisjordanie.

Ce sont également les gouvernements de gauche qui ont le *copyright* de l'expression : « territoires disputés » de Cisjordanie. Il est d'ailleurs à noter qu'ils ne l'étendent pas à la bande de Gaza. Les responsables israéliens répètent à l'envi – dans les différents forums, spécialement dans les commissions onusiennes, ou sur les plateaux de télévision – que les territoires de la « Judée-Samarie » ne reviennent pas, de droit, aux Palestiniens. Ils ont été conquis (et non occupés) par Israël à la suite d'une guerre contre un agresseur à l'époque : la Jordanie. Ils constituent donc des territoires

1. Un des cinq « grands » du parti travailliste. D'origine irakienne, arabisant, c'est le Marcel Bigeard israélien, connu sous l'appellation de « colonel Fouad » et célèbre pour avoir commandé la mythique Unité 300, composée de minoritaires des pays périphériques.

2. Voir les excellents ouvrages de référence de Charles Enderlin sur le sujet : *Le Rêve brisé : histoire de l'échec du processus de paix au Proche-Orient, 1995-2002*, Fayard, 2002 et *Paix ou guerre*, vol. I, « Les Secrets des négociations israélo-palestiniennes, 1917-1995 », Fayard, 2004.

« disputés ». La Jordanie, affirment-ils, n'a d'ailleurs pas réclamé ces terres lors des négociations de paix avec Israël. Ils omettent de préciser au passage que, le 31 juillet 1988[1], le roi Hussein de Jordanie avait annoncé qu'il en faisait don au peuple palestinien.

Arrivée au pouvoir, la droite israélienne a repris l'expression qui s'apparente plus à la méthode Coué qu'à un raisonnement de droit international sur les biens fonds. Le qualificatif d'« occupés » n'est que « le résultat logique du fait que les Arabes répètent sans arrêt que cette terre est une terre palestinienne occupée, et qu'Israël s'est toujours tu à ce sujet », expliquent de concert le Likoud et l'extrême droite. Et de poursuivre l'aphorisme : « Ce monumental échec israélien s'est produit sur la scène médiatique et politique. Il n'est jamais apparu dans un contexte juridique. Pour ce qui est de la juridiction internationale, l'argument selon lequel cette terre est une terre palestinienne occupée n'a aucun fondement. Puisque depuis la création de l'homme à nos jours, un État palestinien n'a jamais existé[2]. »

Il est intéressant de constater l'analyse que l'on fait, en Israël, des conséquences politiques que l'on attend des campagnes médiatiques visant à répéter, voire à marteler les messages des gouvernements hébreux successifs tels : « le mur est sécuritaire », « Arafat est responsable du terrorisme[3] » ou enfin « territoire disputés ».

Mais, plus qu'un « monumental échec médiatique », la notion de territoires « occupés » de la Cisjordanie, du Golan et de Gaza découle de l'appréciation constante, depuis 1967, de la communauté internationale unanime concernant les

---

1. Le roi Hussein a rompu tous les liens administratifs et juridiques de son pays avec la Cisjordanie (annexée par son grand-père Abdallah en 1950 et occupée depuis 1967 par Israël) au profit de l'Organisation de libération de la Palestine (OLP).

2. Argumentations récurrentes de nombreux sites d'associations juives françaises, belges et israéliennes.

3. Voir chapitre 2.

résultats de la guerre des Six Jours, à commencer par le Conseil de sécurité et ses différentes résolutions sur la question. Elle est également due à une lourde erreur de la part des conseillers juridiques d'Israël qui portent la considérable responsabilité d'avoir fait croire, dans le pays comme dans la diaspora, qu'Israël possédait plus de droits que quiconque sur ces « territoires ». Bien que, d'une part, aucun gouvernement israélien n'ait jamais revendiqué ni argumenté de souveraineté sur ces territoires avant la guerre de 1967, et que, d'autre part, Israël ne les a possédés, pour la première fois, qu'à l'issue la guerre de juin 1967. Ces conseillers juridiques ont également omis, et ce n'est pas un mince oubli en droit international contemporain, qu'il existait un peuple sur ces territoires et que, en vertu du principe d'autodétermination, ces territoires leur revenaient de droit.

Sans le vouloir, en insistant sur le caractère « disputé » de ces territoires, les Israéliens fournissent en revanche, juridiquement, un argument de taille aux Palestiniens. En effet, ils ôtent à la Ligne verte toute validité de frontière et, dès lors, les Palestiniens seraient fondés à prétendre que la limite des territoires « disputés » est la ligne du plan de partage de 1948, située bien plus à l'ouest à certains endroits.

La justification historique

En passant par le toit d'un petit immeuble, à trois heures du matin, des hommes armés se sont glissés dans la chambre pour se poster autour des lits dans lesquels dormaient les enfants. Puis ils ont réveillé Mohammed Jabber Ajlouni et son épouse :

« Nous venons d'acheter cette maison, nous venons emménager.

— Tant mieux pour vous. Montrez-moi les documents », a demandé le père.

Pour toute réponse, les occupants et les meubles ont été jetés sans ménagement hors de l'immeuble. La police israélienne, après avoir tardé à intervenir, a affirmé ne pas pouvoir agir sans décision du tribunal.

La maison des Ajlouni est située entre les remparts du quartier juif de la vieille ville et le site de la cité biblique de David. « C'est ici, il y a trois mille ans, que le roi David a construit Jérusalem et l'a proclamée capitale éternelle du peuple juif, explique Elad, la Fondation de la Cité de David, une association de colons d'extrême droite[1]. Pour « récupérer » cette ville antique, qu'ils considèrent appartenir aux juifs, ils ont décidé d'intensifier leur présence dans ce quartier. Les colons accompagnent leurs projets immobiliers, lancés en 1991, de fouilles archéologiques. Rabin, lorsqu'il était Premier ministre, avait interdit ces pratiques. Elles ont repris de plus belle après son assassinat. Sous le béton d'un parking et sous les strates de terre et de vestiges de constructions appartenant à différentes civilisations, ces archéologues engagés ont retrouvé les traces du palais du roi David. Ces « preuves matérielles » d'une présence juive, associée à la Bible, justifient leur retour dans ces lieux, affirment-ils.

« Les musulmans n'ont pas de lien religieux avec cet endroit », assure Doron Spielman, le directeur d'Elad. « Ils ont construit leur quartier sur des tombes juives. Il y a deux mille sept cents ans, cet endroit avait pour nom la Cité de David. Pendant ces trois mille ans, nous avons rêvé de revenir dans la Jérusalem biblique. Si ce quartier reste arabe, nous craignons que les juifs ne puissent pas s'y promener en toute sécurité. » Doron Spielman hausse les épaules en entendant le terme d'« épuration ethnique ».

Leur méthode est simple. Des archivistes font des recherches dans les cadastres ottomans et anglais. Dès qu'une maison est repérée et que son propriétaire est absent, même si celle-ci est louée, ils s'en saisissent. Autre moyen : repérer les propriétaires ou les copropriétaires vulnérables, leur faire signer des documents écrits en hébreu qu'ils ne comprennent pas et leur

1. Les groupes de colonisation juive, Ateret Cohanim, Elad et l'Entreprise pour la rénovation des colonies yéménites, sont très actifs autour de la vieille ville de Jérusalem.

donner un peu d'argent. L'immeuble évacué en pleine nuit avait été construit par Mohammed Jabber Ajlouni en 1955. Il avait donné cinq des appartements à chacun de ses fils et à une nièce. Une clause de l'acte notarié stipulait qu'aucun d'eux ne pouvait vendre tant qu'il était en vie. Or, Elad affirme avoir acheté l'appartement de l'un des fils, Hassan, alcoolique, avant que celui-ci ne soit renversé et tué par une voiture. Vente – si elle est avérée – totalement illégale, compte tenu de la clause spécifique figurant sur l'acte notarié[1].

Elad prétend également avoir acheté l'appartement d'un autre fils, Subhi, qui vit aux États-Unis, et qui, curieusement, ne peut obtenir de visa pour revenir à Jérusalem. La famille est inflexible, il n'a pas vendu son appartement. Pour Doron Spielman, les documents de vente sont légaux, mais il refuse de les montrer. Quelques jours plus tard, les tribunaux israéliens tranchèrent en autorisant les colons à occuper les appartements tant que les problèmes juridiques ne seraient pas réglés.

En 1950, Israël a voté un texte législatif unique au monde : la loi de la propriété des absents, stipulant que toute personne, partie vers « un pays arabe hostile », est considérée comme définitivement absente et ses biens confisqués par l'administrateur des Propriétés d'absents et redistribués à des juifs. C'est ce texte qui a permis à Israël de confisquer les propriétés des Palestiniens chassés durant la guerre de 1948. Aujourd'hui, il est toujours en application. L'histoire du Cliff Hotel est sur ce point caractéristique. Ce bâtiment est situé à Abou Dis, pratiquement à la limite de la municipalité israélienne de Jérusalem. Ses propriétaires, les Ayyad, sont des Palestiniens des territoires occupés, c'est-à-dire qu'ils sont détenteurs de pièces d'identité accordées par l'Autorité palestinienne. Le mur érigé par les Israéliens coupe l'agglomération d'Abou Dis en deux et interdit ainsi aux Ayyad de se rendre de leur domicile à leur hôtel. « Ils sont absents », se sont écriés les colons. L'administrateur

1. Lire Chris McGreal, *The Guardian*, 19 mars 2004.

des Propriétés d'absents a constaté qu'en effet, les propriétaires du bien étaient définitivement absents, puisqu'ils vivaient de l'autre côté du mur, en territoire « arabe hostile », sous contrôle de l'Autorité palestinienne. Les autorités militaires israéliennes ont, dans le même temps, publié un ordre stipulant que l'hôtel se trouvait bien à l'intérieur de la municipalité de Jérusalem. Il est ainsi, simplement et gracieusement, devenu propriété de l'administration israélienne, la propriété privée étant pratiquement inexistante en Israël. La famille Ayyad n'a eu aucun recours légal devant les tribunaux israéliens.

Le Cliff Hotel est voisin de deux maisons et d'un bout de terre déjà confisqués de manière quasi similaire par l'association Ateret Cohanim[1]. Une importante colonie de deux cent cinquante logements, portant le nom de Kedemet Tsion, devrait être construite à cet endroit. « Nous avons un projet, que nous appelons le "Bouclier de Jérusalem", qui a pour but de créer une colonie juive dans chaque quartier de Jérusalem-Est pour empêcher toute future division de la ville », a confié Daniel Loriya, le directeur de Ateret Cohanim. Cette organisation a acheté en 1987, année du début de la première Intifada, pour Ariel Sharon, une belle demeure en pierre de taille au 35, rue Al-Wad, qui va de l'esplanade des Mosquées au mur des Lamentations en traversant le cœur de la partie arabe musulmane de la vieille ville de Jérusalem. Un immense drapeau blanc et bleu, frappé de l'étoile de David, marque l'endroit en permanence. Autour, jour et nuit, des soldats et des civils, le visage barré de lunettes noires, veillent, en armes. Ariel Sharon, qui préfère passer son temps libre dans sa ferme des Sycomores, près de la ville de Sderot dans le

1. Association de colons d'extrême droite créée dans les années 1990. En une dizaine d'années elle a installé, à elle seule, 60 familles juives dans 42 enclaves de colonisation à l'intérieur du quartier chrétien et dans d'autres parties de la vieille ville, 37 familles juives dans l'enclave de colonisation de Ma'aleh Hazitim au centre de Ras al-Amoud, 4 familles dans la nouvelle enclave à l'intérieur du quartier Thouri et 6 familles à Silwan.

Néguev[1], n'y est jamais venu, sauf une fois, très brièvement, le 28 septembre 2000, en se rendant sur l'esplanade des Mosquées, pour « montrer qu'il était chez lui partout en Israël[2]. »

Meir Margalit[3], conseiller de la ville de Jérusalem, affirme que les opérations de ces associations de colons « font partie d'une stratégie gouvernementale plus large dont le but est de judaïser des quartiers entiers de Jérusalem-Est en refusant des permis de construire aux Arabes, en démolissant des maisons de Palestiniens et en érigeant le mur de "sécurité" qui traverse l'est de la ville. Le pays est constellé de lieux où l'on peut retrouver l'histoire juive, dit-il. En fait, on peut même en trouver en Irak. Mais cela ne peut pas être une raison pour prendre les maisons des gens qui ont vécu là toute leur vie. Ce n'est pas une question d'achat de maisons. C'est une question politique. (...) Tout cela démontre que le gouvernement israélien et les colons ont décidé de rendre la vie des Palestiniens si difficile qu'ils seront acculés à quitter Jérusalem. C'est tout simple ».

Tous les projets de ce type sont dénoncés par la gauche israélienne et par la communauté internationale qui y voient une « provocation inutile ». La droite estime, elle, que c'est la seule façon d'empêcher la division de la ville, au cas où un accord de paix avec les Palestiniens aboutirait à la création de leur État. Cela a failli arriver, souligne Gary Speiser[4], l'un des premiers colons à s'être installé à Silwan, un quartier arabe de l'autre côté de la vieille ville de Jérusalem. Dans le plan de paix soutenu par le président Bill Clinton, lors des négociations de Camp David, durant l'été 2000, tous les secteurs arabes de la ville devaient passer sous contrôle palestinien. Et l'ancien Premier ministre travailliste, Yehud Barak, avait donné son accord sur ce point.

---

1. Surnommé « le Ranch », cette ferme, propriété de l'État, est louée à Ariel Sharon aux fins d'élevage de chevaux.
2. Voir page 16.
3. Membre du Meretz.
4. Ingénieur d'avionique israélien d'origine américaine.

« Le fait de vivre ici donne un sentiment très spécial, comme de revivre une période de l'histoire », confie Gary Speiser. « C'est aussi un sentiment très bizarre, dans le bon sens, comme si nous vivions ici dans un monde différent. » Ils sont cent cinquante juifs à vivre au milieu de trois mille cinq cents Arabes à Silwan. La maison de Gary Speiser, comme une trentaine d'autres, est en permanence protégée par des gardes armés, juchés dans des miradors placés sur les toits. Lui et sa famille limitent leurs sorties et leurs contacts avec les voisins. « La situation n'est pas plus tendue pour nous, ici, qu'avant le début de l'Intifada, assure-t-il. Les attaques ne viennent pas forcément des voisins. Mais je me sentirais plus en sécurité si les juifs étaient majoritaires dans le quartier. Avec les Arabes, on ne sait jamais qui est vraiment derrière notre dos et jusqu'à quel point ils veulent vivre en paix avec nous. »

L'argument juridique de la présence de juifs dans l'histoire millénaire de cette région, pour justifier les implantations de colonies de peuplement ou les expropriations, pourraient se retourner comme un boomerang contre ceux qui l'utilisent. Les Palestiniens pourraient, en effet, le reprendre pour justifier leur droit au retour dans leurs foyers d'avant 1948, d'où ils ont été chassés. D'autant que les récits de la Bible, rédigés huit cents ans après que les faits eurent lieu – selon l'archéologue israélien Finkelstein[1] –, peuvent difficilement constituer un titre de propriété, et aucune instrumentalisation politique d'invocations religieuses ne pourrait permettre valablement d'en fonder un. Les arguments religieux évoqués par les colons sont mis à mal par Israël Finkelstein qui tient un discours assez iconoclaste. Les résultats de ses recherches archéologiques ont bouleversé l'histoire des Juifs telle qu'elle est racontée dans la Bible. Ainsi David et Salomon n'auraient été, selon lui, que des roitelets d'une toute petite cité-État : Jérusalem. Au Xe siècle avant J.-C., Jérusalem « était, tout au

1. Directeur de l'institut d'archéologie de l'Université de Tel-Aviv, auteur avec Neil Silberman de *La Bible dévoilée.*

plus, un village typique des hautes terres, dit-il. En matière démographique [...] il [n'] y avait [que] cinq mille habitants éparpillés entre Jérusalem, Hébron et une vingtaine de villages de Juda ». De plus, par ses recherches, Israël Finkelstein a revisité totalement la conquête de Canaan (la Terre promise) par le peuple juif sorti d'Égypte telle qu'elle est relatée dans le Deutéronome et dans les douze premiers chapitres du livre de Josué[1]. Tout d'abord, remarque-t-il, ni dans l'Égypte du XIIIe siècle avant J.-C. ni dans le Sinaï, il n'a été trouvé une seule inscription sur un mur, une seule inscription funéraire, un seul papyrus, aucun vestige archéologique n'atteste la présence de juifs, ni dans le pays des pharaons ni dans les recoins du désert du Sinaï, alors que toutes les autres races ou religions, esclaves ou non, y sont représentées. « Ensuite, dit-il, les fouilles fournissent des preuves flagrantes de l'importance de la présence égyptienne dans tout le pays de Canaan durant le XIIIe siècle avant J.-C. On imagine mal les garnisons égyptiennes chargées de la sécurité se tourner les pouces pendant qu'une horde de réfugiés, de surcroît échappée d'Égypte, répand la terreur dans toute la province. » Enfin, Israël Finkelstein affirme que les témoignages archéologiques sont sans équivoque concernant l'installation des Hébreux en Terre promise. « Les cités cananéennes de l'époque n'étaient pas les villes qu'elles deviendront. La cité typique consistait alors en un palais, un temple et quelques édifices publics, sans mur d'enceinte, sans fortifications. » Cela remet en question la véracité de bons nombres de batailles pour prendre ces villes comme celle de Jéricho dont le récit est tout entier de type « guerre sacrale[2] » et durant laquelle, d'ailleurs, les Hébreux ne mènent pas le

1. Le livre de Josué se présente comme la suite directe du Deutéronome (Devarim, les paroles, cinquième et dernier livre de la Torah écrite), qui se termine avec le récit de la mort de Moïse juste avant le passage du Jourdain pour entrer en Canaan.

2. Guerre sacrale, guerre sainte. C'est une guerre que le seigneur seul mène pour son peuple. Il combat et le peuple observe, prie et récite des actions de grâce. C'est au seigneur que revient la totalité du butin, selon les lois de la guerre.

combat, mais se contentent de processionner autour de la ville, Dieu se chargeant d'en abattre les murailles (obstacle infranchissable pour des assaillants démunis de tout matériel de siège) pour qu'ils puissent entrer dans la cité et la vouer à l'anathème[1]. Selon les études de cet éminent archéologue, l'arrivée des Hébreux en Terre promise découle davantage « d'un processus interne à la société cananéenne qui a permis l'émergence des Juifs. C'est un processus sur le long terme qui regroupe plusieurs vagues d'occupations suivies de récessions. Ce qui ne veut pas dire qu'une dizaine, une vingtaine et même deux cents personnes venues d'Égypte ou d'ailleurs ne se soient pas ajoutées au noyau central de gens du cru ». Il apparaît difficile, dès lors, de revendiquer « bibliquement » autant de terre et de biens. La politique des implantations juives en territoire palestinien a fini par constituer un véritable cancer dans la vie d'Israël.

Et ce, d'autant que les Israéliens entretiennent volontairement une confusion tenace entre la détention d'un titre de propriété, aussi importante soit celle-ci, et l'application de la souveraineté du pays d'origine de ce propriétaire sur ladite propriété. Le fait qu'un Israélien, une association israélienne, ou même l'administration, entre en possession d'un titre de propriété ne fait pas pour autant de cette propriété un morceau d'Israël. Les dizaines de milliers de colons israéliens qui s'étaient installés dans le Sinaï et notamment dans la ville de Yamit, après la guerre des Six Jours ont dû abandonner leurs biens[2] le 21 avril 1981, lorsque Tel-Aviv a rendu le Sinaï à l'Égypte en application des clauses du traité de paix entre les deux pays. Ariel Sharon, alors ministre de la Défense, bien qu'il ait voté contre la

1. Livre de Josué 6, 1-27. Massacre systématique de tous les captifs (hommes ou animaux), et destruction des villes conquises. Cette notion d'anathème, très présente dans le livre de Josué, n'apparaît que tardivement dans la littérature biblique, des siècles après que les événements se sont déroulés.

2. Tous ont été indemnisés par des fonds internationaux au prorata de leurs avoirs.

rétrocession du Sinaï à son légitime propriétaire, avait dû faire appel à l'armée pour évacuer les colons qui avaient cru que possession voulait dire souveraineté. Mécontent d'avoir été obligé d'appliquer la décision de son gouvernement, il ordonna de raser Yamit au bulldozer, parce que le gouvernement égyptien avait refusé, pour récupérer les bâtiments, de payer les 54 millions de dollars réclamés en dernière minute par le ministre de la Défense « afin de couvrir les frais de l'évacuation ».

Certains colons de Yamit sont venus s'établir dans le Goush Katif, un ensemble de colonies de peuplement de la bande de Gaza. Ils ont constitué le noyau dur de la fronde contre le plan d'évacuation mis aux voix des membres du Likoud par Ariel Sharon, en mai 2004, sans parvenir à le faire adopter. Igal Kirschenzaft, qui dirige l'école religieuse de Neve Dekalim dans le Goush Katif, ne décolère pas. Il avait été évacué *manu militari* de Yamit et vit dans la bande de Gaza depuis vingt-deux ans. « Je n'ai rien oublié et je suis sûr que le peuple d'Israël ne pardonnera jamais, assure ce religieux. Je suis convaincu que nous ne partirons pas d'ici. D'abord parce que les gens qui vivent ici tiennent à leurs idées, contrairement à ceux de Yamit, où beaucoup n'y avaient été attirés que par les subventions et les aides financières, ensuite parce que le gouvernement va comprendre que nous sommes ses soldats à Gaza. J'ai douze enfants, aucun d'entre eux ne veut vivre ailleurs que dans le Goush Katif [1]. »

Le modèle « bantoustan »

Les pionniers du sionisme, tout comme les colons blancs de l'Afrique du Sud, se sont installés dans un pays où vivait déjà un autre peuple. Évoquant la Palestine, la formule « une

1. Gilles Paris, *Le Monde*, 4 février 2004.

terre sans peuple[1] » souvent attribuée à Golda Meir n'avait bien évidemment aucun autre fondement que d'étayer une campagne de propagande. En Afrique du Sud comme en Israël, l'enjeu était la maîtrise du sol en évitant la présence des autochtones. Ces deux politiques coloniales, bien qu'ayant eu lieu dans des conditions historiques et économiques différentes, furent quasiment identiques dans leurs résultats[2].

C'est en 1948 que la minorité blanche imposa, en Afrique du Sud, le système dit d'apartheid. Il consista à créer des réserves de main-d'œuvre où les Noirs étaient obligés de vivre[3]. Entre 1951 et 1970, quatre lois[4], adoptées sur une durée de 23 ans, transformèrent ces réserves en bantoustans dans lesquels les Noirs avaient des droits et des responsabilités, et disposaient d'une certaine « autonomie ». Ils étaient autorisés à définir leur politique économique, à administrer leurs affaires civiles et à gérer leur vie quotidienne. Mais ils ne pouvaient revendiquer de politique étrangère autonome. Les colons étaient, quant à eux, responsables de toutes les questions de sécurité. En 1974, une citoyenneté bantoue fut créée et, dès 1976, dix bantoustans accédèrent à l'indépendance, leur population perdant la nationalité sud-africaine et devenant par là même étrangère dans leur propre pays.

---

1. La formule « une terre sans peuple pour un peuple sans terre » aurait été prononcée la première fois en 1891, aux États-Unis, par le pasteur Blackstone, zélé adepte du retour à Sion des juifs. *Cf.* Jean-Marie Delmaire, *De Jaffa jusqu'en Galilée. Les premiers pionniers juifs (1882-1904)*, Presses universitaires du Septentrion. Villeneuve-d'Ascq, 1999, p. 109.

2. Gerson Shafir, *Land, Labour and the Origins of the Israeli-Palestinian Conflict*, 1883-1914, Cambridge University Press, Cambridge, 1989.

3. 13 % du territoire sud-africain

4. Il s'agit du *Bantu Authorities Act* de 1951, du *Promotion of Bantu Self-Government Act* de 1959, et du *Bantu Homeland Citizenship Act* de 1970, amendé en 1974.

En Palestine, aucune structure territoriale de ségrégation ne fut créée avant l'indépendance d'Israël. Puis, de 1948 à 1966, les gouvernements israéliens successifs astreignirent les Arabes d'Israël à des permis de déplacement, au couvre-feu, aux assignations à résidence et favorisèrent la colonisation juive à travers la confiscation de leurs terres. La guerre de 1967 étendit le champ d'action de la politique coloniale israélienne aux territoires occupés du Sinaï (jusqu'en 1981), du Golan, de la Cisjordanie et de Gaza.

À partir du milieu des années 1970, de nombreux officiers israéliens évoquèrent ouvertement leur fascination pour le modèle d'apartheid élaboré par le régime blanc en Afrique du Sud[1]. Les contacts entre les deux pays étaient fréquents et discrets, compte tenu de l'opprobre international dont faisait l'objet le régime de Pretoria. L'Afrique du Sud a ainsi été, durant des décennies, une escale « neutre » permettant à Israël de contourner l'embargo des pays arabes. L'approvisionnement de l'État hébreu en produits pétroliers – toujours considéré à Tel-Aviv comme un secret d'État – passait notamment par là. La fascination israélienne pour Pretoria n'était pas seulement le fait de considérations pratiques, mais relevait également d'une réelle sympathie envers la minorité blanche qui dirigeait alors le pays. D'étroits contacts personnels liaient, et lient toujours, bon nombre d'Israéliens à des Blancs sud-africains.

Un exemple de ces amitiés célèbres est celle qui lie Ariel Sharon et Cyril Kern, un homme d'affaires du Cap. Discret et influent, considéré comme très proche du nouveau parti national au pouvoir sous l'apartheid, ce septuagénaire immensément riche a fait notamment fortune dans le secteur de la mode et dans l'import-export.

Les deux hommes se sont connus peu après la naissance de l'État d'Israël. À la fin des années 1950, Cyril Kern s'était engagé comme volontaire pour le service militaire israélien. Son supérieur immédiat à la tête de l'Unité

1. Différents entretiens entre des officiers généraux et l'auteur.

Machal, composée de volontaires venus de l'étranger, n'était autre qu'Ariel Sharon. Depuis, le Sud-Africain a conservé une amitié profonde pour « Arik[1] » et n'a cessé d'entretenir des relations informelles avec les milieux conservateurs israéliens. Il est d'ailleurs soupçonné d'avoir prêté 1,49 million de dollars aux deux fils du Premier ministre, qui auraient été utilisés comme garantie bancaire afin d'obtenir un prêt destiné à rembourser la dette générée par la campagne électorale d'Ariel Sharon, lors des élections primaires de 1999, au sein du Likoud[2].

Après la victoire électorale du Likoud en 1977, le gouvernement de Menahem Begin mit sur pied une politique extrêmement complexe, consistant à installer des colonies de peuplements dans les territoires occupés et à séparer, démographiquement, les juifs et les Palestiniens. Parallèlement, l'administration militaire, qui gérait la Cisjordanie et Gaza, promulgua toute une série de règlements régissant les affaires civiles, économiques et juridiques des Arabes, accélérant les expropriations de terres palestiniennes et installant des clôtures autour des implantations de colons. Ces derniers relevaient – et relèvent toujours – de la législation israélienne. Dès lors, la politique coloniale israélienne se teintait fortement d'un apartheid sur base raciste qui ne voulait pas dire son nom[3].

---

1. C'est le surnom donné à Ariel Sharon par ceux qui ont combattu à ses côtés.

2. Scandale révélé par le quotidien israélien *Ha'aretz*, fin janvier 2003, provoquant l'ouverture d'une enquête judiciaire.

3 Uri Davis, *Israel: An Apartheid State*, Londres, Zed Books, 1987 ; Roane Carey (éd.); *The New Intifada: Resisting Israel's Apartheid*, Verso, Londres, 2001 ; Marwan Bishara, *Israel/Palestine: Peace or Apartheid*, Zed Books, Londres, 2001 (*Palestine-Israël : la paix ou l'apartheid*, La Découverte, 2002) ; Law (The Palestinian Society for the Protection of Human Rights and Environment), *Apartheid, Bantustans and Cantons : The ABC of the Oslo Accords*, 1998.

Paradoxalement, les accords d'Oslo, initialement prévus pour servir de fondement à la création d'un État palestinien indépendant, confirmèrent juridiquement le cadre « bantoustan » du statut des terres palestiniennes.

Géographiquement tout d'abord. Les textes négociés dans la capitale norvégienne consacrèrent la fragmentation de la Cisjordanie et de la bande de Gaza en zones A, B et C sous différents degrés de souveraineté. Ils prévoyaient également que l'Autorité palestinienne dirige, dès 1996, la quasi-totalité de la Cisjordanie. Il n'en fut rien[1]. L'opposition de la droite israélienne et des extrémistes palestiniens au processus d'Oslo, les attentats-suicides et leurs conséquences émotionnelles et politiques en Israël, mais surtout l'assassinat d'Yitzhak Rabin et l'élection de Binyamin Netanyahu ont, à des titres divers, retardé l'application des décisions élaborées à Oslo et signées à Washington. À la veille de l'Intifada Al-Aqsa, 59 % de la Cisjordanie et 48 % de la bande de Gaza échappaient encore à l'Autorité palestinienne.

Par ailleurs, la « bantoustanisation » a été affirmée par la définition et l'existence officielle des zones C – relevant des seuls Israéliens – et des colonies de peuplement. Elles divisaient la Cisjordanie en quatre grands blocs de colonies[2] que reliaient des routes dites de « contournement » réservées aux seuls colons et leur permettant d'éviter tous les villages palestiniens. Entre 1993 et 2000, la population de ces colonies a doublé[3]. Dans la même période, Israël a construit plus de 400 kilomètres de routes de « contournement » et

1. Selon les accords d'Oslo II, fin septembre 1995, la zone A (3 % de la Cisjordanie) relevait de l'autonomie palestinienne ; la zone B (27 %) était gérée en commun ; et la zone C (70 %) dépendait des seuls Israéliens. En juillet 2000, les proportions sont respectivement de 17,2 %, 23,8 % et 59 %. Voir la carte publiée dans « L'Atlas » du *Monde diplomatique* en janvier 2003

2. Jérusalem, Ariel/Shomron, Goush Etzion, Benjamin/vallée du Jourdain

3. 410 000 colons soit environ 15 % de la population des Territoires occupés.

soixante-douze colonies nouvelles[1]. Entre septembre 2000 et janvier 2003, l'expansion des implantations de population juive dans les territoires occupés s'est poursuivie sans relâche. Plus de deux mille cinq cents maisons et cinquante-deux nouvelles implantations ont été érigées[2]. Maintenant, la construction du mur « de séparation » unilatéralement décidé par Israël isole encore plus les zones palestiniennes les unes des autres[3].

La Feuille de route du Quartet (États-Unis, Union européenne, Russie, Nations unies), mise en place le 30 avril 2003 pour faciliter la création d'un État palestinien, n'a fait qu'accentuer les défauts des accords d'Oslo. Elle met surtout l'accent sur de nécessaires avancées dans la coopération sécuritaire entre l'État hébreu et l'Autorité palestinienne et dans la mise en place d'institutions palestiniennes. Mais elle légitime, du même coup, l'intervention d'Israël dans les affaires de l'autre partie. L'État palestinien, préconise la Feuille de route, devrait connaître ses frontières dès 2005, mais ce ne seront que des frontières provisoires qui rendront, de ce fait, sa souveraineté et sa viabilité bien fragiles. Le texte demeure par ailleurs très vague sur trois points essentiels : l'avenir des colonies de peuplement juif, le sort de Jérusalem et celui des réfugiés palestiniens. En d'autres termes, cet ultime plan de paix, en attribuant un rôle limité[4] à la communauté internationale, qui n'était pas prévu dans les accords d'Oslo, la force à donner son aval à la transformation *de facto* des territoires en bantoustans.

---

1. *Report on Israeli Settlements in the Occupied Territories*, FMEP, 2003, vol 13/2.

2. *Report on Israeli Settlements in the Occupied Territories*, FMEP, 2002, vol 12/2.

3. Jusqu'ici, 20 000 familles (Betselem, 2003) ont été séparées. Lire Gadi Algazi, « Un mur pour enfermer les Palestiniens », *Le Monde diplomatique*, juillet 2002.

4. Sans pouvoir imposer d'arbitrages ou de contrôles, instruments indispensables minimums au rôle de « parrain » d'une paix.

Les événements régionaux et les crises internationales ont été autant d'occasions utilisées par Tel-Aviv pour accentuer la transformation des territoires en Transkeï et Ciskeï. L'institutionnalisation des permis de circulation et des fermetures des points de passages avec Israël est apparue pour la première fois en 1990. Il s'agissait, pour Israël, d'étouffer dans l'œuf un éventuel soulèvement palestinien pro-Saddam Hussein, durant la première crise du Golfe. Ces permis ont placé les Palestiniens dans une situation identique à celle qu'ont connue les Noirs sud-africains sous le régime du laissez-passer. Pour le régime sud-africain, il s'agissait de contrôler les flux de main-d'œuvre, alors qu'en Cisjordanie et à Gaza, il s'agissait essentiellement d'impératifs « de sécurité ». Mais les méthodes et donc les conséquences sont identiques. « J'ai vu l'humiliation des Palestiniens aux points de passage et aux barrages routiers, souffrant comme nous, quand de jeunes policiers blancs nous empêchaient de circuler[1] », confiait Desmond Tutu, l'évêque sud-africain, prix Nobel de la paix, au retour de sa visite en Terre sainte.

Puis il y eut l'Intifada Al-Aqsa, fin septembre 2000. Les militaires israéliens, pour y faire face, développèrent à l'extrême le système des permis et la fragmentation du territoire. Deux ans plus tard, la Cisjordanie et Gaza étaient découpées en huit zones principales hors desquelles les Palestiniens ne peuvent vivre sans permis[2]. Un autre Sud-Africain, le chanteur et poète Breyten Breytenbach[3], après être passé dans les territoires, a confié à l'AFP : « Ce que j'ai vu dans les territoires palestiniens occupés est le résultat d'une politique qui a surpassé l'apartheid. »

---

1. *The Guardian*, Londres, 29 avril 2002.

2. Les zones de sécurité israéliennes couvrent 42,25 % de la Cisjordanie, incluant 158 colonies israéliennes, selon l'Institut de recherches de Jérusalem, juin 2002.

3. Témoin indigné de la politique raciale de son pays, il refusa l'apartheid (*La Gangrène*, 1969 ; *Lotus*, 1970). Emprisonné de 1975 à 1982, il a relaté cette expérience dans ses poèmes (*Une saison en paradis*, Le Seuil, 1986).

L'État colonial dans l'État

Pendant de longues années, les nationalistes religieux israéliens ont refusé de s'installer dans les colonies de peuplement. Ils y vont aujourd'hui en masse. Les « pionniers prêts à faire fructifier les terres arides » ont laissé la place aux Juifs soucieux d'épanouir leur judaïsme et de renouer des liens avec les espaces mythiques de l'épopée biblique. Venus, pour beaucoup, de France et des États-Unis, ces nouveaux arrivants qui « entrent en réponse » alimentent les groupements politiques les plus intransigeants de l'extrême droite installés dans les colonies. Ils le font avec la fougue caractéristique des nouveaux venus qui craignent de rester en marge du groupe auquel ils ont adhéré. Les juifs de France comme ceux des États-Unis, qui s'installèrent en Israël sans avoir fait la guerre et souvent sans avoir fait l'armée, ont besoin de se sentir parmi les plus ardents défenseurs d'Israël. Aussi, pour donner la meilleure preuve de leur intégration et de leur patriotisme authentique, ils affichent ostensiblement un comportement radical et adoptent des théories extrêmes.

Les colonies religieuses regroupent les juifs orthodoxes par école de pensée. Ainsi existe-il en Cisjordanie trois implantations ultra-orthodoxes dont la plus importante et la plus ancienne, Immanouel (4 000 habitants), a été fondée en 1983 par les *hassidim*[1] de Gour, force prépondérante au sein de l'Agoudat Israël[2]. Ils constituent pour l'ultranationalisme un réservoir de troupes disciplinées de bons

---

1. « Craignant Dieu » : religieux orthodoxes.
2. Parti ultra-orthodoxe ashkénaze, fondé en 1912 à Kattowitz comme la branche en Palestine de l'Organisation mondiale de l'Agoudat Israël. Il prône la stricte observance de la loi religieuse et ne reconnaît pas l'État laïque d'Israël. Le parti est composé d'une autorité suprême qui doit officiellement approuver ou désapprouver les décisions prises par les élus du parti à la Knesset.

observants, fidèles aux ordres et dont l'attitude, en cas de retrait forcé consécutif à un traité de paix, serait absolument imprévisible. « Si nos rabbins nous disent de partir calmement, l'évacuation sera facile, mais si on nous dit de rester, nous mourrons pour Immanouel », a affirmé l'un d'eux.

« Les espoirs des Arabes ont démesurément grandi ces dernières années. Maintenant ils n'accepteront plus de partir. Alors il faut simplement qu'ils meurent. Une guerre sanglante éclatera, une guerre cruelle, et j'espère que nous serons encore capables de la gagner. À la suite de ce conflit, il n'y aura plus beaucoup d'Arabes dans la région », confiait tranquillement il y a quelques années David Axelrod, l'arrière-petit-fils de Trotski, en brandissant l'étendard de la terre juive purifié. Fuyant l'Union soviétique en 1975 pour les États-Unis, il y a découvert le judaïsme avant de monter en Israël et de s'installer en Cisjordanie. Soudeur, 35 ans, père de quatre enfants, il habitait une colonie de peuplement fondée par la droite religieuse la plus dure, et où vivaient une soixantaine de familles venues d'Israël, de Russie, des États-Unis, du Pérou et de France. Quitter son implantation ? « Les habitants ne plieront jamais bagages, le village sera plutôt détruit avec ses habitants. Mais ce massacre sera-t-il commis par les Palestiniens ou par les Israéliens ? » demandait-t-il en souriant.

Avant 1981, les colons n'exerçaient jamais leur droit de vote. Ils se rendent maintenant aux urnes dans une discipline parfaite. Pour un candidat israélien, les compter comme supporters, c'est gagner l'élection. « La question des colonies juives a sapé le processus de paix », a affirmé Martin Indyk, l'ambassadeur des États-Unis en Israël, un jour de janvier 2001. Leur importance sur la scène politique est devenue telle que la ligne financière des kibboutzim, qui figurait dans le budget de l'État depuis la création d'Israël, a été transférée en totalité au développement des colonies de peuplement des territoires occupés.

La séparation du pur et de l'impur

Des maisons basses et lépreuses, des cours pavées, traversées de cordes sur lesquelles sèche du linge, le quartier de Me'a She'arim de Jérusalem, qui défile derrière la vitre de l'autobus, évoque inévitablement un ghetto d'Europe Centrale du XIXe siècle. Les rares passants, tous des hommes vêtus de noir, des papillotes encadrant leur visage barré de lunettes épaisses, avancent rapidement.

À l'arrêt de la rue Hayyé-Adam, un *hassidim* monte dans le véhicule presque vide. Il se dirige droit vers le seul goy[1] présent, assis sur une banquette pour deux personnes, derrière la porte centrale. D'un ton froid, appuyé d'un regard noir et d'un geste de la main qui se veut autoritaire, l'homme exige que l'étranger cède sa place. Devant l'incompréhension, puis le refus du goy, le religieux marmonne des propos sans doute peu aimables, déplie un journal qu'il dispose contre son épaule, celle qui va être en contact avec l'étranger, et s'assoit lourdement sans plus se préoccuper de son voisin. Aucune insulte dans l'attitude de ce juif orthodoxe. Simplement une grande indifférence quelque peu méprisante et un souci : se protéger de l'impur.

En Israël, et particulièrement dans ce quartier de Me'a She'arim, cette notion du pur et de l'impur est essentielle. Il faut, en effet, être exempt de toute souillure pour être en état de participer au culte et plus largement à la vie de la communauté. Cette séparation du pur et de l'impur est une notion absolue, consignée dans le Lévitique, le troisième des cinq livres de la Torah[2]. Le nom de ce livre est, d'ailleurs, tiré du terme « lévite », qui signifie prêtre en hébreu. Ses

1. Non-juif.
2. La Torah (loi en hébreu), ou Pentateuque (du grec *Pentateuchos*, « cinq volumes »), désigne les cinq premiers livres de la Bible : la Genèse (Bereshit), l'Exode (Chmot), le Lévitique (Vayyikra), le livre des nombres (Ba Midbar), le Deutéronome (Devarim).

vingt-sept chapitres[1] détaillent les textes « législatifs » qui régulent les vies religieuse, morale et sociale des juifs. Ces rites font partie des six cent treize commandements gérant leur vie au quotidien.

Ces commandements ont pour but de faire du « peuple de Dieu un peuple différent » de ceux qui l'entourent ; de le faire grandir en dignité et en humanité ; de lui permettre de survivre en traversant les siècles ; de servir Dieu « en esprit et en vérité ». Dans le judaïsme, le peuple de Dieu est un peuple tout entier consacré, « un peuple de prêtres[2] ». C'est la raison pour laquelle le Lévitique est également appelé « Torah des prêtres ».

Ces lois, qui semblent excessives aux non-juifs, évoquent tout ce qui concerne la sainteté de Dieu, mais aussi la sainteté de l'homme. Impur, le juif ne peut participer au culte[3]. Il lui faut donc savoir comment il risque de le devenir. Tout est consigné dans le troisième livre de la Torah. Exprimées le plus souvent en hébreu par *thr* (pur) et *tm'* (impur), ces deux notions corrélatives affectent aussi bien les lieux, les choses, les animaux que les hommes, ce qu'ils font, ce qu'ils mangent, et ce qu'ils touchent. La *Toumah* (impureté) désigne non seulement la septicité qui se transmet par le contact avec l'objet souillé, le fait de porter l'objet souillé, ou même l'air de la pièce où se trouve l'objet souillé (« elle pénètre dans tous les récipients ouverts, mais non dans les récipients fermés »), mais également l'impureté morale. Les pensées malsaines souillent autant que les objets. « Pourquoi s'isoler des gens atteints de maladies infectieuses et non de ceux qui communiquent aux autres leurs maladies intellectuelles et morales ? »

Le Lévitique insiste sur cette contagion spirituelle : « Vous ne ferez pas ce qui se fait dans le pays de Canaan où je vous

---

1. Les chapitres 1 à 10 définissent les rites, les chapitres 11 à 16 traitent de la pureté physique et les chapitres 17 à 26 de la pureté morale.
2. Lévitique 19, 6.
3. Lévitique 22, 1-16.

conduis : vous ne suivrez pas leurs lois. Ne vous souillez en rien de cela (...). Car toutes ces abominations, les hommes du pays qui ont été avant vous les ont commises, et le pays en a été souillé[1]. »

La portée de ce texte se traduit aujourd'hui, pour les religieux, dans leurs rapports avec les Arabes, que ce soit en Israël ou dans les territoires occupés. Ils considèrent que les Palestiniens, descendants des « hommes du pays de Canaan », en plus de leur prétention à la propriété de la « terre d'Israël », sont de dangereux impurs dont il faut se séparer pour rester en état de participer au culte et, plus largement, à la vie de la communauté.

Cette loi de pureté a joué un sens « pédagogique » considérable dans l'histoire du peuple d'Israël. Elle a contribué à l'empêcher de se mêler aux peuples païens, aux sociétés idolâtres qui l'environnaient de toutes parts, peuples dont les rites « magiques » le fascinaient et le tentaient. L'idolâtrie et la représentation de Dieu, sous quelque forme que ce soit, sont les pires des blasphèmes. Dans le contexte actuel de la crise israélo-palestinienne, et compte tenu de l'ancrage total de l'État hébreu en Occident, il serait logique de penser que juifs et chrétiens sont des alliés naturels face à l'islam et à « ses dangers ». C'est tout le contraire. Les ultra-orthodoxes, notamment, prônent « après la guerre » un rapprochement avec les musulmans contre les chrétiens, parce que les premiers rejettent toute représentation divine alors que les seconds sont des idolâtres avec leurs statues, leurs images et leurs médailles[2].

Le plus caractéristique de ce comportement est le mouvement extrémiste Kach, créé par le rabbin américain Meir Kahana. Élu à la Knesset en 1984, il s'empressa de déposer des projets de lois destinés à expulser les non-juifs de Jérusalem et à emprisonner les personnes entretenant des relations

1. Lévitique 18:3, 24, 27 / 20:14, 23

2. Entretien avec Claude Klein, professeur de droit à l'Université hébraïque de Jérusalem.

sexuelles « interethniques » entre juifs et Arabes. En 1988, lorsque la Cour suprême mit le Kach hors la loi, Kahana s'écria : « Les impurs ont disqualifié les purs[1] ! »

Certes, le mouvement Kach, depuis, a été interdit. Mais son idéologie perdure sous un autre nom, au côté d'autres mouvements ou partis dont certains siègent dans le gouvernement d'Ariel Sharon, donnant à ce dernier une coloration d'extrême droite très marquée. Ce sont eux qui déterminent la politique de l'État hébreu.

L'esprit de ghetto

Une des conséquences importantes du Lévitique a été de pousser les juifs de la diaspora à vivre regroupés, volontairement avant d'y être obligés, dans des ghettos[2], des schtettls[3] ou des mellahs[4]. Ils entretenaient des rapports distants avec le monde extérieur. Leur environnement, parfois hostile, représentait l'impur, le mal. Les juifs construisaient

---

1. Meir Kahana a été assassiné le 4 novembre 1990 à New York. Son mouvement, interdit parce que considéré comme raciste, est réapparu sous le nom de « Kahana Haï » (« Kahana vit »). Il fut mis à son tour hors la loi après le massacre perpétré par l'officier Baruch Goldstein de vingt-neuf musulmans en prière dans le caveau d'Abraham à Hébron en février 1994. Il existe aujourd'hui sous le nom de « Hazith Harayon » (« Front idéologique »).

2. Appelation du quartier juif de Venise, puis par extension quartier juif des grandes villes.

3. Le schtettl, bourgade juive d'Europe orientale, était un centre de culture yiddish.

4. Quartier juif au Maroc. Au VIIIe siècle, le roi, trouvant les juifs très habiles au travail, construisit un mur autour de leur quartier pour les protéger. Le mot *mellah* signifie « sel » en arabe. Lorsque les guerriers musulmans revenaient de bataille, ils rapportaient comme trophées les têtes coupées de leurs ennemis. Les juifs avaient obligation de saler les têtes pour les conserver empalées.

autour d'eux des *eruv*, murs, symboliques psychologiques ou réelles, capables de maintenir à l'intérieur du groupe tout membre de la communauté, curieux et tenté d'aller voir ailleurs « si l'herbe était plus verte ».

En Palestine, après avoir longtemps vécu dispersés dans la vieille ville de Jérusalem, il y a environ trois cents ans, les juifs se concentrèrent, peu à peu, dans ce que l'on appelle aujourd'hui le *yeshov*, le quartier juif. Sans possibilité d'extension, du fait des remparts, l'entassement humain y devint vite effroyable. Les gens vivaient dans des caves. L'eau qui venait du Jourdain, rare l'été, constituait un problème récurrent pour les juifs, notamment les religieux, qui ne mangent pas la viande et le poisson dans le même plat, se lavent les mains à chaque instant et ne cessent de faire des ablutions.

Entre 1850 et 1870, de riches particuliers achetèrent des terrains hors des murs de Jérusalem et construisirent de petites maisons de deux pièces destinées à loger chacune une dizaine de personnes, serrées les unes contre les autres, se protégeant l'une l'autre en formant une sorte de rempart. Ce fut la naissance du quartier Me'a She'arim[1], lieu d'habitation, les *yeshiva*[2] se trouvant toujours dans la vieille ville. À la tombée de la nuit, les portes étaient fermées pour se protéger de toute intrusion, mais également pour s'isoler de toute contamination culturelle ou religieuse.

Aujourd'hui, il n'y a plus de porte autour de Me'a She'arim, mais durant le shabbat, les habitants obstruent les entrées du quartier avec des barrières, des pierres ou des poubelles, officiellement pour éviter la pénétration de voitures, objets impurs le jour où il est interdit d'utiliser un élément mécanique. En fait, de l'aveu des rabbins, c'est « pour ne pas perturber la conscience des jeunes » en les tentant.

---

1. Me'a Shé'arim veut dire « cent portes ». Référence aux cent entrées de lecture de la Torah. Correspond à la section hebdomadaire de la Bible qui était lue à la synagogue la semaine où fut créé ce quartier.
2. Écoles talmudiques.

Durant les négociations du traité de paix entre l'État hébreu et le royaume Hachémite[1], à Amman, de nombreux jeunes Jordaniens, principalement des étudiants, exprimaient une satisfaction souriante. « Nous allons pouvoir aller nous baigner sur les plages israéliennes. Il paraît que les filles sont belles là-bas, et nous allons faire des affaires[2]... » Ils ne purent obtenir de visa. Sous couvert de lutte contre le terrorisme, les partis religieux ont mené campagne contre « la libre circulation », pourtant prévue dans le texte ratifié par les deux pays, et ont obtenu gain de cause. Les risques de « contamination » étaient trop grands. L'esprit de ghetto, l'enfermement, la séparation de l'impur et le rejet du non-juif s'imposaient.

Mais, en Israël, le voisinage des orthodoxes n'est pas composé d'étrangers impurs et antisémites. L'attirance du monde extérieur ne peut plus être contrecarrée par la peur de la malveillance tapie derrière les murs du ghetto. Le voisinage des orthodoxes est composé de juifs qui, même différents dans la pratique religieuse, sont semblables. Le langage de retrait, d'exclusivisme cultivé en diaspora a perdu, ici, toute légitimité. Aussi, pour se protéger, les orthodoxes se recroquevillent-ils dans un filet de règles de plus en plus rigides, de plus en plus extrêmes, seules garanties, à leurs yeux de la pérennité de leur identité religieuse. Les « craignant Dieu », ont leurs propres tribunaux, leurs propres lois. Tout manquement entraîne une répudiation, une excommunication du groupe et le *herem*, la mise au ban de la communauté, est prononcé sans hésitations. Nul n'a le droit d'adresser la parole au contrevenant, de marcher à ses côtés, de lui vendre quoi que ce soit. Il est publiquement dénoncé par voie d'affiche sur des panneaux à l'entrée de la synagogue. Des milices veillent

1. Le 26 octobre 1994, Israël et la Jordanie ont signé un traité de paix près d'Aqaba. La Jordanie était le second pays arabe à conclure officiellement la paix avec Israël (après l'Égypte en 1979).

2. Propos recueillis par l'auteur à l'université d'Amman, en juin 1999.

au maintien de la rigueur morale. La simple détention d'un téléviseur, fenêtre sur « l'extérieur qui éloigne des textes et pollue les esprits », est une abomination. Le sectarisme et l'intolérance religieuse sont la norme chez certains.

Pour ces *hassidim*, en Israël, l'ennemi de l'intérieur n'est plus l'antisémite, mais le « juif de gauche », vocable utilisé avec mépris pour désigner le Juif éloigné des règles strictes de l'orthodoxie. Pas question d'en accueillir dans sa famille sous peine de bannissement. L'assimilation est un mal absolu parce qu'elle entraîne la dissolution et la dispersion du peuple juif.

Cette doctrine sioniste de la non-assimilation, du refus total de la mixité et de la création d'un État accueillant une population juive homogène n'a pas été, et n'est pas aujourd'hui, sans conséquences sur la situation des non-juifs, essentiellement arabes, résidant en Israël. Impossible donc, sauf à revenir sur la « pureté du peuple juif », d'incorporer les minorités présentes sur le territoire. À moins d'un transfert massif de population – ce qui semble difficile concernant les non-juifs de nationalité israélienne[1] –, il ne pouvait être question que de séparation, de barrières, de murs qui distinguent Juifs et goys.

Le premier des murs est le statut même des non-juifs. Israël, qui n'a pas de Constitution, mais des lois fondamentales[2], distingue ses nationaux selon deux critères spécifiques : la citoyenneté et l'appartenance dite « nationale[3] », au sens de l'appartenance ethnique. La citoyenneté est d'être israélien, c'est-à-dire résident en Israël. La nationalité concerne la religion : les juifs (5 millions), les musulmans (950 000), les chrétiens (150 000), les Druzes (100 000) et les Circassiens (50 000).

L'utilisation de « nationalité » en lieu et place de « religion » découle logiquement du fait que le judaïsme étant la caractéristique unique du peuple juif au sens ethnique, religieux et national, cette conception est appliquée, par projec-

1. Environ un million et demi de personnes.
2. Voir annexe II.
3. *Le'om* en hébreu.

tion, aux non-juifs résidant en Israël pour déterminer le groupe ethnique auquel ils appartiennent[1].

Mais toutes les nationalités n'ont pas les mêmes droits. Des « murs » ont été érigés entre elles. À commencer par la discrimination induite par la loi du retour, fondamentale du sionisme, qui ne concerne que les seuls juifs, et la loi sur la nationalité qui pose le principe de la prééminence du droit du sang sur le droit du sol. La « nationalité » figure sur les papiers d'identité et un registre de la population mentionne qui est juif et qui ne l'est pas.

Le caractère juif de l'État est sacré. Serait exclu de toute compétition électorale le parti qui contesterait qu'Israël est l'État des juifs, qui remettrait en doute la composition majoritairement juive de la population d'Israël ou en question la préférence accordée aux juifs pour le retour en Israël ou l'existence de liens privilégiés entre l'État d'Israël et la diaspora juive dans le monde[2]. Cela a pour effet d'interdire tout débat ou toute discussion officiels sur la loi du retour des réfugiés palestiniens de 1948.

Le second « mur » dressé entre les nationalités est social, culturel et linguistique. Malgré les engagements internationaux[3] d'Israël, les droits culturels, religieux et linguistiques des minorités israéliennes, tels qu'ils sont prévus dans l'article 27 du Pacte international des droits civils et politiques, sont limités par la primauté de ceux des nationaux juifs. Ainsi, en matière de statut personnel, Israël a hérité de la tradition ottomane du « millet[4] ». La *Rabbinic Court Juridiction Law*

---

1. Pour une facilité d'expression et de compréhension, les termes de « citoyenneté » et de « nationalité » seront utilisés dans cet ouvrage conformément à l'usage qui en est fait en Israël.

2. Article 5 de la loi sur les partis politiques et article 7a de la loi sur la Knesset.

3. Israël a ratifié le 3 octobre 1991 le Pacte international des droits civils et politiques.

4. Dans le mode d'organisation de l'Empire turc, le système du « millet » était la reconnaissance, par la Sublime Porte de la présence de communautés de confessions distinctes, auxquelles il était attribué un pouvoir de gestion spécifique.

(*Mariage and Divorce*) de 1953 reconnaît aux tribunaux rabbiniques une compétence exclusive pour les juifs qui sont citoyens d'Israël ou qui y résident. Ces juridictions appliquent la loi juive (*halakah*) qui confine les femmes dans une position nettement inférieure à celle des hommes en droit. Elles ne peuvent occuper de fonction judiciaire, elles ne peuvent témoigner, l'épouse joue un rôle purement passif aussi bien dans le mariage que dans le divorce[1]. Sur ces mêmes questions, les autres nationalité sont renvoyées à leurs juridictions spécifiques, devant lesquelles, d'ailleurs, les femmes sont traitées de manière similaire. Mais les juifs, et notamment les femmes, sont parvenus à faire reconnaître la compétence des juridictions civiles en matière de statut personnel[2]. Cette évolution est refusée aux femmes des autres nationalités de citoyenneté israélienne, qui continuent à être considérées comme inférieures en droit. En d'autres termes, tous les Israéliens ne sont pas égaux devant la loi de l'État.

Selon le lieu où il est né, le lieu où il habite, s'il est propriétaire ou non, l'Arabe israélien à des droits différents concernant ses déplacements et le conjoint qu'il peut épouser. La loi israélienne interdit aux Palestiniens des territoires occupés mariés à des Arabes israéliennes, ou à des Palestiniennes résidant en Israël, de vivre en couple légalement en Israël. En votant ce texte, le 31 juillet 2003, le but affiché des législateurs de la Knesset était d'éviter, avec effet rétroactif, le regroupement familial arabe autour d'un citoyen arabe israélien sur le sol de l'État hébreu.

Le « mur » concernant l'accès à la culture a d'importantes conséquences. Les Arabes israéliens ne disposent d'aucune université[3] et, parmi les sept universités du pays, aucune ne dispense de cours en arabe, pourtant langue officielle au

---

1. C'est le mari qui répudie sa femme.
2. Sauf en ce qui concerne le mariage, aux fins de contrôler les risques de mixité.
3. Officiellement parce qu'il y a assez d'universités. En réalité, le refus de créer une université arabe est justifié par la crainte qu'elle ne constitue un foyer d'agitation permanent de la minorité arabe.

même titre que l'hébreu[1]. Cette question linguistique provoque de nombreux débats. Il a fallu un arrêt de la Cour suprême pour que les panneaux de signalisation routière soit également rédigés dans la langue de la minorité. De surcroît, l'accès aux universités est payant (4 000 dollars US par an). Certes, des bourses existent, mais pour pouvoir en bénéficier, un étudiant doit avoir rempli ses obligations militaires dans les Forces de défense israéliennes (IDF).

Or, bien que formellement soumis à cette obligation, les Arabes israéliens ne font pas de service militaire[2]. D'une part, ils en sont fortement dissuadés par leur communauté et, d'autre part, ils rechignent à effectuer un service pour un État qui les maintient dans un statut de seconde zone et dont les pratiques discriminatoires font d'eux des étrangers dans leur propre pays. Par ailleurs, les demandes d'exemption qu'ils introduisent reçoivent automatiquement une réponse favorable des autorités militaires, l'armée israélienne ne souhaitant pas avoir, en son sein, des éléments susceptibles de trahir la cause de la défense d'Israël, notamment dans les territoires occupés.

Cette exemption a pour conséquence l'impossibilité d'accéder aux nombreux avantages sociaux attachés au service militaire à titre de remerciement. Outre l'obtention de bourses d'enseignement et de formation professionnelle, il faut compter aussi l'accès aux crédits en matière de logement et aux logements d'étudiants, ou encore l'accès à des emplois administratifs ou privés. Ces avantages sont cependant accordés aux étudiants *haredim* (juifs orthodoxes) des *yeshiva*, qui ne font pas leur service militaire pour des motifs religieux[3]. Deux

1. L'arabe est parlé par une minorité représentant un cinquième de la population.

2. À l'exception notable des Druzes, qui représentent 9% de la minorité arabe.

3. Lire G. Weller, *Jewish Theocracy*, Tel-Aviv, Am Oved, 1976. La dispense accordée aux étudiants des *yeshiva*, ainsi qu'aux femmes déclarant pratiquer un judaïsme orthodoxe, date d'une loi de 1949 (Military Service Act).

poids, deux mesures qui soulignent les différences de traitement entre les « nationalités » israéliennes.

Le Premier ministre Binyamin Netanyahu a voulu remplacer le service militaire par un service civil pour les minorités. Le texte n'a jamais dépassé l'état de projet, les députés religieux s'étant mobilisés contre. Et pour cause : c'était ouvrir une grande brèche dans le « mur » de séparation des « nationalités » israéliennes. La position des députés israéliens d'extrême droite reflète les idées ancrées depuis des années dans une large partie de la population. Un tiers des jeunes Juifs s'affirment racistes ou détester les Arabes, deux tiers se déclarent opposés à l'octroi d'une égalité des droits au bénéfice des Arabes israéliens et se disent prêts à soutenir l'interdiction de toute représentation de la minorité arabe à la Knesset[1] ; 68 % des juifs déclarent inacceptable de se trouver placés sous la direction d'un Arabe dans le cadre de leur profession[2].

Des « murs » ont été érigés pour éviter cela. L'accès à certaines professions libérales est subordonné à la réussite d'épreuves universitaires qui ne peuvent être passées qu'en hébreu. Il en est de même pour l'accès à la fonction publique. Les chiffres sont éloquents. Si les Arabes israéliens représentent environ 18 % de la population, leur présence dans l'administration est dérisoire[3] : 10 sur 400 employés au ministère de l'Environnement (2,5 %), 1 sur 150 au ministère de la Sécurité intérieure (0,6 %), 32 sur 1 797 employés et 19 sur 426 juges au ministère de la Justice (1,7 %), et il n'y a pas de personnel arabe parmi les 180 Israéliens qui travaillent au

1. Recherche effectuée pour le ministère de l'Éducation par le Carmel Intitute for Social Research. Résultat publiés dans *Memad Issue*, décembre 1996.

2. Chiffre fourni par N. Levine-Epstein, M. El-Hal et M. Semionov dans *The Arabs in Israel in the Work Market*, Floresheimer Institute for policy research, Jérusalem.

3. Données collectées dans *Sikkuy's Report on Equality & Integration of the Arab Citizens in Israel 1999-2000*, The Association for the Advancement of Civic Equality, juin 2000, pp. 11-45.

ministère des Médias et de la Communication[1]. Dans ces administrations publiques, près du tiers des postes occupés par des Arabes israéliens leur sont attribués en raison des spécificités de la fonction qui concernent les services à rendre aux communautés arabes. La situation est quasiment identique dans les entreprises publiques, surtout lorsqu'elles sont classées comme « stratégiquement sensibles ». C'est le cas de la Compagnie d'électricité. Sur les 13 000 employés qu'elle comptait en 1998, 6 seulement étaient arabes, et le ratio n'a pas évolué depuis. Cette situation découle, entre autres, de la nécessité pour les Arabes israéliens candidats à ce type d'entreprise d'obtenir des certificats de sécurité, délivrés exceptionnellement à des non-juifs[2]. Il est vrai que les emplois dans cette compagnie, comme dans celle de l'eau, sont attribués de préférence aux militaires de carrière qui prennent leur retraite. La présidence de la Compagnie de l'eau est ainsi réservée au directeur du Mossad à la fin de son mandat.

Dans le privé, le « mur » du service militaire est tout aussi efficace. En 1998, plus de la moitié des entreprises du secteur industriel ne comptaient aucun employé non-juif parmi leur personnel.

Par son existence même, le mur semble exprimer la sécurité par le pouvoir et la force. En réalité, il exprime surtout les anciennes peurs juives qui se perpétuent et qui sont, sans cesse, réactivées. Les juifs israéliens ne vivent que par la mémoire : mémoire de la Shoah, mémoire des pogroms de Russie, mémoire de l'antisémitisme, mémoire de l'expulsion d'Espagne, la mémoire de la soumission aux Grecs, la mémoire de l'esclavage en Égypte, la mémoire de la destruction du premier Temple et de l'exil babylonien. Au Moyen Âge, les juifs s'entouraient déjà de murs pour se sentir en sécurité, bien avant qu'on les oblige à vivre dans

1. Voir liste complète en annexe.
2. A. Haidar, *The Arab Population in the Israel Economy*, Tel-Aviv, International Center for Peace in the Middle-East, 1999, p. 3.

des ghettos. Un État qui s'entoure d'un mur n'est qu'un État-ghetto. Un ghetto fort, certes, un ghetto armé, un ghetto qui fait peur à ses voisins – mais un ghetto quand même, cerné de barbelés, de plaques de béton et de miradors. « Nous ne parviendrons à la paix que si nous surmontons cette mentalité de ghetto, confie Gadi Algazi[1]. Tout d'abord, nous devons nous débarrasser du mur. Ceux qui ont construit cet obstacle veulent qu'il y soit pour l'éternité, tout comme Jérusalem "unifiée" est la "capitale éternelle d'Israël". La droite israélienne ne conçoit pas de période de temps inférieure à l'éternité. Parmi les Israéliens de gauche également, il y en a qui pensent que le mur a créé une situation irréversible. »

La séparation démographique

Comme toute idée de mixité de population va à l'encontre de l'essence même de l'État hébreu, l'avenir d'Israël, État des juifs, s'inscrit dans une alternative inéluctable : faute de séparation en deux États distincts et viables, Israël est voué soit à l'apartheid, soit à la perte de son caractère juif.

Dans cette sorte de guerre larvée qu'est la crise actuelle, Tel-Aviv a pris conscience de ne pouvoir gagner ni militairement ni politiquement. L'improbable victoire des armes serait à court terme et risquerait ensuite de transformer la crise en une guerre civile de haute intensité, si la solidarité des Arabes israéliens avec leurs frères de l'autre côté de la Ligne verte s'exprimait violemment.

Pour les Israéliens, la clé de la victoire ne peut avoir qu'un nom : supériorité démographique. Le mouvement sioniste le sait bien, lui qui, depuis les origines, n'a cessé de conjuguer

1. Entretien avec l'auteur en mai 2004.

lutte pour la terre et immigration, dans le dessein de constituer une très nette majorité juive.

Les Palestiniens publient chiffres et prévisions. Les Israéliens, en revanche, tirent un voile pudique sur leur avenir démographique. Les perspectives sont absentes de leurs annuaires statistiques depuis plusieurs années et les données affichées par l'Agence juive sont notoirement fausses. En 2000, la population arabe des territoires occupés était de 3,05 millions d'âmes, auxquelles il faut ajouter les 950 000 Arabes israéliens, soit 4 millions de Palestiniens sur la Palestine mandataire, à l'ouest du Jourdain. Cette population y a donc triplé (1,6 million en 1948) en cinquante-deux ans, malgré les exodes et les expulsions lors des guerres de 1948 et de 1967. Grâce à leur fécondité exceptionnelle, les Palestiniens de Cisjordanie et de Gaza (6 enfants par femme) ou d'Israël (4,2 enfants) ont un capital de croissance démographique bien plus élevé que celui de la population juive (2,6 enfants).

Dans le « Grand Israël », cher au Premier ministre Ariel Sharon, il y a aujourd'hui 5,1 millions de juifs et 4 millions de Palestiniens. À ce rythme, les Palestiniens deviendront majoritaires entre 2007 et 2013. Ils atteindront alors 8,1 millions, contre 6,7 millions de juifs[1]. C'est dire que cet ensemble territorial suppose un compromis impossible entre démographie et démocratie : soit la majorité décide et ce seront donc les Palestiniens qui domineront, soit Israël devra renforcer son régime de quasi-apartheid.

Même dans ses frontières d'avant 1967, l'État juif connaît une situation difficile sur ce point. Les Arabes israéliens représentaient 17 % de la population en 1998. Ils seront entre 21 % et 26 % en 2025, ce qui devrait logiquement doubler leur présence à la Knesset. Les ultra-religieux, ashkénazes ou sépharades, qui représentent le quart de l'électorat juif (vingt députés), ont une fécondité égale à celle

1. Arnon Sofer, *Newsweek*, 12 août 2001 ; Youssef Courbage, « Enjeux démographiques », *Le Monde diplomatique*, avril 1999, et *Populations et sociétés*, n° 362, novembre 2000.

des Palestiniens (6 enfants par femme), mais leur nombre n'est pas suffisant pour redresser la situation. Israël a d'ores et déjà perdu la « guerre des berceaux ».

L'exemple de Jérusalem est caractéristique de cette situation. Depuis qu'Israël a occupé la ville en 1967, tous les gouvernements successifs, de droite comme de gauche, ont tenté d'en accroître la population juive. Après la réunification de la ville, le rapport était de 75 % de Juifs contre 25 % d'Arabes. L'objectif était d'atteindre 90 % contre 10 %. Une politique intensive de développement de colonies, à l'Est de la vieille ville, a été lancée. Toutes les collines ont été coiffées « de toits de tuiles rouges », caractéristiques visuelles des colonies de peuplement. Mais en 1973, le gouvernement a réalisé qu'il y parviendrait difficilement. Il a donc décidé de maintenir le rapport à 75/25. Cela s'est révélé impossible. Le ratio est actuellement de 72/28 et le glissement est continu. Les différentes projections qui ont été faites soulignent qu'il y aura en 2020 à Jérusalem, 60 juifs pour 40 Palestiniens et qu'ils seront 50 pour 50 en 2040[1].

Ce problème préoccupe fortement les autorités israéliennes. Bon nombre de fonctionnaires qui travaillent dans les ministères à Jérusalem, vivent dans les villes du bord de mer, éloignées tout au plus de 80 kilomètres. Ils préfèrent effectuer quotidiennement des allers et retours dans les embouteillages plutôt que de vivre à Jérusalem. La raison essentielle est que la ville, la plus pauvre du pays, est extrêmement triste. Les orthodoxes religieux n'ont pas de revenus suffisants pour payer des impôts, mais leur poids social dans la vie quotidienne y est considérable. En un mot comme en cent, on ne s'amuse pas à Jérusalem en pleine dérive intégriste. Outre les rondes incessantes des policiers, il y a les colons exhibant leurs armes. « Jérusalem est une ville névrosée que les jeunes fuient, une ville sous pression, remplie de faux prophètes et

1. Menahem Klein (chercheur à l'Institut d'études israéliennes de Jérusalem, ancien conseiller de l'ex-Premier ministre travailliste Yehud Barak), *La Croix*, 30 janvier 2004).

de fanatiques convaincus que la seule vérité est la leur[1] ». Il en est de même dans les colonies construites à l'est de Jérusalem, qui proposent des appartements à des prix défiant toute concurrence. Si la situation sécuritaire a dissuadé beaucoup de candidats de s'y installer, le côté spartiate de ces villes dortoirs, dans lesquelles il n'existe pas même un cinéma, y est sans doute pour quelque chose. Le projet d'une ligne de chemin de fer entre Jérusalem et Tel-Aviv, qui désengorgerait l'autoroute qui les relie, est à l'étude depuis des années sans pouvoir aboutir. Le choix n'a pas encore été tranché entre un rapide, qui rallierait les deux villes en trois quarts d'heure, et un omnibus, qui effectuerait le même trajet en deux fois plus de temps. La grande inquiétude de la municipalité, si l'express était retenu, est de voir une grande partie de la population juive s'exiler au bord de la mer.

Dans cette logique, certains chercheurs du Centre interdisciplinaire d'Herzliya proposent de céder des villes arabes israéliennes à un éventuel État palestinien. Tous les universitaires spécialisés sont d'accord sur le concept de menace démographique, mais la difficulté sur laquelle butent les spécialistes et les hommes politiques est la tonalité inévitablement raciste d'un discours où les citoyens non juifs d'Israël et les Palestiniens des territoires sont définis comme un « problème ». Aujourd'hui, les études montrent que les slogans du style : « Il n'y a pas de contradiction entre un État juif et un État démocratique » sonnent creux. Pour la majorité des citoyens juifs, il ne fait désormais aucun doute que c'est le « caractère juif » de l'État qui est essentiel, et non son caractère démocratique. Une conviction que, voilà quelques mois, le général Chlomo Gazit, du Centre d'études stratégiques de Jaffa, avait relayée de façon tonitruante en affirmant : « La démocratie doit être subordonnée à la démographie. »

Se sentant dans une impasse extrêmement dangereuse, craignant d'être submergé par les Arabes à l'intérieur et par les Palestiniens à l'extérieur, l'État hébreu a ouvert grandes ses

1. Yehuda Litani, *Yediot Aharonot*, Tel-Aviv.

portes à l'immigration. Pendant des années, tous les jours, des Tupolev de l'Aeroflot affrétés par l'Agence juive déposaient, à l'aéroport Ben-Gourion de Lood, un lot d'immigrants venus des fins fonds de l'ex-URSS. Conformément à la loi du retour, adoptée en 1950, tout juif, son conjoint, ses enfants, ses petits-enfants et leurs conjoints ont le droit de faire leur *alya* en Israël[1]. Les *olim*[2] ont droit à des aides spéciales, en termes de finances et d'accès au logement, à l'apprentissage de la langue ou à la formation professionnelle, selon des critères définis dans chaque domaine[3]. Environ un million de personnes des pays de l'ancienne Union soviétique sont ainsi arrivées en Israël. Le flot de ces immigrants – pour beaucoup économiques – des années 1990 semble s'être pratiquement tari aujourd'hui avec la stabilisation, voire le renouveau économique en Russie. Certes, numériquement, ces « Sov » (comme les surnomment avec mépris les Israéliens) ont redressé la balance démographique. Mais qualitativement, ils ont apporté plus de problèmes que de solutions. Tout d'abord, près de 40 % d'entre eux ne se définissent pas comme juifs. Nombreux sont profondément laïques, voire athées et peu empressés d'apprendre l'hébreu. Ils ont conservé leur mode de vie social et culturel avec leurs chaînes de télévision, leurs deux radios et leurs journaux en russe. Ils constituent, de fait, une nouvelle communauté distincte des juifs et des Arabes. Certains de ces immigrants étaient des gens hautement qualifiés – des informaticiens, des ingénieurs, des médecins, des monteurs vidéo. Cependant, la majorité ne possédaient pas de telles qualifications. Ils appartiennent à la « racaille blanche », pour reprendre l'expression israélienne. La mafia russe, très active en Israël depuis leur arrivée, est soupçonnée de fournir des armes aux Palestiniens des territoires.

À cette communauté « russe », il faut ajouter un quatrième groupe ethnique : les trois cent mille travailleurs immigrés appelés pour remplacer les travailleurs palesti-

---

1. À l'exception de certains cas rares détaillés dans la loi du retour.
2. Nouveaux immigrants, *olé* au singulier.
3. Voir le site du ministère de l'Immigration et de l'Intégration : www.moia.gov.il/french

niens qui ne pouvent plus entrer en Israël pour des raisons de sécurité. La moitié de ces nouveaux migrants sont originaires d'Asie (Chine, Thaïlande, Philippines), 45 % viennent d'Europe de l'Est (principalement de Roumanie et de Moldavie) et le reste d'Afrique et d'Amérique latine. Leur recrutement est une activité très lucrative. Les Chinois, qui constituent la principale main-d'œuvre du bâtiment, payent entre 6 000 et 10 000 dollars US[1] par personne pour venir en Israël. Un rapport des Nations unies estime que près de 50 % de ces travailleurs sont très vite en situation illégale.

Ils arrivent très légalement pour travailler chez un employeur mais, par la suite, perdent leur emploi ou changent d'employeur. Le permis de travail israélien ne permettant de travailler qu'avec l'employeur initial, ils deviennent clandestins. Ils sont alors classiquement exploités : absence de jours de congé, bas salaires (entre la moitié et les deux tiers du salaire payé aux Palestiniens), mauvaises conditions de travail, etc. Certains apprennent l'hébreu et tentent de se convertir au judaïsme pour pouvoir rester officiellement en Israël.

Profitant d'une journée de printemps ensoleillée, le 4 mai 2004, un peu plus d'une centaine d'enfants d'écoles palestiniennes arrivèrent, en autobus, dans le parc national de Ramat Gan et sur la plage du parc Charles-Clore[2] près de Jaffa. Accusés de « coloniser » l'endroit, ils furent expulsés *manu militari* par le chef de la police de Tel-Aviv-Jaffa[3]. Ce dernier sonna l'alarme de la « menace sérieuse que font peser sur notre sécurité nationale » les familles et les écoles palestiniennes qui organisent des excursions en Israël sans permis d'entrée. Le chef de la police s'engagea à lancer une vaste opération pour interdire le tourisme de masse en provenance de l'Autorité

1. Somme qui est divisée entre l'agence chinoise, de connivence avec le gouvernement chinois, les employeurs israéliens, le gouvernement israélien (pour les frais de visa et les taxes de séjour) et l'agence de voyage

2. Construit sur l'ancien village arabe de Manshiya.

3. Brève publiée en page 15 de *Yediot Aharonot*, le 8 mai 2004.

palestinienne (*sic*), « parce que ces touristes créent une situation dans laquelle les enfants juifs de Ramat Gan sont obligés de passer leur récréation "encerclés par des milliers de Palestiniens", dans un parc national qui leur appartient ». Et le chef de la police d'ajouter que les Israéliens « sont trop sensibles en ce moment pour supporter la proximité des Arabes. Cependant, a-t-il toutefois tenu à préciser, cette attitude n'a rien de raciste, il s'agit simplement de veiller sur notre sécurité ».

Cet incident anecdotique est révélateur à plus d'un titre. Il exprime, crûment, même paré de raisons sécuritaires, le sentiment d'intolérance antiarabe de bon nombre d'Israéliens. Il traduit, par ailleurs, une réalité que beaucoup d'Israéliens s'évertuent à ignorer : la paix venue, la libre circulation des civils, demandée avec celle des marchandises dans tous les accords aboutis ou non, conclus par l'État hébreu et ses voisins arabes, entraînera inévitablement l'arrivée en nombre, en Israël, de touristes et de travailleurs immigrés venus de zones arabes ou des pays arabes voisins. Une situation qui pourrait devenir vite intolérable au regard de la fragilité des équilibres démographiques en Israël.

Dans les heures qui ont suivi l'élection d'Ariel Sharon aux fonctions de Premier ministre, un professeur de l'université de Haïfa, Arnon Sofer, adressa une lettre au nouvel élu, évoquant l'absolue nécessité, pour Israël, d'organiser la séparation avec les Palestiniens. « Non seulement c'est la seule solution face à un voisin malade et suicidaire, mais c'est aussi le seul moyen d'échapper à une majorité arabe et de sauver l'État juif. À quoi sert-il que Tsahal élimine les terroristes les uns après les autres si, dans le même temps, quatre cents enfants arabes naissent chaque jour en Eretz Israël ? »

Surnommé « Arnon Sofer Amvirn » (« Arnon le compteur d'Arabes »), Sofer travaille depuis des décennies sur la démographie arabe. « Parce que je m'inquiète pour les juifs, on me traite de raciste, commente-t-il. Depuis que le sujet de la séparation est au centre du débat public, il est indissociable de la question démographique. La gauche utilise la démographie pour légitimer son appel à mettre fin à l'occupation. La droite estime, elle, que le problème démographique est si énorme que ni la rétrocession de territoires ni une clôture ne pourront le résoudre. Et il y a ceux qui en sont venus à envisager la séparation à cause de la démographie. »

Les stratèges des instituts d'études ajoutent qu'Israël ne dispose que de deux armes susceptibles de conjurer la menace démographique : la première serait une immigration juive massive ou une expulsion non moins massive de Palestiniens. Seules de très graves violences antisémites en Occident seraient susceptibles de provoquer une telle immigration. Ce qui, fort heureusement, ne paraît guère crédible, malgré les campagnes récurrentes d'alerte à la montée de l'antisémitisme, lancées par des groupes ou mouvements sionistes dans certains pays européens. La seconde arme, baptisée « transfert », peuple les rêves d'une partie de la droite israélienne. Elle ne saurait guère s'organiser « à froid » et suppose une situation paroxystique, une conflagration régionale majeure. Pour certains – tel Benny Morris, historien et professeur d'université –, et ils sont plus nombreux qu'il n'y paraît, la crise actuelle le justifierait. « Nous sommes dans une guerre existentielle. Si les Palestiniens l'emportent, Israël n'existera plus. » Il faut accepter une nouvelle expulsion des Palestiniens pour qu'Israël gagne cette guerre », dit Morris, en précisant : « Par leurs actes, [les Palestiniens] justifient ce qui pourrait leur arriver. S'il y a une guerre régionale et que les Palestiniens et les Arabes d'Israël empêchent l'armée de faire la guerre, Tsahal devra les expulser. Ils n'auront à s'en prendre qu'à eux-mêmes[1]. »

L'épuration ethnique

Cette logique de transfert de population est d'autant plus présente dans les esprits que les Israéliens ont appris, récemment, que contrairement à ce qu'affirmait jusque là

1. Très peu de « nouveaux historiens » suivent Benny Morris dans ses affirmations. L'historien journaliste Tom Segev dit : « Avec le terrorisme aveugle, Benny, comme la plupart des Israéliens, a pris peur. »

l'histoire officielle, la création de l'État d'Israël a débuté par une épuration ethnique. L'ouverture des archives israéliennes et britanniques publiques et privées a permis l'éclosion de « nouveaux historiens » israéliens tels que Simha Flapan[1], Tom Segev[2], Avi Schlaïm[3], Ilan Pappé[4] et Benny Morris[5]. Trois phénomènes se sont conjugués pour enrichir leurs recherches. D'abord, l'ouverture des archives en 1978, puis l'invasion du Liban en 1982 et enfin le déclenchement de l'Intifada en 1987. Ces deux derniers événements ont accentué, en Israël même, le clivage entre camp nationaliste et camp de la paix. Par-delà leurs différences de sujets d'études, de méthode de travail et d'opinion, le dénominateur commun entre ces chercheurs a été de lever le voile sur les mythes de l'histoire d'Israël[6], et en particulier sur le déroulement de la première guerre israélo-arabe, contribuant ainsi, au moins partiellement, à rétablir la vérité sur l'exode des Palestiniens. Ils ont été suivis par des historiens arabes qui estiment que l'immense majorité des réfugiés palestiniens[7] ont été contraints au départ au cours des affrontements israélo-palestiniens[8] puis de la guerre israélo-arabe, dans le cadre d'un plan politico-militaire d'expulsions

1. *The Birth of Israel. Myth and Realities*, Pantheon Books, New York, 1987.

2. *1949, The First Israelis*, Free Press Macmillan, New York and London, 1986.

3. *Collision across the Jordan : King Abdallah, the Zionist Movement and the Partition of Palestine*, Clarenton Press, Oxford, 1988.

4. *Britain and the Arabe-Israeli Conflict, 1948-1951,* Free Press Macmillan, New York and London, 1988.

5. *The Birth of the Palestinian Refugee Problem 1947-1949,* Cambridge University Press, 1988.

6. La remise en question ne se limite évidemment pas à la première guerre israélo-arabe ; elle touche aussi l'attitude de la direction sioniste face au génocide, voire la nature de la colonisation juive à l'époque du mandat britannique.

7. Qu'ils évaluent entre 700 000 et 900 000.

8. Elias Sambar, *Palestine 1948, l'expulsion*, les Livres de la *Revue d'études palestiniennes*, Paris, 1984.

jalonnées de massacres[1]. Les mythes fondateurs de l'État hébreu ont volé en éclat, au point qu'aujourd'hui le débat ne porte plus sur la vérité ou sur les méthodes utilisées pour obtenir ces transferts de populations, mais sur la question de la responsabilité de cet exode massif de Palestiniens. La version officielle israélienne évoquait la fuite de la population à la suite d'un « effet domino » après le départ initial des élites dès l'automne 1947. Pour les nouveaux historiens, il s'agit en fait d'expulsions *manu militari*, planifiées dans un « plan Dalet[2] » mis au point par David Ben Gourion. Ce plan représentait « une base stratégico-idéologique pour l'expulsion par les commandants de fronts, de districts, de brigades et de bataillons », auxquels il donnait « *postfacto* une couverture formelle et convaincante pour expliquer leurs actions ».

En juillet, à Haïfa, David Ben Gourion inspira discrètement, mais directement, l'opération de « délocalisation » des trois mille cinq cents Arabes restés dans la ville, puis de destruction partielle de leurs anciens quartiers. Benny Morris souligne que le pouvoir, à l'époque, était entre les mains de David Ben Gourion, et de lui seul. « C'est lui qui décidait sur le plan militaire comme sur le plan civil, et le plus souvent sans la moindre consultation du gouvernement. » Dans ces conditions, l'absence, dans les archives, d'une décision formelle d'expulsion des Palestiniens prise par le gouvernement ou par l'Assemblée n'est guère probante. « Ben Gourion, affirme l'historien, s'est toujours abstenu d'émettre des ordres d'expulsion clairs ou écrits. Il préférait que ses généraux comprennent » ce qu'il souhaitait les voir faire[3].

---

1. Walid Khalidi, *Plan Dalet: Master Plan for the Conquest of Palestine In Middle-East Forum*, novembre 1961, republié avec un nouveau commentaire par le *Journal of Palestine Studies*, Beyrouth, vol. XVIII, 1988.

2. D, en hébreu.

3. Benny Morris, *The Birth of the Palestinian Refugee Problem, 1947-1949*, Cambridge University Press, 1987, pp. 292-293.

En avril-mai 1948, les unités de l'Haganah reçurent l'ordre précis d'expulser les villageois palestiniens et de détruire leurs maisons. Vingt-quatre massacres, dont la moitié dans le cadre de l'opération Hiram en Galilée[1], auraient eu lieu, selon l'historien Benny Morris[2]. Personne n'a été sanctionné, et Ben Gourion a couvert les auteurs de ces exactions. Il estimait qu'il ne pourrait y avoir d'État juif avec une large majorité arabe hostile en son sein. Le *modus operandis* a été repris dans les territoires depuis la première Intifada.

Benny Morris évalue l'influence des différents facteurs qui expliquent le départ des Palestiniens[3] : « Au moins 55 % du total de l'exode ont été causés par nos opérations », reconnaissent les experts militaires israéliens, qui ajoutent à ce pourcentage les opérations des dissidents de l'Irgoun et du Lekhi, « qui sont responsables de 15 % de l'émigration ». Si l'on ajoute les 2 % attribués aux ordres d'expulsion explicites donnés par les soldats juifs et le 1 % dû à la guerre psychologique, c'est donc un total de 73 % de départs qui ont été directement provoqués par les Israéliens, la peur expliquant les autres cas.

Emblématique de ces comportements, l'expulsion des Arabes de Lydda (l'actuelle Lood) et de Ramleh, eut lieu le 12 juillet 1948, dans le cadre de l'opération Dani. Une escarmouche avec des blindés transjordaniens servit de prétexte à une violente répression qui fit deux cent cinquante morts, dont des prisonniers désarmés. Igal Allon et Yitzhak Rabin, qui commandaient les opérations militaires, interrogèrent David

---

1. L'opération Hiram portait sur l'expulsion par tous les moyens des populations arabes. Le 31 octobre 1948, après une visite de Ben Gourion au QG de Nazareth, le commandant du front nord, Moshe Carmel, ordonnait par écrit d'accélérer le départ de la population arabe. Yitzhak Rabin avait signé l'ordre d'expulsion des habitants de la ville de Lood également après une visite de Ben Gourion trois mois auparavant, en juillet 1948.

2. Son ouvrage *The Birth of the Palestinian Refugee Problem, 1947-1949* se fonde sur de nombreux documents, essentiellement des archives de Tsahal, qui montrent qu'il y a eu beaucoup de massacres en 1948.

3. *1948 and After : Israel and the Palestinians*, Oxford University Press, 1994.

Ben Gourion sur le sort des civils palestiniens prisonniers. « Expulsez-les ! », répondit-il. Censurés dans les mémoires d'Yitzhak Rabin, ces détails furent révélés, trente ans plus tard, dans le *New York Times*[1]. Cette réponse fut suivie de l'évacuation forcée, accompagnée d'exécutions sommaires et de pillages de quelque soixante-dix mille civils palestiniens. Benny Morris affirme que des scénarios similaires furent mis en œuvre en Galilée centrale et du nord, dans le Néguev, sans oublier l'expulsion, postérieure à la guerre, des Palestiniens du port d'Al-Madjal, qui deviendra Ashkelon. Autant d'opérations souvent ponctuées – sauf la dernière – d'atrocités. L'histoire du village de Deir Yassine est connue : 250 hommes, femmes et enfants, furent massacrés, en avril 1948, par un commando de l'Irgoun. Publiquement accusé d'avoir été l'instigateur de ce carnage, au début des années 1950, Menahem Begin, ancien chef de l'Irgoun, n'avança pour sa défense que deux arguments : premièrement, dit-il, le massacre de Deir Yassine a semé la panique et la terreur dans le cœur des Arabes et a, ainsi, provoqué l'exode de près de 100 000 d'entre eux de la région de Jérusalem ; deuxièmement, la Haganah, qui avait elle-même un plan pour vider la terre d'Israël de ses habitants arabes, n'a pas de leçons à donner, ayant commis elle-même, au cours de la guerre, de très nombreux massacres de population civile. Le ministre de l'Agriculture Aharon Zisling déclara, au conseil du 17 novembre 1948 : « Je n'ai pu dormir de la nuit. Ce qui est en cours blesse mon âme, celle de ma famille et celle de nous tous. Maintenant, les Juifs aussi se conduisent comme des nazis, et mon être entier en est ébranlé[2]. »

Les villages ayant été détruits ou investis par des immigrants juifs et les terres réparties entre les kibboutzim environnants, le gouvernement israélien développa une politique inflexible pour empêcher « à tout prix[3] » le retour des réfu-

1. *New York Time,* 23 octobre 1979.
2. Tom Segev, *Le Septième Million : les Israéliens et le Génocide*, Liana Levi, 1998.
3. Termes utilisés par David Ben Gourion lui-même.

giés qu'exigea l'Assemblée générale des Nations unies, le 11 décembre 1948. En réponse, Ben Gourion fit adopter quelques jours plus tard une loi sur les « propriétés abandonnées » pour légaliser ces expropriations sauvages. Près de quatre cents bourgades arabes ont ainsi été rayées de la carte ou judaïsées. Il en fut de même avec la plupart des quartiers arabes des villes mixtes. Selon un bilan établi en 1952, Israël a, de la sorte, mis la main sur 73 000 pièces d'habitation dans des maisons abandonnées, sur 7 800 boutiques, ateliers et entrepôts, sur 5 millions de livres palestiniennes déposés sur des comptes privés en banque et, surtout, sur 300 000 hectares de terres[1].

Un homme joua un rôle capital dans l'épuration ethnique des Palestiniens : Yosef Weitz. Ce sioniste aux convictions tranchées confiait sans détour[2] : « Il doit être clair qu'il n'y a pas de place pour deux peuples dans ce pays et la seule solution, c'est une terre d'Israël [...] sans Arabes. Il n'y a pas de compromis possible sur ce point ! [...] Il n'y a pas d'autre moyen que de transférer les Arabes d'ici vers les pays voisins. [...] Pas un village ne doit rester, pas une tribu bédouine, à l'exception possible de Bethléem, Nazareth et la vieille ville de Jérusalem[3]. » Yosef Weitz fut nommé directeur du Fonds national juif en 1932. De par ses fonctions, il a directement présidé l'achat de toutes les terres acquises en Palestine par le mouvement sioniste entre 1932 et 1948, puis à celles conquises et vidées de leurs habitants par la guerre de 1948, enfin à la confiscation des dernières expropriations et ce jusqu'à sa mort en 1968[4]. Il fut l'un des principaux responsables de

---

1. Simha Flapan, *The Birth of Israel. Myth and Realities*, Pantheon Books, New York, 1987.

2. Dans son *Journal*, à la date du 20 décembre 1940.

3. Ces lieux saints chrétiens, où résident plusieurs communautés de missionnaires, sont capables de mobiliser le soutien de diverses puissances occidentales, mis à part le Vatican lui-même.

4. Témoin des premières conséquences immédiates de l'occupation de la Cisjordanie et de la bande de Gaza, en 1967, Yosef Weitz mourut désespéré : c'est en vain qu'il chercha, pour cultiver le lopin

transferts de population. En septembre 1941, il fit une mission de repérage en Syrie. « Nous avons parcouru la Djézireh[1]. Elle peut absorber de très nombreux éleveurs, agriculteurs et citadins arabes d'Israël », écrivit-il en revenant. Dix ans plus tard, il visita l'Argentine pour chercher un point de chute pour les Arabes chrétiens de haute Galilée. Il prit contact avec de gros propriétaires terriens juifs, qui étaient prêts à céder une partie de leurs biens. À son retour il rendit compte de sa mission au Premier ministre. Yosef Weitz nota, dans son journal, à la date du 5 février 1952, « Ben Gourion a accepté le projet avec chaleur. Il a fait remarquer que l'Église chrétienne s'y opposerait, mais a ajouté qu'il fallait néanmoins le faire. » Weitz exigea et obtint de David Ben Gourion la mise en place d'un organisme susceptible de « diriger la guerre avec, pour but, l'éviction d'autant d'Arabes que possible ». Officialisé fin août 1948, le « Comité du transfert » supervisa la destruction des villages arabes abandonnés et/ou leur repeuplement par de nouveaux immigrants juifs en vue d'interdire tout retour des réfugiés. Weitz fut également chargé, par la suite, de multiplier les implantations juives aux limites du jeune État.

« Dans certaines circonstances, une expulsion n'est pas un crime de guerre. On ne fait pas d'omelette sans casser des œufs et il faut parfois se salir les mains », affirme Benny Morris, avant de poursuivre dans le même entretien[2] révélateur de l'état d'esprit de la droite israélienne : « En 1948, l'alternative était : l'épuration ethnique ou l'anéantissement de notre peuple. Un État juif ne pouvait naître sans le déracinement de sept cent mille Palestiniens. Il fallait expulser la

---

de terre qu'il s'était personnellement mis de côté dans la région de Jérusalem pendant la guerre de 1948, un ouvrier agricole juif. Sous l'afflux de la main-d'œuvre arabe à bon marché, cette catégorie sociale avait complètement disparu du marché de l'emploi dans la région de Jérusalem. Son fils, Ra'anan, dirige aujourd'hui le département de la colonisation de l'Agence juive.

1. Mésopotamie syrienne, située au nord du fleuve Euphrate.
2. Propos recueillis par Ari Shavit, *Ha'aretz*.

population et épurer l'arrière-pays, les zones frontalières et les routes. Le peuple palestinien a subi une terrible tragédie. Mais, si la volonté d'édifier ici un État juif était légitime, il était impossible de laisser une cinquième colonne dans le pays. Attaqué par les Palestiniens et ensuite par les pays arabes, le Yishouv n'avait d'autre choix que d'expulser la population palestinienne. Après tout, si le peuple arabe s'est octroyé une bonne partie du globe, ce n'est pas seulement par ses qualités et par ses compétences, mais aussi en conquérant, en assassinant et en forçant les peuples occupés à se convertir. Mais Ben Gourion a commis une erreur historique à cette époque. Il avait beau appréhender l'enjeu démographique, il n'est pas allé au bout des choses. Mon sentiment est que cet endroit serait moins pénible à vivre aujourd'hui si l'hypothèque démographique avait été levée une fois pour toutes. Si Ben Gourion avait nettoyé le pays dans son entier, notre État aurait été consolidé pour plusieurs générations. Si l'histoire doit un jour mal finir pour les juifs, ce sera à cause d'un Ben Gourion qui n'a pas parachevé le transfert en 1948 et a maintenu une réserve démographique [arabe] en Cisjordanie, à Gaza et en Galilée. Nous sommes responsables pour une large part de la haine des Palestiniens. Ces derniers ont subi une catastrophe historique, c'est exact. Mais, quand on a affaire à un tueur en série, l'essentiel n'est pas de comprendre pourquoi, mais bien de l'enfermer ou de l'exécuter. [...] La société palestinienne est une société malade qui doit être traitée comme le sont les tueurs en série. Nous devons essayer de soigner les Palestiniens. La création d'un État palestinien fait peut-être partie du traitement. Mais, dans l'attente de la panacée, il faut les emmurer et les empêcher de nous tuer. Il y a là une bête sauvage qui doit être mise en cage. Ben Gourion voyait juste quand il disait que seule la force convaincrait les Arabes d'accepter notre présence ici. La diplomatie est nécessaire pour rassurer l'Occident et notre propre conscience, mais seule notre force persuadera les Arabes de reconnaître qu'ils ne peuvent nous vaincre. »[1]

1. Propos recueillis par Ari Shavit, *Ha'aretz*.

Le ton est donné. Même si la quasi-totalité des nouveaux historiens se sont désolidarisés de Benny Morris en condamnant ses propos, ceux-ci sont partagés par une grande partie des Israéliens. « C'est seulement une petite injustice (pour eux) commise pour prévenir une plus grande injustice (pour nous). Après tout, il vaut mieux qu'ils marchent quelques kilomètres plutôt que de subir un bain de sang, n'hésite pas à affirmer le professeur Aryeh Eldad, ancien chirurgien militaire, célèbre partisan de l'emploi de la force. C'est un langage compréhensible par tous. Le reste n'est qu'hypocrisie. » Et de regretter qu'Israël ait « gardé une mentalité de ghetto et attende l'autorisation du monde extérieur avant d'agir ». Il préfère l'Amérique des bombardements sur le Vietnam, l'Irak et la Serbie à celle des militants pacifistes.

Dès lors, comment s'étonner que les vitres arrière des voitures particulières affichent des autocollants sur lesquels sont inscrits les mots *Transfer akhshav* (« Le transfert maintenant ») ?

Le transfert en cours ?

Officiellement, le transfert n'est pas une option de la politique israélienne. Mais, pour reprendre l'expression de l'ex-général Effi Eytam, ministre sans portefeuille du Mafdal[1] dans le gouvernement d'Ariel Sharon, ce qui est en jeu, aujourd'hui, c'est une « évacuation par choix », c'est-à-dire faire en sorte que les Palestiniens « choisissent eux-mêmes de partir », comme cela avait été réalisé par Ouzi Narkiss, le commandant de la région centre en 1967. Avec ses bus généreusement affrétés et des menaces voilées, il était parvenu à obtenir le départ de vingt mille Palestiniens et à raser quatre villages de la poche de Latroun, là où se dresse maintenant le parc Canada[2]. Un précédent qui, pour certains, démontre

1. Parti national religieux, extrême droite.
2. Forêt créée pour les pique-niqueurs.

qu'il est possible de pousser les Arabes au départ sans lever une main juive. « C'est le rêve de l'annulation des Palestiniens, de leur disparition totale et soudaine, mais sans qu'un juif n'y participe concrètement. »

Ces transferts peuvent prendre plusieurs formes.

Anecdotique. Comme cette petite annonce parue dans le quotidien arabe de Jérusalem, *Al-Quds*, qui recherchait des infirmières, des conducteurs et des ouvriers du bâtiment qualifiés pour des postes à l'étranger, avec un numéro de téléphone cellulaire à appeler. Une enquête permit de découvrir que c'était le parti israélien d'extrême droite, Moledet[1], fervent adepte de l'idée du transfert des Palestiniens, qui se cachait derrière cette « offre généreuse ».

Militaire. Dans le petit matin glacé du 31 décembre 2003, Mustafa Abed fut poussé hors d'un véhicule militaire israélien. Il se retrouva sur un carrefour désert, non loin d'une colonie (Netzarim) dont il apercevait les grillages et les lumières. Les soldats lui indiquèrent la direction de la ville de Gaza et lui ordonnèrent de déguerpir. Originaire du nord de la Cisjordanie, marié et père de sept enfants, considéré comme activiste, mais jamais jugé, il avait été arrêté trois ans auparavant et détenu, d'abord dans la prison d'Ansar 3/Ketziot, située dans le désert du Néguev, puis pendant un an dans celle d'Erez, à l'entrée de la bande de Gaza. La Haute Cour de justice israélienne avait rejeté, la veille, son recours contre l'ordre d'expulsion dont il faisait l'objet.

Des Palestiniens de Cisjordanie sont ainsi régulièrement transférés dans la bande de Gaza, loin de leur famille, sans ressources. Les autorités israéliennes affirment que ces « déplacements » constituent une mesure moins sévère que l'emprisonnement, et qu'Israël a le droit de protéger ses

1. « Patrie. » Son site www.moledet.org.il/english/transfer.html est très explicite sur ses options politiques concernant le transfert. Son président, le ministre du Tourisme Rehavam Zeevi, fut assassiné en 2001.

citoyens. En fait, ces transferts vont à l'opposé du but sécuritaire recherché, puisque les activistes déplacés peuvent facilement reprendre leur lutte contre Israël à partir de la bande de Gaza. Par ailleurs, les autorités israéliennes accusent fréquemment l'Autorité palestinienne de ne pas arrêter les « terroristes » qui résident dans la bande de Gaza sous son contrôle. Il est, dès lors, difficile de comprendre comment le transfert vers la bande de Gaza de personnes considérées par Israël comme « terroristes » peut réellement supprimer ou réduire le danger qu'elles représentent pour Israël.

« Notre action est conforme aux dispositions relatives à la "résidence forcée" contenues dans l'article 78 de la IVe Convention de Genève, stipulant qu'une puissance occupante ne peut recourir à la "résidence forcée" que pour d'impérieuses raisons de sécurité », proclame Tel-Aviv. Ce faisant, les autorités israéliennes omettent volontairement une autre phrase du même texte précisant que ces mesures « doivent garder un caractère exceptionnel », car « les transferts forcés, en masse ou individuels, ainsi que les déportations de personnes protégées hors du territoire occupé dans le territoire de la Puissance occupante ou dans celui de tout autre État, occupé ou non, sont interdits, quel qu'en soit le motif[1]. »

Israël, bien que signataire de la IVe Convention de Genève, refuse de l'appliquer dans les territoires qu'il occupe[2]. Les violations sont nombreuses, notamment concernant les déportations, l'installation de colons – tout transfert d'une partie de la population de l'occupant dans le territoire occupé étant formellement interdit –, les destructions de maisons, d'abris et de cultures (article 53). Cette attitude a été dénoncée

1. IVe Convention de Genève relative à la protection des populations civiles en temps de guerre du 12 août 1949, art. 49. Israël en est signataire.

2. Selon son jargon, qu'il a « annexés » (Jérusalem et le Golan) ou qu'il « administre » (Cisjordanie et Gaza).

par l'ensemble de la communauté internationale, y compris les États-Unis[1].

« Certes, il y a des lois internationales qui protègent l'humanité, reconnaît le rabbin Adin Steinsaltz, qui a obtenu le prix Israël pour la traduction en russe du Talmud de Babylone. Nous n'avons pas d'autre choix qu'entre le mauvais et le pire. Si la vie d'un juif religieux dépend de la viande de porc, refusera-t-il de la manger ? Non. Dès lors, quiconque se veut moralement parfait devrait se laisser mourir. » Il estime que les extrémistes juifs de Netourei Karta[2] et d'Agoudat Israël[3], qui nient l'existence d'Israël ne sont pas pour autant des extrémistes d'un point de vue politique. « Israël, dit-il, est un État résolument occidental et désinhibé et, moralement, l'occupation des territoires est un problème mineur. Nous n'avons pas besoin des Palestiniens pour nous prouver que nous sommes violents et dominateurs et pour découvrir que le pouvoir corrompt. En tant que pays, nous n'avons jamais fait montre d'un sens moral excessif dans quelque domaine que ce soit. Les images de tankistes israéliens détruisant des

---

1. Voir la résolution 31/106 B de l'Assemblée générale des Nations unies du 16 décembre 1976 et la résolution 607 (1988) du Conseil de sécurité, adoptée à l'unanimité.

2. Ils ne reconnaissent pas l'État d'Israël. Pour eux, seul le Messie a le droit d'appeler au retour des dispersés à Jérusalem. Forcer la main du Créateur est blasphématoire. Ils écrivirent à la Société des Nations (l'Onu de l'époque) en demandant à ce qu'elle s'oppose à la création de l'État d'Israël et réclamèrent un passeport jordanien. Ils sont mal vus aussi bien par les autorités que par la population ; cette aversion est tout à fait réciproque.

3. Agoudat Israël (« le Rassemblement d'Israël »). Parti ultra-orthodoxe ashkénaze non sioniste, fondé en 1912. Il prône la stricte observance de la loi religieuse et ne reconnaît pas l'État laïque d'Israël. Après avoir été modéré, il s'est rallié dans les années 1980, par opportunisme, aux positions dures de la droite annexionniste. Mais ses dirigeants sont susceptibles de se retourner vers le parti travailliste en fonction du pouvoir et des avantages matériels que ce dernier peut leur offrir. Le parti est composé d'une autorité suprême qui doit officiellement approuver ou désapprouver les décisions prises par ses élus à la Knesset.

maisons et écrasant des voitures ne m'ont pas choqué. Il n'est pas agréable de voir des prisonniers nus et liés dans le froid. Mais il n'existe pas de guerres morales. Et s'il y a une guerre, à moi de tout faire pour la gagner. »

Et le rabbin Steinsaltz ajoute : « L'impasse actuelle renvoie au précédent du royaume des croisés qui régna en Israël pendant deux siècles, avant de s'effondrer. Les croisés, malgré leur supériorité, s'effondrèrent à cause de leurs conflits internes[1]. »

---

1 . Propos recueillis par Yossi Klein, *Ha'aretz*, avril 2002.

Chapitre II

Initié par les travaillistes, réalisé par le Likoud

La séparation d'Oslo

Plus de soixante ans après la mort de Jabotinsky, tous les partis politiques israéliens, sauf l'extrême droite, ont adopté son concept « d'un mur pour protéger le monde civilisé ». À partir de 2000, cette vision a été concrétisée, planifiée, promue et initiée par l'administration travailliste de Yehud Barak. Mais c'est un gouvernement mixte travailliste-Likoud qui l'a développé et qui l'érige, en y associant le déterminisme colonial propre à l'idéologie sioniste.

À la veille de l'annonce des accords d'Oslo, la société israélienne, dans une large majorité, était fatiguée du conflit permanent qui pesait sur elle. Elle pensait que les combats d'indépendance de 1948 avaient été nécessaires pour établir un État pour les juifs. Maintenant qu'elle avait cet État, elle aspirait à mener tout simplement une vie normale avec ce qu'elle avait acquis. Mais la première Intifada avait fait revenir les dirigeants hébreux à la situation des années 1950, à cette conception d'Israël comme un îlot de civilisation face à la barbarie. Cette idée, qui s'était grandement atténuée dans les années 1970, était revenue en force avec le cycle *provocations-réactions*. Les attentats du 11 septembre aux États-Unis devaient, plus tard, intensifier cette perception.

Tout a commencé avec le processus de paix mis en place par les accords d'Oslo. Deux conceptions, alors, s'affrontèrent dans les milieux politiques et militaires israéliens, dès les premières réunions secrètes.

La première, fondée sur un compromis territorial avec les Palestiniens, était conduite par le travailliste Shimon Peres, ministre des Affaires étrangères du gouvernement Rabin, et son conseiller Yossi Beilin, l'homme qui avait pris sur lui d'établir les premiers contacts avec des universitaires proches d'Arafat[1].

Élégamment vêtu, portant costume-cravate, ce qui détonnait dans la vie politique israélienne où dominait toujours le port de la chemise ouverte et les manches retroussées, Yossi Beilin faisait parti des « blazers bleus », un groupe de jeunes politiques universitaires brillants qui constituaient l'ombre studieuse des dirigeants travaillistes. Beilin était surtout la boîte à idées de Shimon Peres. Il était de tous ses projets, même les plus secrets, depuis des années. Oslo, c'est lui. L'extrême droite le haïssait. Elle l'avait classé parmi les « criminels » et les « traîtres » à Israël. Et Beilin le leur rendait bien. Ministre de la Justice dans le gouvernement de Yehud Barak, il avait déclaré, lors de sa prise de fonction : « Le fait que les lois maritales nous soient imposées comme étant gérées par la *halakah*[2] est à mes yeux d'une gravité extrême. Je ne puis ni accepter cela ni le tolérer. » Cependant il n'avait pas pu faire grand-chose, par la suite, pour les transformer, si ce n'est ouvrir, pour ceux qui le souhaitaient, la compétence des juridictions civiles sur le mariage et le divorce. C'est grâce à lui que la femme juive n'est plus considérée comme un « objet » dans le couple.

La conception de la paix de Yossi Beilin n'était qu'une adaptation à la situation de 1993[3] du plan imaginé par le

---

1. Lire à ce sujet Charles Enderlin, *Paix ou guerres*, vol. I, « Les secrets des négociations israélo-palestiniennes, 1917-1995 », *op. cit.*
2. Application méticuleuse de la Torah dans la vie quotidienne. Loi religieuse.
3. Année du début des négociations.

général Igal Allon[1] qui, en 1967, après la guerre des Six Jours, avait proposé d'annexer environ 35 % des territoires occupés et de rendre le reste aux Palestiniens avec un certain degré d'autodétermination. Cette idée, le parti travailliste l'avait reprise à son compte et défendue pendant des années. Pour Beilin, ce plan représentait le meilleur compromis, si on le comparait aux autres possibilités : soit réitérer la « solution » de 1948 en expulsant en masse les Palestiniens, ce que l'opinion publique mondiale ne permettrait pas, soit restituer l'ensemble des territoires, ce dont il n'était pas question.

Yitzhak Rabin était prêt à suivre cette ligne, du moins au début des discussions. Il avait senti une évolution sensible dans les jeunes générations. D'abord dans sa famille, puis dans son entourage. Il y avait perçu l'aspiration, de plus en plus marquée, d'un individualisme laïque ayant soif de liberté et de vie, qui ne soit pas pris dans une perpétuelle référence à l'histoire et aux pierres éternelles. Il voyait évoluer autour de lui des juifs, encore minoritaires, tournés vers les valeurs consacrées par la Révolution française et se bâtissant une identité distincte de la religion et de la « promesse divine ». Il estimait qu'il fallait écouter « ces nouveaux Juifs » et être attentif à leurs aspirations[2] de paix et de tranquillité.

En retour, il devait avoir l'engagement de Yasser Arafat de faire accepter la paix par son peuple, de contrôler ses éventuelles frustrations et de garantir la sécurité d'Israël. L'Autorité palestinienne pourrait dès lors gouverner, avec une certaine forme d'autonomie, des enclaves qui pourraient même porter le nom d'« État » palestinien.

Cette paix négociée à Oslo était, en réalité, une promesse de séparation très nette, bien qu'aucun mur ne figure ni sur les cartes en annexe ni dans la déclaration de principes, signée sous les auspices de Bill Clinton à Washington en 1993. Une lecture attentive des textes permettait même de croire tout le contraire. Il était question de coopération,

1. Soldat de légende qui avait battu l'Égypte en 1948.

2. Entretien entre l'auteur et Léa Rabin, quelques semaines avant le décès de celle-ci.

de gestion commune, de passages protégés entre Gaza et la Cisjordanie, de préservation de l'emploi palestinien en Israël.

Cependant, les généraux qui participaient aux discussions, dont le chef de l'état-major d'alors, Yehud Barak, soutenus par Yitzhak Rabin, imposèrent aux « civils » le respect d'un principe limitant au maximum les contacts entre les deux peuples[1]. « Pour des questions de sécurité », justifiaient-ils. Le Premier ministre, Yitzhak Rabin, finit par considérer les résultats d'Oslo comme le meilleur moyen de pérenniser la séparation, indispensable à ses yeux, pour plusieurs générations entre juifs et Arabes. Il raillait souvent la vision défendue par Shimon Peres d'un Moyen-Orient totalement ouvert.

Mais les tenants d'un sionisme du sang et du sol se révoltèrent : « Pas question de concessions ! ». Les colons de Cisjordanie et leurs alliés du Likoud crièrent à la trahison : la reconnaissance des droits nationaux des Palestiniens mettait fin, de leur point de vue, à l'épopée juive victorieuse qu'ils entendaient poursuivre. Une grande partie du corps des officiers généraux s'était silencieusement alignée sur ces positions. Le peu qu'il était prévu de concéder aux Palestiniens était encore trop au goût de certains militaires, même travaillistes, comme Yehud Barak. Ce dernier, qui, en tant que chef d'état-major des armées, participait aux négociations, joua un rôle de frein dans la formulation des accords et dans la rigidité de l'attitude adoptée par Israël à l'égard de l'Autorité palestinienne. Il s'était adjoint, comme conseiller, le général de brigade Moshe Ya'alon, surnommé Bugi, connu pour ses liens avec les colons. Commandant le service de renseignements de l'armée de terre[2], Ya'alon s'opposera, plus tard, fortement et régulièrement au nouveau chef d'état-major des armées Amnon Shahak[3], fervent partisan, quant à

1. Michel Warschawski (fondateur du Centre d'information alternative), *La Croix*, 5 décembre 2002.

2. Le A'man, de 1995 à 1998.

3. Amnon Lepkinks de son vrai nom, qui fut longtemps l'adjoint de Yehud Barak dans les opérations spéciales et à qui il succéda au poste de chef d'état-major des armées.

lui, des accords d'Oslo[1]. Il se moquera ouvertement des médias qui vantaient la coopération israélo-palestinienne en matière de sécurité.

Cependant, le processus d'adoption, par le parlement israélien, des accords d'Oslo mit au jour une tare qui, pour bon nombre d'Israéliens, apparut comme rédhibitoire. Le texte fut adopté grâce à une majorité obtenue avec les voix des députés arabes israéliens. Des goys, Arabes de surcroît, avaient été déterminants dans les choix vitaux du peuple juif. Israël, brusquement, n'apparaissait plus comme l'État juif réceptacle du retour juif. Il était devenu l'État de ceux qui y vivaient. C'était la porte ouverte, à moyen terme, à une entité judéo-arabe qui ne pouvait avoir pour conséquence qu'une fracture entre l'État hébreu et sa diaspora. Perspective inacceptable pour tous les sionistes, quelle que soit leur affiliation politique. Du coup, plus aucune discussion avec les Palestiniens ne put aboutir.

Si les accords négociés étaient acceptés par Israël, et même signés, souvent pour ne pas heurter Washington, Tel-Aviv, par la suite, trouvait mille prétextes, cent conditions, dix arguments pour ne pas les appliquer. Les services de presse et de communication de l'État, dotés de moyens financiers énormes, n'avaient qu'une mission : faire croire que les Palestiniens ne jouaient pas le jeu.

Lorsque Barak arriva au pouvoir, après l'assassinat de Yitzhak Rabin[2], Ya'alon devint l'un de ses confidents les plus proches au sein de l'équipe militaire très fermée qu'il avait réunie autour de lui[3]. Ce groupe concevait le processus d'Oslo comme devant, à terme, mener à l'effondrement d'Arafat et de l'OLP. Leur vision était simple au point d'être simpliste. La non-application d'un grand nombre de clauses prévues dans les accords d'Oslo I (septembre 1993) et ceux d'Oslo II (mai 1995) devait souligner l'impuissance humiliante du vieux

1. Moshe Ya'alon fit du A'man un bloc anti-Oslo qui domine toujours au sein du renseignement israélien, créant une véritable guerre des services, notamment avec le Shin Beth, la DST israélienne.

2. Par un juif d'extrême droite, le 4 novembre 1995.

3. Amir Oren, *Ha'aretz*, 17 novembre 2000.

leader palestinien et l'ampleur de ses capitulations successives. Il perdrait alors progressivement le soutien de sa population et son mouvement, l'OLP, s'effondrerait, miné par des conflits internes pour des miettes de pouvoir.

Déjà les groupes armés islamistes, passant outre les ordres du président de l'Autorité, intervenaient de plus en plus fréquemment. En un an et demi, entre la signature des accords d'Oslo I et l'assassinat du Premier ministre, il y eut sept attentats-suicides palestiniens qui firent cinquante-cinq morts et près de deux cents blessés[1].

Cette situation ne pouvait durer. Les militaires israéliens, même d'obédience travailliste, ne demandaient qu'une chose : réoccuper les territoires. Officiellement « pour mieux les contrôler et assurer la sécurité d'Israël » mais, en fait, avec pour objectif l'effondrement du pouvoir palestinien laïc. Il faudra, estimaient-ils, ensuite de longs mois, voire des années, à la société palestinienne pour se réorganiser. De surcroît, en cas de prise de pouvoir par les « Palestiniens religieux », il serait bien plus aisé de justifier les « actions militaires » si l'ennemi se présentait comme « une organisation islamiste fanatique ».

Il y avait sur ce point une connivence certaine entre le milieu militaire dans son ensemble et Ariel Sharon, chef de l'opposition. Cette affinité était évidemment sans surprise. Sharon – le dernier des dirigeants de la « génération 1948 » – était, avant tout, une figure légendaire dans l'armée. Des dizaines de généraux en activité avaient été sous ses ordres ou avaient été ses disciples, à un moment de leur carrière. L'admiration profonde et constante, aujourd'hui encore, de Yehud Barak, le général le

1. 6 avril 1994 : kamikaze dans un bus à Afula (8 morts). 13 avril 1994 : kamikaze à un arrêt de bus à Hadera (5 morts). 19 octobre 1994 : kamikaze dans le bus n° 5 à Tel-Aviv (22 morts). 11 novembre 1994 : kamikaze à Netzarim (Gaza) pour venger l'assassinat ciblé du leader du Jihad islamique Hani Abed, le 2 novembre (3 morts). 22 janvier 1995 : deux kamikazes près de Netanya (19 morts). 9 avril 1995 : kamikazes dans un bus à Kfar Darom, Gaza (8 morts). 24 juillet 1995 : kamikaze dans un bus à Ramat Gan (6 morts). 21 septembre 1995 : kamikaze dans un bus à Jérusalem (3 morts).

plus décoré d'Israël pour faits de bravoure, pour les idées militaires d'Ariel Sharon, tient au fait qu'ils appartiennent tous deux à la lignée des officiers supérieurs politiques en phase avec Moshe Dayan[1], élevés dans le mythe de la rédemption du pays. Et le cœur de cette conviction est constitué par le « caractère sacré de la terre[2] ». Une conviction qui a, d'ailleurs, été à l'origine d'actions de provocations. Le général Moshe Dayan, ministre de la Défense durant la guerre des Six Jours, a ainsi expliqué[3] qu'à l'époque, dans la conscience collective israélienne, la Syrie était considérée comme une menace grave pour la sécurité du pays, et que l'on voyait en elle l'instigatrice d'agressions constantes contre les habitants du nord. « C'était de la foutaise, a confié Dayan. Les Syriens ne constituaient pas une menace avant 1967. Je sais comment au moins 80 % des incidents ont commencé entre eux et nous. Nous envoyions un tracteur dans une zone démilitarisée en sachant pertinemment qu'ils allaient tirer dessus, ce qui nous permettait de répondre à la provocation. » La méthode n'a pas changé depuis. « Ce qui avait poussé Israël à provoquer la Syrie, ajouta plus tard le célèbre général borgne, c'était l'appât de la terre, l'idée qu'il était possible de s'accaparer une parcelle de terre et de la garder, jusqu'à ce que l'ennemi soit fatigué et nous l'abandonne[4]. »

Ariel Sharon constituait une alternative pour combattre « jusqu'au bout » les Palestiniens et imposer un nouvel ordre régional. Plusieurs officiers généraux, réputés « de gauche », expliquent volontiers[5] que le ministre de la Défense, Sharon, avait tenté d'y arriver, avec l'opération Paix en Galilée au Liban, en 1982. Il avait échoué en raison de la « faiblesse d'une société israélienne trop gâtée ». En d'autres termes, l'arrière l'avait lâché.

1. Amir Oren, *Ha'aretz*, 8 janvier 1999.
2. Interview de Sharon par Ari Shavit, *Ha'aretz*, supplément du week-end, 13 avril 2001.
3. Dans une interview de 1976.
4. *Yediot Aharonot*, 27 avril 1997.
5. Entretien avec l'auteur, avril 2004.

L'analyse qui dominait supposait que les Palestiniens étaient incapables, à long terme, de respecter les accords d'Oslo. Disposant d'une infrastructure politique et de forces armées, ils finiraient par tenter de s'insurger. Les stratèges y voyaient l'occasion de balayer militairement l'Autorité palestinienne et, avec elle, toutes les dispositions prévues à Oslo. Mais il fallait auparavant convaincre l'opinion publique israélienne que Yasser Arafat était toujours un terroriste et qu'il était personnellement responsable des actes menés par les mouvements islamistes, du Jihad au Hezbollah en passant par le Hamas et par tous leurs sous-groupes. Dans ce rapport du fort au faible, il leur serait aisé de gagner cette bataille. Ils se mirent à la préparer.

Immédiatement après la signature des accords d'Oslo, les penseurs militaires du bureau d'étude et de planification du ministère de la Défense[1] dressèrent des plans d'opérations et d'interventions ponctuelles dans les territoires devant être transférés à l'Autorité palestinienne, et ce dans le cadre des accords Gaza et Jéricho. Codifiés : « Champs d'épines[2] », ces plans et leurs variantes furent étudiés, développés et testés grâce à des simulations et des manœuvres, menées dès 1996 au niveau de l'état-major.

Pourtant, au même moment, les médias israéliens ne tarissaient pas d'éloges sur l'activité des services de sécurité palestiniens, citant des « sources de sécurité » dont les propos étaient ponctués de louanges. Ainsi le général Ami Ayalon, alors à la tête de la Shabak[3] l'équivalent, en Israël, de

---

1. Créé par Sharon à son arrivée au ministère de la Défense en 1981. C'est ce bureau qui a préparé les plans de l'opération Paix en Galilée de l'invasion du Liban en 1982. Son premier chef a été le général Avraham Tamir (Abrasha).

2. Voir les détails en annexe III.

3. Sherut ha-Bitachon ha-Klali, la section des Affaires arabes de la Shabak (également appelé Shin Beth), est responsable des opérations antiterroristes de la subversion et du fichier terroriste. Le comité Mist'aravim, conjointement avec le A'man (le renseignement militaire), a en charge plus particulièrement les groupes armés des organisations « terroristes ».

la DST en France, annonça au cours d'une réunion du gouvernement qu'« Arafat [faisait] son travail, il combat le terrorisme et pèse de tout son poids contre le Hamas[1] ». Le taux de réussite des services de sécurité israéliens en matière de réduction du terrorisme ne fut jamais été aussi élevé que depuis sa coopération avec les services palestiniens. Entre octobre 1998 et novembre 2000, pour la première fois dans l'histoire d'Israël, pendant près de deux ans, pas un seul Israélien ne fut tué dans un attentat.

Mais tous les militaires ne partageaient pas le jugement d'Ami Ayalon sur Yasser Arafat, loin s'en faut. Le patron du A'man, le général Moshe Ya'alon[2], répétait comme un leitmotiv qu'« Arafat donn[ait] le feu vert à la terreur ». Très proche du commandant en chef des armées de l'époque, Saul Mofaz, à qui il succéda en septembre 2000 lorsque ce dernier deviendra ministre de la Défense.

Le processus d'Oslo fut un succès à ses débuts. Arafat parvenait à contenir, par le biais de sévères mesures d'oppression, la frustration des Palestiniens et à garantir la sécurité des colons. Les diverses forces de sécurité d'Arafat – souvent formées et entraînées par l'État hébreu – combattaient en priorité l'activisme anti-israélien.

Mais, malgré les accords, Israël poursuivait imperturbablement la construction de nouvelles colonies sur des terres palestiniennes. Les Arabes hurlaient à la trahison et Yasser Arafat était obligé d'effectuer un grand écart politique, de plus en plus périlleux, face aux dirigeants de l'OLP.

---

1. *Ha'aretz*, 6 avril 1998.
2. Le général Moshe Ya'alon, né en 1950 à Kiryat Haim, s'est engagé à 18 ans dans le régiment parachutiste Nahal. Il a à son actif la guerre du Youm Kippour de 1973, les opérations du Litani en 1978, Paix en Galilée en 1982. En 1986, il reprit des études supérieures à l'École militaire de Kimberly en Grande-Bretagne et revint prendre le commandement des unités d'élite israéliennes. Il dirigea le renseignement militaire (A'man) à partir de juin 1995 et fut nommé chef d'état-major de l'armée israélienne en septembre 2000.

En dépit de ces difficultés, l'effondrement de l'Autorité palestinienne, tant espéré par les militaires israéliens, n'arrivait pas. La société arabe avait recours à sa stratégie de *soumoud*[1], c'est-à-dire résister, s'accrocher à la terre et supporter la pression. Les directions politiques de partis, comme le Fatah ou le Hamas, mettaient en garde, depuis le début de l'application des accords israélo-palestiniens, contre « les tentatives d'Israël de mener les Palestiniens vers une guerre civile, dans laquelle la nation imploserait ». Toutes les fractions de la société coopéraient pour ne pas « faire couler le sang palestinien » et pour calmer les conflits avant qu'ils ne dégénèrent en combats armés. Un ensemble impressionnant d'institutions et d'infrastructures sociales, médicales et éducatives privées, souvent bénévoles, fut mis en place pour pallier les carences de l'Autorité palestinienne. Le conseil législatif palestinien, élu sous contrôle international, fonctionnait en dépit des restrictions de déplacement des députés. De ce point de vue, Oslo fut un échec pour ceux qui visaient la déstabilisation et l'effondrement de l'identité palestinienne.

L'arbitrage américain

Dans tout ce débat, une tierce partie pesait lourdement : Washington. Israéliens et Palestiniens avaient fait appel à lui pour qu'il soit, tout à la fois, support financier, parrain, témoin, arbitre et même médiateur. Les *States* avaient leur mot à dire et ne s'en privaient pas.

Ils adoptèrent, et c'est un euphémisme, les thèses israéliennes sans même s'en cacher. En contrepartie, Tel-Aviv devait tenir compte des intérêts américains et tout mettre en œuvre pour les protéger. Par exemple, encore aujourd'hui, pour les États-Unis, Israël s'intègre officiellement dans la stratégie globale de défense nucléaire américaine, d'un

1. « Résistance ».

point de vue aussi bien conceptuel que pratique. Et, dans cette optique, il a été « demandé » au gouvernement israélien que, dans tout accord de paix avec la Syrie soit exigée des Syriens, comme condition préalable, une rupture des relations entre Damas et Téhéran. Pour l'avoir oublié, Yehud Barak a dû rompre des négociations fructueuses et quasiment abouties sur le Golan. La relance publique de possibilité de paix avec la Syrie, faite par le ministre de la Défense, fin août, s'inscrivait totalement dans cet axe au moment où Téhéran a développé le missile « Shahab 3 », de moyenne portée, pouvant atteindre Israël.

Israël n'a, dans les faits, jamais eu besoin de Washington pour affirmer une supériorité écrasante sur les Palestiniens. De plus, aucun gouvernement américain n'a voulu – ni n'a réellement pu – exercer de pressions asymétriques sur les Israéliens en exigeant d'eux plus de concessions stratégiques que des Palestiniens.

Au fil des mois, après chaque attentat, l'idée d'une séparation totale avec les Palestiniens s'affermissait davantage en Israël, dans les têtes et dans les faits, au détriment du concept de concessions. En fait, aucun des accords signés entre les deux parties n'avait donné lieu à une application de bonne foi de la part d'Israël. L'échec ne venait pas d'un irrédentisme palestinien, mais du fait que, malgré leur supériorité écrasante, les Israéliens violaient et remettaient systématiquement en cause les textes qu'ils avaient eux-mêmes conclus en les transformant, après signature, en accords conditionnels, et ce avec la bénédiction des Américains. À cela s'ajoutaient les conséquences intrinsèques de l'important appui financier américain qui se chiffre à plus de trois milliards de dollars par an. Aboutir à un accord, ne parvenir qu'à un simple règlement plutôt qu'à la paix, rend la médiation américaine et son financement indéfiniment indispensables.

C'est dans ce cadre qu'Israéliens et Palestiniens se retrouvèrent avec Bill Clinton, en juillet 2000, à Camp David, la résidence d'été des présidents américains. Clinton avait « fortement insisté » pour tenir ce sommet, dont les résultats devaient marquer le couronnement de ses deux mandats.

Yehud Barak y proposa ce qu'il qualifia « d'offre généreuse » à Yasser Arafat. Le vieux leader palestinien répondit à l'invitation américaine en traînant les pieds. Le sommet n'avait pas été suffisamment préparé, se plaignit-il, les questions essentielles – concernant le Territoire, les réfugiés ou le sort de Jérusalem – n'avaient pas été préalablement discutées par les dirigeants des deux camps.

Les « concessions territoriales » de Barak allaient, certes, plus loin que tout ce qu'aucun dirigeant israélien avait jamais accepté d'envisager. Elles prévoyaient l'annexion par Israël de « seulement » 9 % de la Cisjordanie pour accueillir ses colons. Du point de vue des Palestiniens, qui prônaient un État de Palestine sur la base des frontières du 4 juin 1967, à côté d'Israël, il ne s'agissait pas d'une offre rêvée. Il y avait également la « location à long terme » d'une zone dite de sécurité, composée de terres arables le long du Jourdain. Le territoire de l'État palestinien en Cisjordanie se retrouvait, dès lors, morcelé en trois parties, chacune d'elle étant, à son tour, coupée de routes de contournement desservant uniquement les colonies juives et réservées aux seuls colons. Concernant Jérusalem, la Palestine avait la souveraineté sur les quartiers arabes musulmans et chrétiens de la vieille ville, mais n'avait que la tutelle sur le Haram el-Charif, l'esplanade de la Mosquée, tandis qu'Israël en conservait la souveraineté totale parce ce que s'y trouvait, aussi, le Temple de Salomon. Yasser Arafat ne pouvait justifier, devant son peuple et devant le monde musulman, l'abandon du troisième lieu saint de l'islam. Quant à l'avenir des réfugiés palestiniens, chassés de chez eux dès 1948, l'offre israélienne faisait vaguement état d'une « solution satisfaisante ». De son côté, tout en insistant sur la reconnaissance du droit au retour des réfugiés, Arafat avait accepté que celui-ci soit appliqué de façon à ménager les intérêts démographiques et la sécurité d'Israël, en limitant leur nombre. Aucun des pays arabes qui ont négocié avec Israël – que ce soit l'Égypte d'Anouar el-Sadate ou la Jordanie du roi Hussein, sans parler de la Syrie de Hafez el-Assad – n'a jamais envisagé de tels compromis. Échaudé par les précédents accords, Yasser Arafat craignait en outre de se trouver confronté, en dernière minute, à une proposition inacceptable. Les discussions furent très vite bloquées.

Elles furent surtout révélatrices du gouffre qui existait dans les méthodes de travail des uns et des autres. Chaque membre de la délégation israélienne avait un ordinateur portable à sa disposition, relié, par réseau Internet, à des banques de données, et toute une pile de CD-rom contenant des logiciels de simulation, cartographiques, de calcul, de projection et des études psychologiques sur tous les membres de la délégation palestinienne. Ces derniers, pour leur part, notaient sur de petits carnets, au crayon noir, les détails des discussions.

Deux mondes totalement différents, diamétralement opposés, qui tentaient de trouver un terrain d'entente[1]. Totalement isolé, en raison des relations étroites qu'entretenaient Israéliens et Américains, au plus bas dans ses rapports avec Yehud Barak qui ne lui a pas adressé la parole une seule fois à Camp David, Arafat refusa la « généreuse » proposition israélienne.

Barak, la veille de son départ, ordonna à Tel-Aviv de lancer une campagne médiatique mondiale – préparée avant même le sommet – sur le thème : « Israël a tout donné, Arafat a refusé. Pire, il n'a fait aucune concession, adoptant une attitude sans compromis, révélatrice de son refus de vivre en paix avec un État juif à ses côtés. Il veut la destruction de l'État hébreu. » La campagne fut telle que jamais les Palestiniens ne purent faire entendre leur version.

Une alliance objective se dessina alors entre les propos de Yehud Barak, Premier ministre travailliste, et les positions que prenait Ariel Sharon, le leader de l'opposition du Likoud, concernant Arafat et les Palestiniens. Leur objectif commun était de détruire totalement toute option politique à la problématique palestinienne. « Nous n'avons plus d'interlocuteurs pour parler de paix. » Ce slogan fut décliné

1. Pour les détails de ces négociations au jour le jour, voir Charles Enderlin, *Le Rêve brisé : histoire de l'échec du processus de paix au Proche-Orient, 1995-2002, op. cit.*

sur tous les tons par les deux hommes. De leur côté, les militaires se tenaient prêts. Durant les discussions de Camp David, les stratèges de l'état-major avaient complété les plans de l'opération Champs d'épines par deux schémas distincts d'opérations militaires d'envergure. La première, appelée opération Mélodie magique (*Magic Tune*), visait à répondre à des émeutes populaires. Des unités reçurent, à cette fin, un entraînement spécial. La seconde, l'opération Monde lointain (*Distant World*), fut conçue pour faire face à d'éventuelles flambées de violence armée. Ce scénario prévoyait la réoccupation de territoires palestiniens et l'instauration d'une administration militaire « si la situation le permettait[1] ». Aucun de ces schémas, contrairement à l'usage, ne prévoyait de « fourchettes » de pertes palestiniennes. Des plans opérationnels détaillés concernant le renversement de Yasser Arafat et de l'Autorité palestinienne furent répartis dans les coffres des salles opérationnelles des régiments.

Pour la droite israélienne, il était temps de corriger la grande erreur qu'avait été Oslo. De plus, estimait-elle, trop de concessions avaient été faites par les travaillistes à Camp David, « heureusement » refusées par les Palestiniens. Il ne fallait pas que cela puisse se reproduire. Avant tout, il était indispensable de convaincre la société israélienne « gâtée » que les Palestiniens ne voulaient pas vivre en paix avec Israël et menaçaient son existence. Le 28 septembre 2000, Ariel Sharon, « pour démontrer qu'il était partout chez lui en Israël », monta sur l'Haram el-Charif, l'esplanade de la Mosquée, protégé par des dizaines de soldats et de policiers. Cette visite, et ses motivations, largement annoncées par la presse, provoquèrent de violentes manifestations. L'armée fit usage de ses armes, y compris contre des Arabes israéliens. La seconde Intifada commençait.

---

1. David Eshel (officier de carrière des Forces israéliennes de Défense, à la retraite), « IDF prepares for Palestinian Clashes », *Jane's Intelligence Review*, août 2000.

Ce coup d'éclat permit à Sharon de faire d'une pierre trois coups : amorcer un cycle de réactions des Palestiniens qui allait s'étendre sur plusieurs années, saboter la reprise, prévue pour octobre, de négociations israélo-palestiniennes, et enfin marginaliser définitivement son concurrent direct le plus sérieux au Likoud : Binyamin Netanyahu. Dès lors, le thème politique du Likoud devint « sécurité et plus question de céder un pouce de terrain ».

Ariel Sharon est né Ariel Scheinerman, en 1938 dans une ferme du nord de Tel-Aviv. Il a une passion : Israël, et une obsession : les représailles. Jeune officier aux cheveux blonds, il commanda la célèbre unité 101 qui ne comptait que quarante-cinq hommes. Dépendant du Premier ministre, elle était spécialisée dans la réplique au terrorisme arabe. L'unité fut dissoute, en 1953, après qu'elle eut rasé à l'explosif les cent cinquante maisons d'un village jordanien avec les habitants à l'intérieur. La vie militaire du général Sharon ne fut qu'une suite de coups de force et de désobéissances victorieuses. Il avait un rêve : devenir le chef d'état-major de l'armée de défense d'Israël. Il ne put jamais le réaliser, jugé trop à droite pour une fonction longtemps et traditionnellement occupée par des travaillistes. Il se lança alors dans la politique et participa à la création du Likoud. Il fut ministre de l'Agriculture, puis de la Défense dans le premier gouvernement israélien de droite, sous Menahem Begin. Tacticien dans l'âme, manœuvrier, retors, provocateur, il est passé maître dans l'art du fait accompli. Doté d'un courage physique reconnu, il ne s'est jamais embarrassé d'usages, de formalisme ni de légalisme. À ses yeux, Israël justifie tout. La vérité, pour lui, n'est que le pendant du mensonge utile. En janvier 1982, six mois avant l'invasion du Liban, avec quelques gardes du corps, il alla secrètement – sous le nom de code Gaspard – visiter la ligne de front coupant Beyrouth en deux, montant sur les toits des immeubles pour observer à la jumelle les rues de Beyrouth-Ouest, où était concentrées les directions politique et militaire de l'OLP, « le trou à rats », comme il l'appelait. Il s'était ainsi retrouvé, sans le savoir, à moins de 500 mètres de la résidence secrète d'Arafat[1]. À son retour, il avait tranquillement affirmé à ses collègues ministres que l'invasion du Liban qu'il projetait ne serait qu'une avancée de 40 kilomètres et que Beyrouth « était en dehors du cadre de la carte[2] ». L'aventure libanaise de Sharon se termina par les massacres de Sabra et Chatila[3].

Arafat et lui se vouent mutuellement une haine farouche. Sharon a tout fait pour l'assassiner. Officier, il l'a traqué en Cisjordanie et à Gaza ; ministre de la Défense, il l'a bombardé à Beyrouth et a supplié pendant quatre heures Menahem Begin, le 21 août 1982, de donner l'ordre d'ouvrir le feu aux douze tireurs d'élite de l'unité Golani qui avaient le chef de l'OLP dans le réticule de leur lunette de visée, alors qu'il se dirigeait vers le bateau grec qui l'attendait pour l'évacuer de Beyrouth. Begin refusa pour une raison simple : il avait donné sa parole d'épargner la vie de Arafat en signant le cessez-le-feu, il la respecterait. Premier ministre, Ariel Sharon n'a eu de cesse que de mettre en pièces le prestige de son ennemi, au point de finir par le confiner en permanence dans une cave, à défaut de pouvoir le liquider physiquement. Pour Arik, la guerre d'indépendance d'Israël, commencée en 1948, n'est pas terminée. Son mot d'ordre : « Aller de l'avant, gagner hectare après hectare tout le territoire d'Israël. »

Dès le début de l'Intifada, fin octobre 2000, le Premier ministre Yehud Barak demanda à ses services de sécurité d'évaluer les décisions que pouvait prendre le patron de l'Autorité palestinienne. « La personne de Arafat constitue une grave menace pour la sécurité de l'État [d'Israël] et le préjudice que causera sa disparition est moindre que celui causé par son existence », affirmèrent-ils dans leur

1. Distance maximale qui sépare aujourd'hui les blindés israéliens de la Moukata, résidence du leader palestinien à Ramallah.

2. L'« opération Little Pins » à ce moment là.

3. Alain Ménargues, *Les Secrets de la guerre du Liban*, Albin Michel, 2004.

rapport[1]. Barak donna alors le feu vert à l'opération Chemins d'épines[2]. Des rumeurs de réoccupation militaire des territoires coururent[3] avec force détails. Mais ce projet n'avait aucun sens. Les accords d'Oslo avaient été précisément conçus pour sortir de l'impasse de l'occupation militaire. Le poids que constituait le contrôle permanent des territoires était devenu trop lourd pour l'armée, les réservistes et la société israélienne. Par ailleurs, la situation d'insécurité récurrente soulignait l'échec des forces de Défense israéliennes. Elles n'étaient parvenues ni à contenir ni à éliminer la terreur, alors que l'Autorité palestinienne l'avait fait durant les années qui avaient suivi Oslo. Et puis il y avait eu l'expérience malheureuse du Liban et, ensuite, le souvenir amer du retrait nocturne et brusque de Tsahal du sud de ce pays, avec l'abandon d'armes, de matériels et des alliés libanais. Il y avait eu, encore, les sept années « d'Oslo » durant lesquelles la société israélienne s'était faite à l'idée que l'occupation ne servait plus à rien. Il y avait eu, enfin, la certitude que l'Autorité palestinienne veillait à la sécurité des colons. Il était donc difficile, très difficile, d'imaginer le retour à la situation *ante*.

Mais la pression, tant politique que militaire, exercée par les Israéliens sur les Palestiniens entraîna l'accentuation du cycle de violence de l'Intifada en territoire israélien. Les bombes humaines se succédèrent à une moyenne de trois par mois à partir de novembre 2000. Le Premier ministre, Yehud Barak, ordonna la construction d'une « barrière contre les véhicules » le long de la zone de séparation et sur toutes les routes qui longeaient la Ligne verte. Uzi Dayan, le

1. Des extraits de ce document ont été publiés par le quotidien *Ma'ariv* le 6 juillet 2001.

2. Pour les détails de ce plan opérationnel, consulter Anthony Cordesman, *Peace and War: Israel versus the Palestinians. A second Intifada?*, Center for Strategic and International Studies (CSIS), décembre 2000, et le résumé par Shraga Eilam, « Peace With Violence or Transfer », *Between The Lines*, décembre 2000.

3. *Yediot Aharanot,* 9 mars 2001.

directeur du Conseil national de sécurité, fut chargé d'en coordonner les travaux. Le Likoud, comme les colons et le parti national religieux, protesta violemment. Il craignait que cette barrière préfigure la mise en place d'une frontière. Mais le rythme des attentats démontrait la facilité avec laquelle les kamikazes pouvaient quitter la Cisjordanie et entrer dans les villes israéliennes. La droite fut forcée de céder.

Yehud Barak prit alors la décision de détruire politiquement l'Autorité palestinienne « qui n'arrêtait pas les terroristes ». Il mit en place deux équipes chargées de travailler, secrètement, à cette fin. La première devait s'occuper des actions politiques et militaires. La seconde était chargée des médias.

La première équipe constitua un puissant lobbying à Washington. Elle dénonça « l'activité malfaisante » de Arafat. Elle expliqua par le détail, auprès des sénateurs, des membres du Congrès, des hauts fonctionnaires de tous les ministères et des hommes d'affaires, la nécessité de renverser l'Autorité palestinienne. Une manipulation savamment orchestrée, à laquelle les Palestiniens, par manque de savoir-faire et de moyens, ne purent opposer le moindre démenti. Tous les ambassadeurs israéliens dans le monde furent mis à contribution pour saisir chaque opportunité afin d'aller sur les plateaux de télévision et dans les studios de radio « porter la bonne parole ». Le message était simple : « Les agressions ont été ordonnées par Yasser Arafat. » La vérité n'avait aucune importance, seul le résultat comptait. Il en était de même en Israël, où l'entourage du Premier ministre était chargé de préparer l'opinion publique au renversement du président de l'Autorité.

Tous les dirigeants palestiniens ont un début de biographie identique : ils sont nés quelque part sur les territoires de l'actuel Israël et en ont été chassés en 1948. Tous, sauf un : Yasser Arafat. Quoi qu'en dise sa biographie officielle, il est né au Caire et n'a jamais eu de terres en Palestine. Son père les avait vendues à des Juifs pour financer des procès contre l'État Egyptien (qu'il a d'ailleurs perdus). Pour

Arafat, qui fonctionne à l'affectif, c'est le grand drame de sa vie. D'autant que son arabe a longtemps été teinté d'un fort accent égyptien. Petit, l'œil rond, le cheveu rare caché par un keffieh, les lèvres épaisses, Abou Ammar, de son nom de guerre, personnalise la cause palestinienne. Il est, disent avec lyrisme les Arabes, « le frère sans père, le fils sans mère, le chef sans pays d'une nation sans terre, le symbole de l'existence d'un peuple sans identité. Il est le dernier homme sans patrie ». Et pour représenter ce symbole, Arafat a construit son personnage. La raison de sa barbe jamais rasée, par exemple, est longtemps restée un mystère. Il a donné des dizaines de justifications : pressé, il ne voulait pas perdre une minute, il en avait pris l'habitude, dans le maquis. Lorsqu'il vivait dans des conditions difficiles, son rôle n'était pas de plaire. Tout a été dit, sauf la vérité : sa peau, malade, ne supporte pas le feu du rasoir.

Yasser Arafat a fait des études d'ingénieur civil au Caire. En 1952, il est élu à la tête de l'Union générale des étudiants palestiniens, une amicale qui organisait alors des pique-niques et des sorties. Il y aiguise ses premières dents politiques. Il structure cette organisation à sa manière et fait le siège de la Ligue arabe afin d'obtenir des subsides pour les étudiants les plus démunis. Non seulement il en obtient, mais il apprend ainsi les arcanes de la Ligue et les réactions des pays membres. Cela lui servira plus tard. Ces bourses lui permettent de se tailler une importante popularité dans le monde intellectuel palestinien ; popularité qui ne le quittera jamais. La suite est plus connue. Il devient millionnaire dans le bâtiment au Koweït. En 1969, il prend la tête de l'OLP et s'y maintient grâce à un art consommé de la lutte pour le pouvoir, à une imagination débordante, à un génie de la manipulation, de l'intrigue et surtout à l'argent. Dans les années 70, à Beyrouth, avec quelques-uns de ses collaborateurs soigneusement triés sur le volet, il suit secrètement des cours de techniques de management et de finances internationales auprès des dirigeants de la banque soviétique Moscow Narodny. Puis il investit sur toutes les places financières. Aucun mouvement de libération n'a possédé autant d'argent que l'OLP : 7 milliards de dollars en 1990 ; des participations et des usines partout dans le monde ; 5 % d'impôt révolutionnaire prélevé sur les salaires des Palestiniens vivant dans les pays arabes. Le tout sous son contrôle personnel. Aucun paiement n'est réglé sans sa signature, pas même les salaires des policiers de Gaza.

Arafat est passé maître dans l'art de gérer les crises. Lorsqu'il se fâche avec quelqu'un, il établit avec lui un contact indirect, secret, passant par une tierce personne qu'il contrôle totalement. Lors d'un pèlerinage à La Mecque, il n'a jeté que six cailloux, au lieu des sept traditionnels, contre un monticule représentant le diable, pour le lapider symboliquement. Questionné, il a répondu : « Me croyez-vous assez fou pour rompre tous les liens avec le diable ? »

En novembre 1994, quand Yasser Arafat entra à Gaza en libérateur, il y entra également en collaborateur. Pour les Israéliens, la sécurité – la leur, pas celle des Palestiniens – était le but suprême des accords d'Oslo. Le président de l'OLP croyait pouvoir jouer le rôle discret de collaborateur tout en obtenant, en contrepartie, ce qu'il avait promis à son peuple, à commencer par la création d'un pays. Il a été contraint de multiplier les concessions aux Israéliens sans pratiquement rien obtenir en échange. « Il est toujours resté Monsieur Palestine, avec un charisme et une légitimité historique qui n'appartiennent qu'à lui. Mais il a manqué cruellement à cette autre tâche importante et complémentaire, celle de construire son État en devenir. La misère économique, la corruption, les violations des droits de l'homme, la création d'un vaste appareil répressif découlaient, tout ou partie, de l'Autorité qu'il préside », a commenté David Hirst, le journaliste britannique grand spécialiste de la région[1].

Dès lors, ne voyant aucune solution aboutir, totalement désespérée et poussée par un extrémisme religieux, la rue palestinienne se révolta.

---

1. David Hirst, « Arafat's Last Stand ? », *The Guardian*, 14 décembre 2001.

Détruire toute négociation

Le 20 novembre 2000, Nahman Shai, ancien porte-parole de Tsahal devenu coordinateur des affaires publiques du gouvernement de Yehud Barak, rendit public un « livre blanc » de soixante pages intitulé *Non-conformité de l'Autorité palestinienne. Un catalogue de mauvaise foi et de mauvaise gestion.* Le document avait été préparé par le conseiller du Premier ministre, l'ancien général Dany Yatoum[1].

Selon ce « livre blanc », Arafat « orchestrait l'Intifada », preuve qu'il n'a jamais abandonné l'« option de la violence et de la lutte ». Déjà, expliquait Yatoum, lorsque Arafat a fait son discours sur le gazon de la Maison Blanche, le 13 septembre 1993, la déclaration de principe d'Oslo ne signifiait pas pour lui la fin du conflit, en effet : « À aucun moment il n'a renoncé à son uniforme, symbole de son statut de commandant révolutionnaire. » C'est la seule « indication » fournie dans ce rapport sur les intentions cachées d'Arafat. Concernant la sécurité d'Israël, le « livre blanc » prend l'année 1997 pour référence « de la fourberie du président » de l'Autorité, oubliant totalement de préciser que cette année-là, un « accord de sécurité » avait été signé entre Israël et l'Autorité palestinienne, sous les auspices du chef de l'antenne de la CIA à Tel-Aviv, Stan Muskovitz. Cet accord confiait à Arafat une participation active à la sécurité de l'État hébreu pour combattre « les terroristes, les bases terroristes, et les conditions environnementales menant au soutien du terrorisme », en coopération avec Israël, y compris sous la forme d'« échange mutuel d'informations, d'idées et de coopération militaire[2] ». Les services de sécurité de Arafat s'en étaient fidèlement acquittés, par l'assassinat de terroristes du Hamas (déguisés en « accidents »), et par l'arrestation de ses diri-

1. Dany Yatoum, ancien patron du Mossad. Ce document peut être consulté sur www.gamla.org.il/english/feature/intro.htm.
2. Traduit du texte hébreu paru dans *Ha'aretz*, 12 décembre 1997.

geants politiques[1]. Tout un paragraphe est également consacré au double jeu du leader de l'OLP « Une nouvelle fois, le feu vert de Arafat a été donné au Hamas, peu avant l'attentat à la bombe de Tel-Aviv, le 21 mars 1997[2]. » La « preuve » en est la déclaration faite par Imad Faluji, un membre du cabinet de Arafat affilié au Hamas, à un quotidien américain[3] un mois auparavant.

Le thème du « feu vert au terrorisme », inventé par Moshe Ya'alon, le chef du A'man, a fait son chemin. Il a été rabâché par les milieux militaires, repris par les porte-parole ministériels, et a fini par devenir un mantra de la propagande israélienne : Arafat est toujours un terroriste, et sa responsabilité personnelle est engagée pour toute action de tout groupe, du Hamas et du Jihad islamique au Hezbollah.

En arrivant au pouvoir, Ariel Sharon n'aura plus qu'à récolter les fruits de cette campagne et, comme l'avait dit Moshe Ya'alon en novembre 2000, qu'à ouvrir « le second chapitre de la guerre de 1948 ».

Les négociations israélo-palestiennes reprirent cependant, fin décembre 2000, à Taba, un port touristique égyptien dans le golfe d'Aqaba. Les négociateurs travaillistes, pour tenter de sauver Yehud Barak, malmené dans les sondages, cherchaient à arracher un accord de paix, argument électoral massue pour le scrutin législatif qui devait avoir lieu le mois suivant. L'offre fut encore plus « généreuse » que celle de Camp David. Sans toutefois accepter de rendre toute la Cisjordanie, Tel-Aviv se rapprochait des principes formulés dans la résolution 242 du Conseil de sécurité : « la paix contre les territoires ». Le gouvernement israélien consentait également que Jérusalem devienne la capitale des deux États. Les quartiers arabes revenaient aux Palestiniens, les quartiers juifs aux

1. Tanya Reinhart, « The A-Sherif affair », *Yediot Aharonot*, 14 avril 1998.

2. Un kamikaze avait fait exploser sa charge à la terrasse d'un café, faisant 3 morts et 48 blessés.

3. *Miami Herald*, 5 avril 1997.

Israéliens et la souveraineté du Haram el-Charif était, cette fois, palestinienne. Mais il était trop tard. Yasser Arafat, qui suivait de près la campagne électorale, savait pertinemment que Yehud Barak allait passer la main au pire des adversaires des Palestiniens et à son ennemi personnel : le général Ariel Sharon.

Ariel Sharon le bulldozer

Le 6 février 2001, Ariel Sharon fut élu Premier ministre. Il écrasa littéralement Yehud Barak. Seul, Sharon n'aurait sans doute pas pu y parvenir. L'escroquerie des « offres généreuses » de Yehud Barak y a beaucoup contribué, en faisant croire aux électeurs, comme à une grande partie de l'opinion internationale, que Yasser Arafat refusait « tout ce qui lui était proposé » et qu'il n'était plus un interlocuteur valable. Il ne restait donc plus aucun espoir diplomatique et seule la manière forte – Sharon – devait être appliquée. « J'ai toujours eu des doutes sur la sincérité des Palestiniens, affirme encore aujourd'hui Benny Morris[1], mais depuis Camp David, j'ai des certitudes. Ils ont refusé la proposition la plus généreuse qui soit, puis se sont lancés dans la violence. N'importe quel Premier ministre aurait fait la même chose. Yehud Barak m'a dit qu'il aurait mené l'opération Mur de protection, avec beaucoup plus de force encore. Les Palestiniens sont un peuple malade, psychotique. Peut-être y avons-nous une part de responsabilité ? Mais ils sont les premiers responsables de leur sort, aujourd'hui comme hier. »

---

1. Benny Morris a désormais rejoint – et avec quel virulence – le consensus général. Au point que les ambassades israéliennes diffusent les déclarations de celui qui – récemment encore – était tenu a l'écart par les institutions académiques de son pays. Malgré ses nombreuses publications, Benny Morris n'a obtenu un poste à l'université (de Beersheba) qu'en 1997 et il n'est toujours pas professeur titulaire.

Ariel Sharon se mit au travail avant même que les résultats des élections ne soient officiels. « La nuit même, je reçus un coup de fil des gens de Sharon me demandant de le rencontrer le plus tôt possible, raconte le professeur Arnon Sofer, spécialiste des problèmes démographiques[1]. Ils me demandèrent d'apporter les cartes. »

Un an plus tôt, en février 2000, à Herzliya près de Tel-Aviv, dans le cadre du forum annuel consacré aux questions politiques et stratégiques de l'heure, Arnon Sofer avait donné une conférence sur l'évolution démographique en Israël et ses dangers. En 2020, disait-il, il y aura 58 % d'Arabes et 42 % de juifs entre le Jourdain et la Méditerranée. Et il avait prôné un retrait unilatéral israélien des territoires occupés, sans lequel l'entité sioniste pourrait « disparaître » dans les prochaines années. « L'étau démographique se resserre sur Israël à une allure folle et la prise de décision au niveau national avance à un rythme de tortue, avait-il remarqué. Le conflit peut durer, mais le temps joue contre nous et Israël doit prendre une décision courageuse et difficile en se retirant unilatéralement des territoires. (...). Il faut tracer immédiatement des frontières à Israël, sinon les Arabes vont nous inonder et il n'y aura plus d'entité juive. » Pour soutenir ses propos, il disposait de cartes sur lesquelles la Cisjordanie était coupée en trois parties délimitées par une clôture électrifiée. Une de Jénine à Ramallah, une autre de Bethléem à Hébron et une toute petite autour de Jéricho. Ariel Sharon, qui assistait à la conférence, s'isola ensuite longuement avec lui pour discuter, en tête à tête. Arnon Sofer devint brusquement la personnalité la plus « écoutée » des politiciens qui défendaient l'idée d'un retrait israélien unilatéral des territoires. Dan Méridor, un ancien dirigeant du Likoud devenu centriste, le convia à exposer ses thèses devant la Commission de sécurité de la Knesset, à la grande colère des députés arabes israéliens qui y virent une manipulation honteuse. Le travailliste Haïm Ramon, qui tentait de mettre en place un

1. Surnommé le « compteur d'Arabes » ou le « prophète du danger démographique arabe », *cf.* p. 65.

mouvement extra-parlementaire en faveur d'un retrait unilatéral, le rencontra à plusieurs reprises.

Quelques mois plus tard, en découvrant le plan d'un tracé du mur « de séparation[1] » dans un des bureaux attenants à celui du nouveau Premier ministre, Sofer s'exclama : « C'est exactement ma carte ! C'est comme si une copie exacte était dressée. » Mais l'idée n'était pas nouvelle pour Ariel Sharon. « J'ai vu une carte similaire chez Arik en 1978, raconte Ron Nahman, maire de la colonie de peuplement Ariel[2]. Il m'a dit qu'il y pensait depuis 1973. »

Ariel Sharon avait réfléchi à l'échec du gouvernement Binyamin Netanyahu. Il ne suffisait pas de freiner le processus de paix, comme l'avait fait ce dernier, il fallait le détruire. Mais bon nombre d'électeurs israéliens, et *a fortiori* les dirigeants occidentaux, ne cautionneraient pas une action brutale. Il lui fallait donc donner le change, montrer qu'il était plein de bonne volonté, du moins dans un premier temps. Il commença par se prononcer pour « un État palestinien », laissant entrevoir, par son entourage, « des concessions déchirantes ». Il forma un gouvernement d'union nationale avec des ministres travaillistes, dont Avraham Burg, une colombe, l'ancien Président du parlement, qu'il plaça au poste de ministre de la Défense, et Shimon Peres, prix Nobel de la paix, à celui de ministre des Affaires étrangères. Sharon affichait ostensiblement une volonté d'aller vers la paix. La communauté internationale fut dupe. Pas les Israéliens, Yossi Beilin moins que personne. Ce dernier refusa d'admettre que les travaillistes se mettent à la remorque du Likoud. Il se fit élire à la tête d'un nouveau parti centriste, Ya'had.

« Sharon a bien préparé son piège[3] ». « Avant même l'élection », le général de réserve Meir Dagan[4] avait élaboré un plan.

1. Il y en a eu plusieurs, qui furent souvent corrigés en dernière minute.
2. Au nord de Ramallah.
3. Alex Fishman, *Yediot Aharonot*, décembre 2001.
4. Devenu ensuite chef du Mossad.

Il y a, entre les deux hommes, trente années de solide amitié et de complicité. Dans les années 1970, lorsque le général Ariel Sharon était commandant de la zone sud[1], le capitaine Dagan dirigeait sous ses ordres de très discrètes unités spéciales de commandos du nom de « Rimond », « Shimshon » et « Duvdevan ». Elles avaient pour mission essentielle d'exécuter sommairement les Palestiniens soupçonnés ou accusés de perpétrer des attentats. C'était la première mouture des assassinats ciblés, aujourd'hui commis à l'aide, entre autres, de missiles tirés d'hélicoptères.

Râblé, trapu, madré, fumant sans cesse de petits cigares de mauvaise qualité qui empestent, Meir Dagan parle parfaitement l'arabe. Il fut le premier officier israélien, alors qu'il commandait le régiment blindé Golani, a être doté des fameux chars Merkava[2]. Il est allé plusieurs fois clandestinement au Liban avant l'invasion israélienne de 1982, notamment pour inspecter les lignes de front séparant l'armée syrienne et les milices chrétiennes. Il passa ensuite, après l'invasion, plusieurs années comme gouverneur militaire du Sud-Liban occupé. Il a ce geste familier de la claque sur l'épaule, dès la première rencontre, qui donne très vite la redoutable impression qu'on s'est fait un ami. Nombreux sont ceux, parmi les Libanais, qui ont, ensuite, fortement regretté de s'être faits abuser. Il a laissé de mauvais souvenirs dans toutes les factions libanaises, même et peut-être surtout chez celles qui étaient alliées de Tel-Aviv. De retour en Israël, il fut nommé numéro 2 du Shin Beth, chargé de la sécurité dans les territoires occupés, avant de devenir le conseiller antiterroriste des Premiers ministres Binyamin Netanyahu et Yehud Barak. Dans une négociation, Meir Dagan est, à lui seul, une fin de non-recevoir. Partant des présupposés que « Arafat est un assassin » avec lequel « on ne négocie pas » et que « l'accord d'Oslo est le plus grand malheur qui se soit abattu sur Israël », Dagan est arrivé à la conclusion que « tout doit être fait pour le détruire ».

---

1. Qui englobait la bande de Gaza, alors occupée par Tsahal.
2. « Chariot » en hébreu.

Une série d'attentats particulièrement meurtriers frappa Israël. Elle commença le 1er juin 2001, à Tel-Aviv. Un kamikaze prit pour cible l'entrée d'un night-club, le Dolphinarium. Il y eut vingt et un morts et cent vingt blessés parmi les jeunes qui faisaient la queue pour entrer dans l'établissement. Devant l'émotion que souleva cet attentat, Yasser Arafat convoqua, sept jours plus tard, tous les diplomates étrangers à Gaza et ordonna solennellement un cessez-le-feu. Shimon Peres décida de le rencontrer « pour rétablir le calme et la confiance afin d'entamer un dialogue constructif ». Sharon y mit une condition : deux jours sans incidents. Le cessez-le-feu ne tint que quelques heures. Un couple de colons tomba dans une embuscade meurtrière en Cisjordanie. Les Palestiniens reconnurent la violation du cessez-le-feu, mais le porte-parole de l'Autorité palestinienne précisa que l'attaque s'était « produite dans une zone contrôlée par Israël » et qu'il était évident que « l'Autorité palestinienne, qui ne contrôle que 18 % des Territoires, ne peut prévenir ce genre d'attaques, d'autant plus que les barrages et les restrictions de circulation imposées par Israël empêchent les forces de sécurité palestiniennes d'agir ».

Il était clair que l'exigence d'Ariel Sharon d'un calme absolu, sans incidents, durant quarante-huit heures, préalable à toute rencontre, était quasiment impossible à satisfaire et constituait un moyen de reporter la rencontre aux calendes grecques. La situation dans les territoires était, en effet, tendue à l'extrême. Des dizaines de Palestiniens, désespérés, étaient bloqués quotidiennement aux points de contrôle sans pouvoir rejoindre leur travail ou, à l'inverse, leur domicile. Les malades étaient coupés des soins hospitaliers et les enfants de leurs écoles. Les soldats israéliens, extrêmement nerveux, tiraient sans discernement. La tactique militaire du fractionnement, mise au point par Ariel Sharon lorsqu'il commandait la zone sud, avait repris ses droits.

Le nouveau Premier ministre avait également tiré les leçons de Beyrouth. Pas question de laisser intervenir la communauté internationale pour sauver une nouvelle fois le chef de l'OLP « Dans les quelque trente dernières années durant lesquelles Arafat a été aux Affaires palestiniennes, il est parvenu à remporter de véritables succès dans la sphère politique et internationale, analyse Shabtai Shavit, l'ancien chef du Mossad. Il a reçu le prix Nobel de la paix. Sur un simple appel téléphonique, il peut obtenir une rencontre avec n'importe quel dirigeant de la planète. Dans ce contexte international, il n'existe personne de sa pointure dans le monde politique palestinien. Si ces derniers perdaient cet atout, cela représenterait une avancée énorme pour les Israéliens. La question palestinienne disparaîtrait simplement des agendas[1]. » D'où l'idée d'isoler progressivement le président de l'Autorité, des Palestiniens à l'intérieur des territoires, comme du reste du monde. Une fois l'Intifada terminée, Israël, selon Meir Dagan, serait alors en mesure de « négocier séparément avec des forces palestiniennes dominantes dans chaque enclave – des responsables palestiniens, des forces de sécurité, du renseignement et même du Tanzim ».

L'une des premières consignes données aux stratèges de l'armée israélienne, après l'élection d'Ariel Sharon, avait été de préparer « un assaut total visant la destruction de l'Autorité palestinienne et à l'élimination de son dirigeant, Yasser Arafat, ou son emprisonnement[2] ». Le plan Destruction de l'Autorité palestinienne et désarmement de toutes les forces armées fut présenté, le 8 juillet 2001 au gouvernement israélien par le chef d'état-major, Saul Mofaz. L'assaut devait être donné, sur ordre du gouvernement, à la suite d'un attentat-suicide de grande ampleur en Israël, causant de nombreux morts et blessés. L'invasion du Liban avait également été prévue après « un attentat sanglant ou symbolique » : ce fut la tentative d'assassinat de l'ambassadeur israélien à Londres, Slomo Argov, le 5 juin 1982, qui servit de signal. Le bain de sang aurait constitué une justification. Il y eut sept attentats dans le mois qui suivit, faisant au total vingt-trois morts et cent soixante-quatorze blessés. À chaque fois, un cabinet ministériel restreint entrait en conclave pour prendre la décision fatidique. Mais

1. Interview dans le supplément week-end du *Yediot Aharonot*, 7 décembre 2001.

2. *Jane's Information* « Foreign Report », 12 juillet 2001.

aucun d'eux ne présenta, en une seule fois, le caractère d'horreur exceptionnelle qui aurait permis de déclencher le plan Destruction de l'Autorité palestinienne. Sharon était intraitable : Arafat devait mettre fin « au terrorisme », modifier l'organisation de ses services de sécurité et introduire la démocratie dans l'institution palestinienne avant de penser commencer à parler de paix. Il devait tout faire – ou presque – avant qu'Israël ne bouge. Washington donnait le sentiment de soutenir Israël et la politique d'Ariel Sharon. Cependant, c'était un soutien s'appliquant uniquement aux décisions que prenait l'État hébreu au quotidien. Les Américains ne se prononçaient pas sur les questions de fond. Cela suffisait néanmoins à Sharon. Tant qu'il lui était donné la possibilité d'insister sur une réforme préalable des institutions palestiniennes ou sur un arrêt total de la violence, il aurait une sorte de droit de veto sur toute avancée du processus de paix. Et il en profita. Il put, ainsi, contrer son ministre des Affaires étrangères, Shimon Peres, qui, encouragé par l'Union européenne, avait maintenu sa décision de rencontrer le leader palestinien. Ariel Sharon refusa.

Le 9 septembre 2001, une bombe humaine explosait près de la gare de Naharia, dans le nord d'Israël, faisant quatre morts et quatre-vingt-dix blessés. Le Hamas revendiqua l'attentat et donna le nom du kamikaze : Mohammed Chaker Habichi, un Arabe israélien de 48 ans. Cette fois-ci, l'attentat avait l'importance voulue, mais l'origine du porteur de la bombe empêcha toute réaction. La nouvelle de l'identité de l'auteur provoqua une émotion considérable en Israël. C'était la première fois qu'un Arabe israélien commettait un attentat-suicide. La peur d'une cinquième colonne fut d'autant plus forte que les Arabes israéliens représentaient un cinquième de la population du pays.

Le 11 Septembre

Les attentats du 11 septembre 2001, aux États-Unis, firent basculer la situation. En focalisant l'attention du monde sur New York et l'Arabie saoudite, les avions qui détruisirent les

Twin Towers allégèrent la pression internationale qui pesait sur le gouvernement d'Ariel Sharon. De surcroît, ils offrirent la possibilité d'un amalgame providentiel aux Israéliens : « Arafat-Ben Laden, même terrorisme à combattre ». Ce slogan fit mouche aux États-Unis d'autant plus facilement qu'à Gaza, une centaine de manifestants avaient dansé de joie devant des caméras à l'annonce des attentats et que certains avaient brandi des portraits de Ben Laden. La police palestinienne avait bien confisqué films, vidéos et matériel photographique, mais des images étaient quand même passées entre les mailles du filet. Elles firent le tour du monde, gracieusement offertes par les médias israéliens. Les porte-parole d'Ariel Sharon se précipitèrent devant les caméras de télévision pour comparer, ce qui devint récurrent par la suite, « les deux terroristes ». Toutes les ficelles de la désinformation furent utilisées, même et y compris les projections affirmant que, « ramenés au niveau de la population américaine », les attentats qui avaient frappé Israël avaient fait plus de victimes que ce qui s'était passé aux États-Unis. Comme si l'horreur des bombes humaines ne se suffisait pas à elle-même.

Tout entier occupé par sa lutte contre le « terrorisme », le Premier ministre israélien crut bénéficier du feu vert du président américain, George W. Bush, pour s'attaquer à l'Autorité palestinienne. Ce fut une erreur. Les États-Unis ne pouvaient se mettre en mauvais termes avec les pays arabes au moment où ils envisageaient de riposter contre l'Afghanistan. Mais cela, Sharon ne le savait pas encore. Une opération de grande envergure fut lancée sur les villes sous contrôle palestinien. Washington réagit immédiatement en exigeant le retrait des chars. Le lendemain, le 13 septembre, Colin Powel, le secrétaire d'État américain, souligna l'urgence d'une rencontre entre Yasser Arafat et Shimon Peres. « Même si nous devons traiter la crise ici, à New York et à Washington, nous devons aussi travailler sur la situation au Proche-Orient », déclara-t-il.

Et non seulement Ariel Sharon, sous la pression de Washington, dut retirer ses troupes des villes autonomes, mais il dut aussi autoriser son ministre des Affaires étrangères à rencontrer « le terroriste ». Il fut également obligé d'accepter – après avoir accusé l'Amérique de lâcher Israël comme les Occidentaux l'avaient fait avec les Sudètes – un nouveau plan américain pour l'établissement d'un État palestinien indépendant. L'entrevue des deux prix Nobel de la paix, tant attendue, eut lieu sur l'aéroport de Gaza. Elle n'accoucha que d'effets d'annonces. Sharon se chargea lui-même de les balayer d'un revers de la main à la première occasion, montrant ainsi le mépris dans lequel il tenait Shimon Peres.

Né au fin fond de la Biélorussie, dans un village perdu, petit-fils d'un rabbin qui le mit en contact avec la Torah, Shimon s'appelait Persky avant de monter en Israël et de prendre le nom de Peres, qui signifie « aigle » en hébreu. « C'est un infatigable magouilleur », disait de lui Yitzhak Rabin.

Considéré, écouté à l'étranger où il passe pour être une grande figure du siècle, auréolé d'un prix Nobel, Shimon Peres a une triste réputation en Israël. Il traîne une image de petit bricoleur « du fond de la cour qui va tout arranger en moins de temps qu'il ne faut pour le dire ». Dès qu'un problème se pose, « Shimon-réparations en tous genres » accourt avec sa boîte à outil pleine d'idées de compromis. C'est ainsi qu'il a passé tous les accords politiques possibles et arrangé les alliances contre nature les plus inimaginables, pour accéder ou rester au pouvoir. Il a fait « ami-ami » avec ce qu'il y avait de plus pestiféré pour un homme de gauche : Ariel Sharon, son ennemi de toujours en politique comme en idéologie, et même avec les religieux orthodoxes nationalistes les plus extrémistes. On lui a toujours reproché son manque de simplicité, sa cravate, son costume bien coupé, son langage précieux et sa culture quelque peu ostentatoire. Il n'a jamais gagné une élection en cinquante ans de vie politique parce qu'il n'a jamais porté l'uniforme. Ne pas avoir été militaire s'est révélé être sa plus grande tare, même si c'est lui qui, au lendemain de la naissance d'Israël, est venu en France acheter les premiers fusils, les premiers canons, les premiers chars de la future armée israélienne. Et c'est encore lui qui, dix ans plus tard, a négocié avec Paris l'installation d'un réacteur nucléaire sur la base secrète de Didona, dans le désert du Néguev – réacteur qui donnera, par la suite, la bombe atomique à Tel-Aviv. En Israël, seuls les militaires ou les anciens militaires sont élus. « Toute guerre se fait deux fois, une première fois sur le champ de bataille et une seconde dans les livres d'histoire. » Lui a choisi d'aller directement dans l'histoire, affirment ses proches.

Le 17 octobre 2001, Rehavam Zeevi, chef d'un parti d'extrême droite et ministre du Tourisme, est assassiné dans un hôtel de Jérusalem par deux activistes du Front populaire pour la libération de la Palestine (FPLP), pour venger « l'exécution » de leur leader en Cisjordanie deux mois auparavant. C'est la première fois qu'un membre du gouvernement israélien est victime d'un attentat. L'émotion est considérable.

Cet attentat fournit l'occasion qu'attendait Ariel Sharon. Il lança ses chars sur les villes palestiniennes autonomes. La guerre fit rage dans les territoires occupés pendant cinq semaines. Sharon présenta haut et fort la nouvelle campagne militaire comme une « guerre contre le terrorisme », même s'il était difficile de croire que s'inscrivaient dans cette lutte la destruction des hélicoptères personnels d'Arafat – qui ne pouvaient pas prendre l'air sans la permission des Israéliens –, la destruction par des bulldozers de l'aéroport de Gaza[1] ou l'invasion de Ramallah. Difficile de croire que cette lutte nécessitait, également, la destruction des infrastructures administratives et des installations de police et de sécurité de l'Autorité palestinienne.

En fait, l'objectif ensuite avoué était de marginaliser Arafat, voire de l'éliminer. Ariel Sharon ne voulait plus avoir d'interlocuteur palestinien reconnu, à l'intérieur comme à l'étranger, afin de ne plus devoir négocier. « Pour les plans de paix, on verra plus tard. [...] Ce qui est sûr, c'est que nous n'accepterons jamais l'existence d'un État palestinien. Ce serait une catastrophe[2]. » Jour après jour, tous les signes du pouvoir

---

1. L'aéroport international, construit et financé par l'Espagne, inauguré en 1999 par Bill Clinton et fermé depuis le début de la seconde Intifada.

2. *Le Monde*, 14 décembre 2001.

palestinien furent laminés, avec un effet d'accoutumance redoutable s'agissant des bombardements de villes palestiniennes, d'abord par des hélicoptères, puis par des chasseurs F-16, des assassinats, de plus en plus fréquents, des Palestiniens soupçonnés de terrorisme ou des incursions militaires dans les zones palestiniennes durant des jours, des semaines, puis des mois. Les concessions d'Oslo n'étaient plus qu'un souvenir.

Le 26 novembre 2001, Washington décida d'expédier à Jérusalem un général des Marines fraîchement retraité, Antony Zinni, vétéran du Vietnam. Son dernier poste avait été le commandement des forces américaines dans le Golfe. Sa mission était d'obtenir la mise en œuvre des recommandations d'une commission américaine, acceptées par Sharon comme par Arafat, mais que jamais ni l'un ni l'autre n'avait appliquées. Quelques jours avant son départ de Washington, Zinni croisa Meir Dagan, venu transmettre un message de Sharon aux Américains : « Pas question de négociations politiques tant qu'il n'y aura pas sept jours de cessez-le-feu total. »

Trois jours avant l'arrivée du médiateur américain, alors que les sentiments des Palestiniens étaient exacerbés par la mort de cinq enfants qui avaient sauté sur une mine posée par des sapeurs israéliens, Ariel Sharon ordonna l'assassinat de Mahmoud Abou Hounoud, un leader très populaire du Hamas. Cette « exécution extrajudiciaire » intervenait alors que le Hamas respectait depuis deux mois son engagement envers Arafat de s'abstenir de toute action à l'intérieur d'Israël. La réaction inévitable fut sanglante. Entre le 1er et le 12 décembre, Jérusalem et Haïfa furent secouées par six attentats-suicides faisant, au total, vingt-neuf morts et cent soixante-quatorze blessés. « Ceux qui ont décidé la liquidation d'Abou Hounoud savaient d'avance quel en serait le prix. La question a été discutée en profondeur tant dans les milieux militaires israéliens qu'à l'échelon politique, avant de donner le feu vert à cette liquidation. L'assassinat de Abou Hounoud ne pouvait que rompre l'accord tacite passé entre Arafat et le Hamas qui fonctionnait depuis plusieurs mois et qui a probablement sauvé des dizaines de vies israéliennes[1]. »

S'il est impossible de prouver que Sharon souhaitait réellement des réactions à ce meurtre ciblé, en revanche, il ne peut y avoir de doute sur le fait que le Premier ministre et ses collaborateurs savaient pertinemment quelles en seraient les conséquences. La vengeance du Hamas et la mort de vingt-neuf Israéliens constituaient un prétexte parfait pour terminer la guerre contre Arafat et rendre inutile le voyage d'Antony Zinni. Les faucons du département d'État américain reprirent l'avantage. Ariel Sharon reçut un appui total et ouvert de Washington

Le président palestinien fut confiné dans les ruines de la Moukata[2] avec interdiction d'en sortir. Sharon ordonna à toute l'administration israélienne de ne pas recevoir les dirigeants étrangers qui lui rendaient visite. Isolé, Arafat n'était plus un sujet pour les journalistes, il n'existait plus. De plus, au début de 2002, sans que personne n'y ait vraiment prêté attention, un processus inexorable avait établi un « État palestinien » limité aux villes palestiniennes, un « État » composé d'enclaves séparées et dépourvues d'autosuffisance.

Le cycle de la violence s'accéléra. Douze bombes humaines explosèrent durant le mois de mars 2002, pratiquement un attentat tous les trois jours : quatre-vingt-un morts et cinq cent vingt et un blessés. Pour la première fois, une femme se suicida, ainsi, dans un magasin. Les Palestiniens exprimaient leur désespoir de la pire des façons. Jamais Israël n'avait connu une telle flambée de violence sur son sol. La peur atteignait son paroxisme. Les Israéliens ne sortaient plus de chez eux. Ariel Sharon, impuissant, croulait sous les critiques. Le ministre de la Défense travailliste, Binyamin Ben Eliezer, lui proposa de reprendre la construction du mur et lui soumit les plans d'une barrière de 350 kilomètres entre Israël et la Cisjordanie, érigée

1. Alex Fishman, spécialiste des questions de sécurité du *Yediot Aharonot*, 25 novembre 2001.

2. Palais présidentiel situé sur une colline de Ramallah.

sur la Ligne verte. Sharon refusa. Une telle construction représentait un obstacle au développement d'Israël. « La guerre d'indépendance n'est pas terminée, affirma-t-il. 1948 ne fut que le premier chapitre. Chaque mètre de gagné est un mètre de plus pour Israël. La guerre se poursuivra tant que les combats n'auront pas permis de posséder tout le territoire israélien[1]. »

L'armée était également sceptique quant à l'efficacité du mur. Elle l'avait fait savoir : construire un mur hermétique du nord au sud de la Cisjordanie, à l'instar de la clôture qui encercle Gaza, était impossible du fait du nombre de colonies à défendre. Et puis, il y avait Jérusalem. Il était difficile de séparer Arabes et juifs dans la ville sans remettre en question sa réunification. Uzi Dayan[2], avant son départ du Conseil national de sécurité qu'il présidait, remit[3] un rapport au Premier ministre dans lequel il notait qu'Israël devait construire une séparation « d'après les principes démographiques ». En d'autres termes, une barrière qui inclurait le moins possible de Palestiniens. Le coût financier, qu'il estimait à plus de 6 milliards de shekels[4], était secondaire à ses yeux. « La perte du PIB israélien due aux attaques terroristes est bien plus grande. Une clôture vaut le coup. »

Sharon céda. Le Kiriya[5] finalisa le projet de construction de la première section du mur, longue d'environ 110 kilomètres[6], de la frontière nord-ouest de la Cisjordanie, à proximité du village israélien de Salem, jusqu'à la région de Kfar Qasem, au sud. Le projet prévoyait également un mur sur plusieurs dizaines de kilomètres le long des limites nord et sud de la Municipalité de Jérusalem.

---

1. Sharon cité par le *Ha'aretz*, avril 2001.

2. Le général Uzi Dayan, chef du Conseil national de sécurité, ancien chef du commandement centre de l'armée (qui inclut la Cisjordanie), devenu depuis président du Comité de la construction du mur.

3. Le 1er juin 2002.

4. 1,2 milliards d'euros.

5. « Le complexe » en hébreu, surnom donné au ministère de la Défense israélien situé à Tel-Aviv. C'est en son sein que se trouve l'administration de la Ligne de séparation.

6. Près d'un tiers de la longueur de la Ligne verte.

Ce projet suscita l'opposition virulente des colons et de l'extrême droite nationaliste. Partisans d'un « Grand Israël » s'étendant de la Méditerranée au Jourdain, ils y voyaient l'esquisse d'une coupure définitive au cœur du territoire qu'ils revendiquaient. Le projet fut néanmoins présenté au gouvernement, pour approbation, le 4 juin 2002. Le débat fut houleux. Les ministres d'extrême droite désapprouvèrent totalement. Ils redoutaient que la clôture ne devienne, *de facto*, la frontière officielle entre Israël et un futur État palestinien qu'ils rejetaient catégoriquement. Le ministre de la Défense, Binyamin Ben Eliezer, défendit son plan en précisant que le mur n'avait aucune signification diplomatique ou politique. « Il a un seul objectif : défendre la vie des citoyens israéliens. Chaque jour qui passe sans cette barrière risque de nous coûter encore plus de victimes. » La construction du mur fut annoncée officiellement à l'issue du conseil des ministres, sans détails sur le tracé, et présentée comme « une clôture frontière de la Ligne verte[1] ».

« Un mur de sécurité sans suites diplomatiques ne tient pas debout », écrivit le lendemain l'éditorialiste du *Jerusalem Post*. Le journal approuva néanmoins l'idée de la séparation avec les Palestiniens et estima qu'une barrière pourrait, à terme, libérer davantage de ressources militaires pour protéger les colonies les plus isolées. « La barrière doit être construite pour protéger le nombre le plus élevé possible d'Israéliens et pour inclure un maximum de territoires, en prévision d'éventuelles négociations sur un statut final », concluait-il. Tous n'étaient pas mécontents de la tournure que prenaient les événements. « Ceux qui prétendent que la clôture ne représente pas une ligne politique ne savent pas de quoi ils parlent, déclara David Levy, le leader du "Conseil des colons" de la vallée du Jourdain. Tout le monde joue un double jeu, et cela arrange tout le monde, c'est pourquoi je suis favorable à la clôture, elle nous placera évidemment à l'intérieur [d'Israël][2]. »

1. *Green line border fence.*
2. *Yediot Aharonot*, 31 mai 2003.

Des contrats furent signés avec plusieurs entreprises, et les travaux d'infrastructure débutèrent en divers points du tracé. Chaque jour, cinq cents bulldozers entraient en action, pavant et construisant un des plus grands projets de l'histoire du pays.

Mais personne, ou presque, n'avait fait attention au tracé tant le consensus – hormis l'extrême droite – était acquis. « L'idée de base était de suivre la Ligne verte », confia plus tard Binyamin Ben Eliezer. Le mur de séparation fut réaffirmé dans le programme du travailliste candidat aux élections législatives du 28 janvier 2003[1], l'ex-général Amran Mitzna, maire de Haïfa pendant dix ans, considéré comme « une colombe », martelait à chaque meeting : « La force militaire ne résout rien, ces deux dernières années l'ont prouvé. C'est une illusion de s'imaginer que nous allons vaincre trois millions et demi de Palestiniens. (...) Si je deviens Premier ministre, je reprendrai les négociations avec les Palestiniens, et si ça ne marche pas, nous évacuerons de façon unilatérale les colonies de la bande de Gaza, certaines de Cisjordanie et nous nous séparerons des Palestiniens. » Amran Mitzna n'inventait rien. Le gouvernement Sharon était déjà en train de construire le mur entre la Cisjordanie et Israël. Mais Mitzna lui donnait un contenu différent. « Nous devons faire cette séparation, disait-il, pour nous séparer nous-mêmes de l'illusion du Grand Israël autant que pour nous séparer des terroristes. »

Ariel Sharon, fidèle à lui-même, promit de son côté la sécurité par la force. Le terrier qu'était devenue la Moukata fut son meilleur argument électoral. Il bénéficia du large soutien d'une opinion qui ne se souciait pas tant de stratégie et de négociation que de la nécessité de lutter contre le terrorisme. En laissant croire qu'ils ne poursuivaient que des objectifs à court terme, le Premier ministre sortant et les responsables

1. Amran Mitzna a conduit les travaillistes au plus mauvais résultat de leur histoire lors de ces législatives de janvier 2003 (19 sièges sur 120, contre 38 au Likoud). Il a démissionné début mai de son poste de leader du parti travailliste et de chef de l'opposition.

de la Défense pouvaient appliquer une stratégie à long terme sans attirer de critiques.

Ariel Sharon fut réélu à une très large majorité.

Sitôt après intervinrent, discrètement, des corrections au tracé initial. Toutes orientées vers l'est. La Ligne verte, celle fixée par l'armistice de 1949 et qui formait la frontière de fait de l'État hébreu jusqu'en juin 1967, n'était plus la référence. En s'en écartant, le mur, dit de « sécurité », s'enfonçait, parfois de plusieurs dizaines de kilomètres, à l'intérieur de la Cisjordanie pour envelopper les principaux blocs de colonies implantées illégalement depuis 1967.

Le bureau « média » du Premier ministre prit en main toute la communication concernant le mur. Pendant des mois, rien ne filtra. Le *Ha'aretz*, pourtant le journal le mieux informé d'Israël, mit dix-huit mois avant de parler du tracé. Toute l'actualité était concentrée sur la réoccupation militaire de la Cisjordanie et ses conséquences. Les seuls qui auraient pu en parler étaient les paysans palestiniens expropriés. Mais le téléphone ne marchaient pas ou mal, ils ne pouvaient se déplacer dans une Cisjordanie contrôlée par près de six cents *check-points* et, ailleurs, dans les territoires, des destins palestiniens étaient plus dramatiquement perturbés.

Cependant, les opérations militaires incessantes contre Yasser Arafat et l'administration palestinienne en Cisjordanie entraînèrent une véritable défaite médiatique pour Ariel Sharon. En deux ans, il avait perdu la bataille de la communication sur l'ensemble de la planète. Dans une interview d'anthologie menée, en septembre 1982, par Oriana Fallaci, Sharon affirmait : « Vous, les journalistes, êtes devenus un facteur décisif dans l'évaluation des événements, et spécialement des guerres. (...) Vous devriez savoir qu'une fois une calomnie lancée, un mensonge fabriqué, ils sont copiés et répétés, et finalement acceptés comme étant la vérité. » Un peu plus loin, dans le même entretien, l'ancien général donnait lui-même la clé de son comportement face à la puissance médiatique : « Il y a des gens qui me détestent, je le sais, et des gens qui me craignent. Surtout parmi les hommes politiques. Parce que je dis toujours ce que je pense et que je fais toujours ce que je veux... Mais si ceux qui me haïssent et me craignent étaient la majorité, comment aurais-je pu avoir une telle influence dans ce pays depuis tant d'années ? D'où viendrait mon pouvoir ? » Cette capacité de résistance peu banale aux assauts de la presse s'appuie surtout sur une volonté inébranlable de refuser que des considérations subalternes – l'image, la réputation – interfèrent lorsque l'intérêt d'Israël est en jeu.

« Sharon se considère comme juif, non comme israélien. » Il n'est pas religieux dans toute l'acception du terme. Mais, pour lui, dans sa vision du monde, le plus important est de rester juif. « Les Israéliens ne connaissent ni le Tanakh[1], ni l'histoire juive ; les juifs, oui ! », dit-il. Il considère que « les juifs doivent se souvenir qu'ils ont un droit absolu sur Eretz Israël, et c'est seulement après que d'autres y ont aussi des droits[2] ». Dans ses *Mémoires*[3], il résume la vision aujourd'hui endossée par les juifs : « Il faut se comporter [...] de façon telle qu'ils [les Arabes] finissent par renoncer à leur volonté de nous battre un jour [...]. Le seul moyen dont nous disposons consiste à les convaincre de l'inutilité de la guerre, qui ne leur vaut que destruction, ruine et humiliation. Les Palestiniens en sont précisément là.

« Nous devons comprendre que la guerre de 1948 n'est pas terminée. » Cette petite phrase, cent fois répétée, démontre, si besoin est, que Sharon n'a aucune intention d'évacuer la moindre implantation juive, même dans le cadre d'un accord de cessez-le-feu avec les Palestiniens. « Tout ce que nous pouvons faire, explique-t-il, c'est autoriser la création d'un État palestinien sur 42 % de la Judée-Samarie, et uniquement dans le cadre d'un accord intérimaire de non-belligérance, pas un accord de paix. Il n'y a aucune raison d'évacuer les colonies. Tant qu'il n'y aura pas la paix, nous resterons. Et s'il y a la paix un jour, Dieu soit loué !, il y aura encore moins

1. La Bible.
2. Ari Shavit, éditorialiste du *Ha'aretz*.
3. Ariel Sharon (avec David Chanoff), *Mémoires*, Stock, 1990, pour la traduction française.

de raisons d'empêcher les colons de rester. La présence d'implantations juives dans les territoires revêt une importance à la fois historique et stratégique. Est-il pensable que, précisément aujourd'hui, nous renoncions au contrôle des zones montagneuses qui fournissent un tiers de notre eau ? Est-il pensable de céder la vallée du Jourdain ? Non ! Tout le monde sait que les implantations ne sont pas là par hasard. Elles sont les gardiennes du berceau du peuple juif et nous offrent, en outre, la profondeur stratégique nécessaire à la défense de notre existence. » Il est particulièrement fier d'avoir « posé les fondations de quelque deux cent quarante implantations en Galilée, en Judée et en Samarie », entre 1978 et 1981, alors qu'il était ministre de l'Agriculture.

À l'époque, pour installer ces colonies, il avait eu recours à la sous-traitance du mouvement Goush Emounim. Encore aujourd'hui, il ne jure que par *l'ouvda*[1] ou le vieux dicton populaire *« dunam po, 'ez sham*[2] *»*. De son atavisme paysan il a gardé une chose : l'importance de la terre, de l'eau et des hommes. Le mur « de séparation » qu'il fait bâtir s'inscrit totalement dans ce cadre. Refuser l'accès des Palestiniens à leurs champs et à leurs puits va permettre de modifier durablement leurs structures économiques et les obligera, peu à peu, à rompre leurs liens avec leur terre. Le fils d'un paysan qui travaille en usine n'a plus le même attachement à la terre que son père. Ariel Sharon estime qu'en les privant de terres, et la moyenne d'âge des palestiniens[3] aidant, les Arabes des territoires perdront l'amour de la terre et la création d'un État palestinien viable deviendra alors impossible.

Le Premier ministre israélien dévoila officiellement son « plan de séparation » avec les Palestiniens le 18 décembre 2003. Il le justifia en affirmant que leur « refus » de tenir leurs engagements, dans les cadres des différents accords passés avec

1. « Le fait accompli ».
2. « Un hectare par-ci, une chèvre par-là ».
3. À Gaza, 62 % de la population a moins de 15 ans.

l'État hébreu, avait forcé ce dernier à agir de manière unilatérale. Son but, poursuivit-il, était de « tracer la ligne de sécurité la plus efficace possible pour les juifs en créant ainsi [une] séparation entre Israël et les Palestiniens ». Mais son projet resta flou. La presse releva simplement qu'il entraînerait un « redéploiement de l'armée israélienne » et un « changement dans le déploiement de colonies, qui devrait réduire, autant que faire se peut, le nombre de juifs au cœur de la population palestinienne ». Ariel Sharon évita soigneusement de prononcer le mot « évacuation ». Les premiers colons visés devaient être les sept mille personnes vivant dans les vingt et une colonies de Gaza[1]. Tous les Israéliens rêvaient, depuis des années, d'évacuer ces implantations. Dans ce territoire surpeuplé, la natalité des Palestiniens est la plus élevée du monde et, pour défendre les colons, il fallait mobiliser 2,7 soldats pour chacun d'entre d'eux.

Sharon estima alors qu'il était urgent, pour Israël, de faire une proposition concrète. Comme la communauté internationale, à plusieurs reprises, s'était prononcée pour « un retrait israélien des territoires occupés en geste de bonne volonté, puis la signature d'un accord » afin d'enrayer le « terrorisme palestinien », il saisit la balle au bond.

Il est vrai que depuis 2002, l'État hébreu n'avait jamais connu une pareille conjoncture internationale favorable. Tout lui souriait. Les « pays du champ de bataille » sont totalement défaits. Le Liban est toujours occupé par trente-cinq mille soldats syriens. La Troïka[2] qui le dirige passe son temps à se neutraliser mutuellement sur un fond de crise économique endémique. La Syrie, depuis la disparition de sa marraine bienfaitrice l'URSS, a perdu toute puissance militaire réelle. Elle en est réduite à survivre sous la menace américaine. De toute manière, tous ses systèmes militaires aériens et terrestres sont, depuis longtemps, percés par le Mossad et aucun

1. Ils vivent au milieu de 1,4 million de Palestiniens.
2. Président de la République chrétien maronite, Premier ministre sunnite, président du parlement chiite.

mouvement de blindé ou d'avion, militaire ou civil, ne peut se faire sans que le Kiriya[1] en soit immédiatement averti. Le Royaume jordanien, extrêmement fragilisé par un manque de ressources naturelles, vit sous perfusion financière américaine, tout comme l'Égypte. À tel point que ces deux pays ne disposent plus de véritable politique internationale indépendante de l'aval de Washington. Les pays du second cercle, ceux qui ne sont pas en contact physique avec Israël, ont perdu leurs griffes. L'Irak, toujours en guerre avec Israël, est parti en lambeaux sous les coups de l'occupation américaine. L'Iran, en liberté surveillée sous contrôle international pour délit de volonté d'indépendance nucléaire, est en proie à des déchirements internes. Le régime des ayatollah se fissure. La Libye, après avoir reconnu ses erreurs, rejoint à marche forcée les valeurs de l'Occident et les chefs d'État ou de gouvernement européens font la queue pour négocier des contrats économiques avec Tripoli. L'Arabie saoudite est en prise directe avec son propre terrorisme. Les pays pétroliers du Golfe entretiennent depuis longtemps, discrètement mais régulièrement, des relations d'affaires avec Tel-Aviv. Les grands pays européens, bien que mécontents des agissements « de ce petit pays sûr de lui et dominateur », sont quasiment tenus au silence : l'Allemagne pour son histoire, l'Angleterre pour son mandat et la France pour son prétendu antisémitisme résultant surtout d'une campagne médiatique récurrente savamment orchestrée. De toute façon, toute critique de l'État hébreu entraîne une réaction similaire. Shimon Peres évoque ainsi les condamnations européennes après l'intervention des chars israéliens dans la ville de Jénine : « Je regrette la réaction européenne [...]. Où en est l'Europe ? Au commencement, l'antisémitisme était contre les personnes individuelles juives, aujourd'hui, j'ai peur qu'il y ait de l'antisémitisme contre l'État juif [...] Nous, les juifs, nous ne pouvons pas oublier le passé de l'Europe et nous nous attendions à ce que les Européens se rappellent ce que nous n'avons pas oublié et à ce

1. « Le complexe » en hébreu, surnom donné au ministère de la Défense israélien situé à Tel-Aviv.

qu'ils nous jugent d'une façon réelle et équilibrée, comme il devraient le faire[1]. » Quant aux États-Unis, ils sont d'un alignement politique, militaire et d'un soutien financier[2] sans réserve. Israël n'a donc plus ni opposants ni ennemis, si ce n'est les Palestiniens qui s'évertuent à entretenir des prétentions territoriales, nationalistes et qui ne veulent pas faire ce qu'on leur dit.

Toutefois, Ariel Sharon craignait que le monde ne laisse pas le blocage [de la situation] perdurer et qu'il entraîne « tôt ou tard une initiative [internationale] dangereuse pour Israël[3] ». Il avait déjà pu repousser, avec l'aide de Washington, une proposition de paix entre Israël et l'ensemble du monde arabe, présentée par le prince héritier saoudien, Abdallah ben Abd el-Aziz, à Beyrouth, au XIVe Sommet de la Ligue arabe en mars 2002.

Le monde arabe était en pleine mutation depuis quelques années. La guerre en Irak avait précipité les choses, et George W. Bush exerçait, de surcroît, une pression considérable « pour une démocratisation des pays du Moyen-Orient ». De nouveaux dirigeants apparaissaient et il était possible, qu'à terme, ils soient moins « conciliants » avec Israël. Tel-Aviv était donc tenue de prendre une initiative.

Sharon la présenta, dans les derniers jours d'avril 2004, à George Bush, avec son « plan de séparation unilatérale ». Unilatéral, puisque les Palestiniens « ne font rien pour avancer vers la paix » ! Un plan simple : séparer « Israël des Palestiniens » par un mur et, en parallèle, retirer les vingt et une colonies juives implantées à Gaza au plus tard en mars 2005. George W. Bush approuva. La proposition israélienne fut avalisée et cautionnée, au-delà de toute espérance, par un président américain en pleine période

1. Shimon Peres à la conférence politique annuelle de l'*American Israel Public Affairs Committee* (AIPAC), avril 2002.

2. 3 milliards de dollars US en année normale, soit 600 par personne (bébé compris) et par an et 6 milliards supplémentaires en 2004 pour compenser les pertes dues à l'Intifada.

3. Discours à la Knesset, le 31 mars 2004.

électorale, confronté à des sondages catastrophiques et à la recherche de suffrages, notamment ceux du lobby juif américain. L'administration américaine donna son accord à la poursuite des travaux de construction du mur. Mais le plus important fut que les Américains acceptèrent l'idée d'une modification de la frontière avec, à terme, l'annexion par Israël des territoires colonisés ainsi que la reconnaissance de Jérusalem comme capitale de l'État hébreu. Pour parfaire le tout, Washington affirma son opposition au droit au retour des Palestiniens et octroya à Israël des crédits d'un montant de 6 milliards de dollars, afin de faire face à la crise économique que connaissait le pays depuis le déclenchement de la seconde Intifada. En contrepartie de ces cadeaux royaux, l'État hébreu consentit, dans le cadre de l'accord stratégique qui le liait depuis octobre 1981, à ce que les Américains augmentent (de 12 à 40) le nombre de points de stockage d'armements sur son territoire.

Ariel Sharon venait de remporter une de ses plus belles victoires diplomatiques. Sans interlocuteur palestinien, il venait d'obtenir le feu vert du gendarme du monde pour un plan de paix unilatéral totalement léonin, sans même avoir eu besoin de dévoiler ses exigences en contrepartie du retrait des colonies de Gaza. Tous les observateurs estiment que le prix à payer, en compensation, par les Palestiniens, sera l'annexion des terres comprises entre la Ligne verte et le « mur ». Pour le reste, Sharon a été clair. Dans une interview[1], il a annoncé qu'une fois la barrière de séparation terminée, « le gouvernement expulsera vigoureusement » les dizaines de milliers de Palestiniens vivant illégalement en Israël. Aujourd'hui, à moins d'être Arabe israélien ou résident, tous les Palestiniens sont « illégaux », et notamment tous les Arabes qui vivent dans les villages situés entre la Ligne verte et le « mur ». Une population estimée par les Nations unies à 650 000 ou 700 000 personnes. Pour l'heure, dès l'instant où le mur est construit, ces Arabes sont dans

1. « Nous expulserons les Arabes illégaux d'Israël », entretien avec Aluf Benn, *Ha'aretz*, 2 avril 2004.

l'obligation de se déclarer pour obtenir des permis temporaires de résidence et de déplacement. Le simple non-renouvellement de ces permis fait d'eux des « illégaux » expulsables.

Le « transfert » des Palestiniens hors de « la terre du peuple juif » est toujours profondément ancré dans les esprits. Nombreux sont ceux, à commencer par Ariel Sharon, qui regrettent les occasions manquées. En septembre 1970, le roi Hussein de Jordanie avait attaqué les organisations palestiniennes qui avaient constitué un État dans son royaume. Cinq à dix mille personnes avaient été tuées au cours des affrontement de ce qui est resté dans les mémoires comme le « Septembre noir ». Le général Ariel Sharon, qui commandait à l'époque le front sud, s'était opposé, en vain, à l'aide militaire qu'Israël avait fournie au roi Hussein. « Ce fut une erreur, expliqua-t-il plus tard. Nous aurions plutôt dû essayer de faire tomber le régime hachémite. » La Jordanie qui, d'après lui, avait une majorité palestinienne était – et est – un État palestinien, et donc une destination convenable pour les Arabes expulsés du Grand Israël.

D'après l'historien israélien Martin Van Creveld[1], un tel mouvement de population palestinienne est toujours possible. Si une crise majeure éclatait au Proche-Orient, Israël pourrait aisément mobiliser en quelques heures. « En premier lieu, dit-il, les trois sous-marins israéliens ultramodernes seraient déployés, prêts à tirer défensivement leurs missiles. Les frontières seraient fermées, une censure complète des informations serait imposée et tous les journalistes étrangers présents dans le pays seraient consignés dans un hôtel, aux frais du gouvernement. Avec une force de douze divisions – dont onze blindées –, auxquelles s'ajouteraient plusieurs unités territoriales ayant pour tâche l'occupation des territoires, cinq divisions seraient déployées face à l'Égypte, trois face à la Syrie et une face au Liban. » À titre de précaution, affirme Martin Van Creveld, qui ne prévoit aucune réponse efficace de la part de ces trois pays. « Cela laisserait trois divisions

1. Martin Van Creveld est professeur à l'université hébraïque de Jérusalem. Il est l'historien militaire le plus célèbre d'Israël.

face à l'est, et suffisamment de forces pour placer un char dans chaque village arabo-israélien, au cas où leur population aurait l'idée de tenter quelque chose. » Et l'historien continue : « L'expulsion des Palestiniens ne demanderait que quelques brigades. Les gens ne seront pas traînés hors de leurs maisons, mais seront plutôt chassés par l'artillerie lourde. Les dégâts causés au camp de Jénine, en août 2001, ne seraient en comparaison qu'une simple piqûre d'épingle. » Pour Martin Van Creveld, les réactions internationales ne seraient pas dissuasives. « Si M. Sharon décide d'aller de l'avant, le seul pays qui pourrait l'arrêter serait les États-Unis. Et les États-Unis pourraient ne pas réagir si l'opération est rapide et brutale, comme la campagne militaire de 1967, et si cela n'interrompt pas trop longtemps l'approvisionnement en pétrole. » Les experts militaires israéliens estiment qu'une telle guerre pourrait être terminée en seulement huit jours. Et Martin Van Creveld conclut : « Si les États arabes n'interviennent pas, cela se terminera avec l'expulsion des Palestiniens et la Jordanie transformée en ruines. Au cas où ils interviendraient, le résultat serait le même, avec les principales armées arabes détruites. Israël devra, bien sûr, prendre des précautions, spécialement au nord où sa population pourrait être sous le feu du Hezbollah, mais sans conséquence. Israël triompherait comme en 1948, 1956, 1967 et 1973. »

Chapitre III

Comment construire le mur ?

D'abord « barrière de séparation », puis « clôture de sécurité » pour devenir « clôture anti-terreur », les appellations utilisées par les responsables israéliens ont été, au fil des mois, minutieusement choisies lors de réunions durant lesquelles chaque terme a été pesé et évalué dans sa porté médiatique et politique. Aux mots « barrière » et « clôture », considérés comme doux – ils évoquent une simple séparation délimitant un champ ou un pré –, il a été accolé des qualificatifs de plus en plus durs : « séparation », « sécurité », « anti-terreur », pour rassurer la population à mesure que les attentats se succédaient et pour convaincre une opinion internationale de plus en plus réticente.

Les Palestiniens ont, quant à eux, surtout utilisé le mot « mur », soulignant qu'il était construit sur des terres palestiniennes[1]. Pour la presse arabe, mais également internationale, les termes utilisés sont sans équivoque : « mur de la honte », « mur de l'apartheid », « mur de ghetto ».

1. Mahmoud Abbas, Premier ministre palestinien, le 25 juillet 2003, à la Maison Blanche en présence du président G.W. Bush. White House/Paul Morse.

Les maîtres d'œuvre

Pour ériger cette « séparation », Ariel Sharon a fait appel au monde qu'il connaît le mieux, et en qui il a toute confiance : l'armée. Tous les responsables du « mur », à quelque niveau que ce soit, sont des militaires qui, à un moment ou à un autre de leur carrière, ont travaillé avec l'ex-général. Le premier d'entre eux est l'ancien général Amos Yaron, directeur du ministère de la Défense.

Le Kiriya est constitué de deux « branches ». La première est purement militaire : états-majors, unités de combat, y compris les unités spéciales des trois armes (terre, air, mer), et tout l'appareil de défense avec, à sa tête, le commandant en chef des Armées, le général Moshe Ya'alon. L'autre « branche » gère tout ce qui concerne la logistique, le personnel, le matériel, le budget, mais elle a également en charge d'autres activités allant de l'industrie de l'armement à l'administration militaire des territoires occupés, en passant par les services de renseignements militaires, les recherches, la construction d'ouvrages stratégiques, les académies et écoles spécialisées et toutes les activités exercées par des militaires qui ne comprennent pas l'utilisation de la force armée. Cette dernière branche est dirigée par l'ex-général Amos Yaron qui a commandé l'opération Paix en Galilée et l'invasion du Liban en 1982, sous les ordres du ministre de la Défense d'alors : Ariel Sharon.

Ancien officier de l'unité 269, encore appelée Sayeret Mat'kal[1], Amos Yaron est un concentré de Tsahal à lui tout seul. La cicatrice qui orne sa lèvre inférieure, ses bottes de saut à semelle de crêpe ancien modèle et sa cigarette sont célèbres dans toute l'armée. Chef des Forces spéciales israéliennes avant l'invasion du Liban, il a effectué plusieurs déplacements dans ce pays pour mettre celle-ci au point. Sa

---

1. Unité de reconnaissance dépendante de l'état-major des armées. Constitue également le service Action des services de renseignements israéliens.

carrure, sa démarche légèrement penchée en avant et ses longs bras lui auraient valu le surnom d'« orang-outang » au sein des miliciens chrétiens des Forces libanaises. Mis en cause dans le rapport d'enquête Kahane sur les massacres de Sabra et Chatila pour : « ... ne pas avoir su prévoir et anticiper les actes de la milice chrétienne », il a été contraint de quitter l'uniforme. Mais il a continué de servir l'armée en costume cravate, notamment au poste de directeur du ministère de la Défense, et c'est à ce titre qu'il est le « patron » de la construction du mur.

Le mur est un ouvrage qui renvoie la ligne Bar Lev[1], construite après la guerre des Six Jours, sur les étagères de l'histoire. Même l'aqueduc national[2], fierté de plusieurs générations d'officiers supérieurs, ou encore le drainage, au début des années 1950, des marais de Hula, au nord d'Israël[3], ressemblent à des jeux de plage comparés à ce projet colossal. Le Kiriya affirme que le mur aura une longueur totale de 730 km une fois achevé, fin 2005, et cette longueur n'est pas définitivement fixée puisque le tracé se déplace au gré des décisions de la Cour suprême israélienne ou du pouvoir de persuasion des colons. Il s'agit de l'un des projets les plus

---

1. Adossés à un rempart de sable bordant la rive orientale du canal de Suez, une trentaine de fortins israéliens, espacés de 5 kilomètres, équipés pour l'observation visuelle et électronique et pouvant accueillir des pièces d'artillerie, ainsi que des chars. Une seconde ligne de défense était située 400 mètres en retrait. Des murets, des champs de mines et des tranchées complétaient ce dispositif utilisant 30 500 hommes à la veille de la guerre du Kippour. Trois rocades parallèles reliaient le tout : la première (route lexique) permettait d'accéder aux fortins, la seconde, à 10 kilomètres en retrait (route de l'Artillerie), la troisième (route latérale) à 30 kilomètres à l'intérieur, permettait le basculement des forces d'un secteur à l'autre.

2. Symbole de la conquête militaire des ressources en eau de la région au profit de l'État hébreu.

3. Un immense habitat pour la faune et, notamment, pour les oiseaux migrateurs fut ainsi sacrifié.

coûteux jamais réalisés par Israël : 3,4 milliards de dollars estimation de janvier 2004.

L'intégralité des études et du suivi de l'évolution du mur se fait au ministère de la Défense – dix bureaux distincts travaillent, par exemple, à en préparer les cartes à partir de photos aériennes –, le Premier ministre exerce un contrôle très étroit sur le projet et sur sa réalisation. Il rend quotidiennement des arbitrages, n'hésitant pas à se déplacer sur les lieux ou à crayonner sur les cartes le cheminement que doit prendre le tracé.

Son « homme du programme », le collaborateur le plus impliqué dans la stratégie de la construction, est, sans conteste, le général Giora Eiland. Il a quitté l'armée, à la demande du Premier ministre, en décembre 2003, pour prendre la direction du Conseil national de sécurité (CNS), institution à caractère purement consultatif mais éminemment politique, formée de représentants de l'armée et des ministères de la Défense, des Affaires étrangères et de la Justice, choisis pour leur personnalité. Giora Eiland y a été chargé de « préparer l'hypothèse d'une nouvelle situation en matière de sécurité, au cas où la mise en œuvre de la Feuille de route[1] deviendrait irréaliste[2] ». Giora Eiland est un officier parachutiste sorti du rang. Il a été chef des opérations à l'état-major des Armées avant de diriger, à partir de 2001, le département de la Planification. Sa première décision, après avoir pris ses fonctions à la tête du CNS, a été de convoquer une trentaine d'universitaires israéliens et de les faire plancher sur le thème : « Une politique d'annexion territoriale ne peut réussir que si le peuplement juif n'est pas neutralisé, anéanti, par le poids démographique de la population palestinienne. »

1. La Feuille de route pour la paix édicte des mesures réciproques, entre Palestiniens et Israéliens, de rétablissement de la confiance devant aboutir, à l'horizon 2005, à la création d'un État palestinien indépendant.

2. Communiqué des services du Premier ministre israélien, le 28 décembre 2003.

L'architecte du mur est le général de brigade Yoram Ofir. Il est secondé dans sa tâche par deux colonels : Dany Tirza et son adjoint, Nezah Mashiah. Étiquetés par leurs collègues comme « religieux affirmés », tous deux ont récemment été mis à la retraite pour assurer la réalisation de l'ouvrage. Dany Tirza est considéré comme « le » cartographe de l'armée. À Camp David, lors du sommet israélo-palestinien, il faisait partie de la délégation menée par Ehud Barak. Arafat, qui avait souvent besoin de ses travaux pour étudier les propositions qui lui étaient faites, l'avait surnommé « Abou Kharita[1] ». Dany Tirza a un bureau au quartier général de l'armée israélienne à Jérusalem, un autre au Kiriya à Tel-Aviv, mais il passe son temps en voiture sur le terrain. Son adjoint, Nezah Mashiah, a le titre de directeur de l'administration de la zone de séparation. Ils ont affirmé sans sourciller à un diplomate étranger, un verre à la main, au cours d'une réception, que le mur « ne saurait suivre la Ligne verte parce que cette dernière est une mauvaise ligne de défense », oubliant au passage que c'était justement sur cette ligne que la toute jeune armée israélienne avait stoppé les offensives arabes en 1948.

Le lobby militaire

Conçue et entraînée pour faire face à une armée, Tsahal a longtemps été mal à l'aise dans les actions de service d'ordre qui lui étaient demandées. Elle ne faisait plus la guerre hors de ses frontières : elle se battait « dans son salon[2] ».

Et cela a eu des conséquences sur le terrain. Le commandement, habitué à prendre des initiatives en situation de crise, n'a pas fait de différence entre le Liban et la Cisjordanie. Pour affronter les lanceurs de pierres de l'Intifada, l'état-

1. Le « père des cartes » en arabe.
2. Titre du *Yediot Aharanot*

major a appliqué les plans de représailles conçus en cas de proclamation de l'indépendance d'un État palestinien : bouclage hermétique des villes et villages, pression militaire sur les axes routiers, déploiement de chars. Une telle panoplie d'actions était surdimensionnée par rapport à la menace réelle. L'échec en fut patent. Les attentats et leur cortège d'horreur se sont multipliés.

En décembre 2000, le chef d'état-major adjoint d'alors, le général Moshe Ya'alon, et un groupe d'officiers généraux réclamèrent pendant des semaines l'autorisation d'intensifier les ripostes. N'obtenant pas satisfaction, il décida de son propre chef, un peu avant le ramadan, de bloquer la fourniture de carburant aux Palestiniens, passant outre aux recommandations du vice-ministre de la Défense, Ephraim Sneh, et à celles du coordinateur des activités militaires en Cisjordanie et dans la bande de Gaza, le général Yaacov. Il a fallu, lors d'un débat houleux du Cabinet de sécurité, que Yehud Barak tape du poing sur la table et rappelle sèchement à chacun ses attributions pour que la politique reprenne ses droits.

Ces divergences ont transpiré dans la population dont une partie affiche aujourd'hui, sur les voitures, le slogan : « Laissez l'armée gagner. » Zeev Schiff, le journaliste le mieux renseigné sur les affaires militaires, a écrit dans un de ses articles : « à l'état-major, un groupe d'officiers est en train de prendre le contrôle de la situation », sous-entendu de prendre le pouvoir décisionnaire, et cela est devenu effectif depuis.

L'armée a une revanche à prendre sur son extraction du Liban. Tsahal a, en effet, déjà connu trois retraits : deux loin d'Israël, dans le Sinaï et dans le Chouf, un à sa porte, dans le Liban Sud. Et un quatrième retrait est annoncé, celui de Gaza.

Le colonel Gadi Shamni, ancien commandant de la bande de Gaza, n'aime pas évoquer le désengagement de ce territoire. Pour lui, il n'est pas question de « revivre le scénario libanais », c'est-à-dire de partir de nuit et de voir, au petit matin, les drapeaux « ennemis » déployés sur les positions abandonnées.

Vétéran du Liban et d'Hébron, devenu patron de la division opérationnelle du Commandement général, Gadi Shamni a fait l'essentiel de sa carrière comme officier d'occupation. Il est le concepteur de la nouvelle doctrine en usage dans l'armée israélienne : « stimulus-réponse ». Son principe : « Inciter les hommes armés à sortir, puis les tuer. » En 1989, le commandant de l'armée israélienne à Gaza, le général de brigade Zvi Poleg, exprimait de la désolation pour la perte d'un œil d'un nourrisson palestinien. La nouvelle génération estime que de telles expressions sont des signes de faiblesse.

L'armée tient une place à part dans la société israélienne et dans la diaspora[1]. Les juifs, où qu'ils soient dans le monde, lui sont reconnaissants d'avoir imposé la création de l'État hébreu et de l'avoir protégé. Il s'agit d'un sentiment profond, émotionnel, que le seul service militaire des hommes comme des femmes ne suffit pas à expliquer.

Amalgame de traditions et d'honneurs militaires issus des grandes armées des pays d'origine de ceux qui sont montés en Israël, Tsahal déroute souvent par son laisser-aller apparent, son efficacité dans l'action et la place de l'initiative individuelle dans un commandement très jeune. Il n'est pas rare de rencontrer des colonels de 30 ans et des généraux de 40. Cependant, ces officiers quittent très tôt l'uniforme pour des emplois civils réservés et rémunérateurs dans les compagnies nationales, étatiques ou mixtes. L'eau, le téléphone, l'électricité, les importations de pétroles, l'armement[2] sont dirigés par des retraités de l'armée. Véritable ascenseur social pour beaucoup d'Israéliens, l'Armée de défense d'Israël (IDF[3]), la paix venue, aura, à l'évidence, un rôle plus modeste que personne ne veut pour l'instant évoquer, d'autant qu'elle est en pleine mutation.

---

1. Dans tous les pays où elle est fortement implantée, *chaque année la diaspora organise* un gala au profit de Tsahal.

2. Israël à une place mondiale prépondérante sur le marché de seconde main.

3. *Israel Defense Force.*

Elle n'est plus, aujourd'hui, le reflet de la société civile qu'elle a été jusqu'au milieu des années 1990. La mise en place de la haute technologie a entraîné une modernisation forcée. Le recrutement est devenu plus sélectif. Yitzhak Rabin, lorsqu'il était Premier ministre, avait annoncé la modification du recrutement en lançant à la Knesset : « Nous n'avons pas besoin de non-bacheliers. » De plus, les relations familiales et les réseaux d'amis aidant, près de 40 % des jeunes ne font pas leur service.

Le recrutement a également évolué sur un autre point. Dans les années 1980, les religieux sous l'uniforme étaient très rares. Une loi, initiée par David Ben Gourion en 1950, les dispensait de service militaire. Le Vieux Lion avait, à cette époque, estimé que « les hommes en noir » étaient mieux à l'extérieur qu'à l'intérieur de l'institution. Mais les religieux ont changé. Ils se sont regroupés en partis puis, après avoir dédaigné la Knesset durant près de trente ans parce que seules les lois de Dieu comptaient, ils s'y sont fait élire, réalisant que les lois des hommes étaient importantes. Sitôt élus, les députés religieux ont dénoncé le rôle de l'armée dans le « pourrissement » d'une jeunesse qui « perdait sa foi » sous l'uniforme.

En 1992, un arrangement fut trouvé entre les *yeshivoth* (écoles religieuses) nationalistes et Tsahal, permettant d'entrecouper les trois années de service militaire de périodes de formation religieuse. Aujourd'hui, les étudiants nationalistes qui se consacrent à la pérennité de la foi d'Israël acceptent d'accomplir leurs obligations militaires. Ils servent en nombre, dans le but affiché de créer, au sein de l'armée, une élite religieuse pour faire taire la voix de tous ceux qui « vivent en dehors » des commandements de la Torah. Trois cents appelés sortent ainsi tous les ans de cet enseignement spécial, et de nombreux officiers d'état-major sont religieux.

Politiquement, l'IDF à également évolué.

Auparavant, l'encadrement était surtout constitué d'officiers exprimant des opinions de gauche. Les chefs d'état-major étaient choisis parmi ceux connus pour être travaillistes. À tel point que, lorsqu'en 1982 le général Raphaël Eytan prit fait et cause pour les thèses de son ministre de la Défense,

Ariel Sharon, tous les observateurs furent surpris. Raphaël Eytan fut dès lors considéré comme le mouton noir d'une grande famille de gauche. Aujourd'hui, la nouvelle génération d'officiers d'état-major n'a connu que les guerres d'occupation : Liban, territoires occupés. L'état d'esprit a changé.

L'armée est parallèlement devenue une grande pourvoyeuse d'hommes politiques. « C'est notre École nationale d'administration à nous », affirme le professeur de droit, Claude Klein. Les pères fondateurs de l'État hébreu, ou leurs compagnons directs, se sont succédé au pouvoir jusqu'à l'extinction de leur génération. Les derniers furent Menahem Begin et Yitzhak Shamir. Puis, les militaires ont pris la relève : Yitzhak Rabin, Yehud Barak, Ariel Sharon. La quasi-totalité des ministres « civils », c'est-à-dire non religieux, sont militaires. Ainsi Shaoul Mofaz, le ministre de la Défense, né l'année de l'indépendance en Iran et arrivé avec ses parents à Eilat, à l'âge de 9 ans. Volontaire dans une unité de parachutistes, il est devenu, grâce à son intrépidité, responsable d'une section de reconnaissance. Il s'est distingué pendant la guerre de Kippour, en 1973, en se faisant larguer derrière les lignes syriennes pour couper la route aux renforts venant d'Irak. En 1976, il a participé au sauvetage des passagers à l'aéroport d'Entebbe, en Ouganda, avec Yoni Netanyahou. Sa carrière a été exclusivement militaire, ce qui ne l'a pas empêché d'être très facilement élu à la Knesset dès sa première candidature. Les électeurs cherchent à se rassurer en choisissant des militaires, persuadés qu'ils feront en politique aussi bien que sous les drapeaux.

L'image de l'armée de défense d'Israël a énormément changé depuis la guerre du Liban. Conquérante et adulée par la population avant 1982, elle a été profondément marquée par l'aventure libanaise. Elle est, aujourd'hui, régulièrement secouée par des vagues de critiques. Des soldats refusent de servir dans les territoires en contestant le bien fondé des interventions ; des mères se groupent et manifestent pour ne pas envoyer leurs enfants de l'autre côté de la Ligne verte.

Le secret militaire est un concept qui ne concerne pas les Israéliens. Chaque soldat possède un portable et passe son temps à discuter avec ses amis et sa famille de ce qu'il fait et des conditions dans lesquelles il le fait. Ces discussions permettent aux parents de maintenir un certain contrôle. Depuis les mouvements contre la guerre du Liban, les familles se sont beaucoup plus impliquées dans les questions militaires. La puissance affective d'une mère juive, sujet inépuisable des humoristes israéliens, n'est pas une fiction. Les associations de parents de soldats sont arrivées à une sorte de *modus vivendi* avec l'autorité militaire. Les familles savent parfaitement ce qui se passe dans les territoires et aucune famille israélienne ne pourra dire un jour : « Je ne savais pas. » Elles acceptent ainsi beaucoup mieux les impératifs militaires. Cependant, elles conservent le droit de contester la version officielle des faits. Il n'est pas rare, sur la tombe d'un soldat, que la famille donne une version de la mort du fils en contradiction totale avec le récit de la hiérarchie militaire ; elle peut même aller jusqu'à tenir des propos contre la guerre et l'occupation. C'est d'ailleurs généralement le cas lorsque le décès du soldat survient dans le cadre de la défense des colons.

Le lobby des colons

La colonie Elon Moreh compte 1 500 habitants. On n'y trouve pas de cinéma, mais des écoles religieuses et un lycée russe. La vie y est empreinte de simplicité. Malgré les subventions, l'argent manque. Les voitures des colons (tout comme leurs vêtements) sont usées et souvent en piteux état. Les femmes exercent souvent le métier d'enseignante ou d'assistante sociale. Mais elles travaillent surtout à domicile, élevant leur nombreuse progéniture.

Les habitants des colonies ont développé une culture qui leur est propre. Ils portent des vêtements sans formes, mais pratiques et amples. Les garçons ont une façon distinctive de s'exprimer, en utilisant l'argot militaire. Alors que les gamins de Jérusalem disent *kvish* pour désigner la route, eux parlent de *tzir*, le terme militaire pour dire « accès ».

Les colons sont, dans l'ensemble, « religieux ». Rares sont ceux qui regardent la télévision, en revanche la radio est prisée. Il n'existe aucun endroit où les jeunes peuvent se regrouper. Les distractions s'organisent dans le cadre familial et entre voisins. Ils vivent entre eux. L'étranger est un intrus et le Palestinien, un ennemi.

La route 60 qui traverse la Cisjordanie du nord au sud est capitale d'un point de vue économique pour les Palestiniens, tout simplement parce qu'elle relie les villes et les villages entre eux. Elle leur est cependant interdite au nom de la sécurité et ne peut être utilisée que par les colons. La sécurité est la grande préoccupation des habitants des colonies. Selon certaines estimations, plus de 1,1 milliard de shekels [530 millions d'euros] supplémentaires ont été nécessaires en 2003 pour assurer la seule sécurité des colonies implantées dans les territoires occupés. Pour les colons, le jeu en vaut la chandelle. « Si Israël commence à démanteler les colonies sous la menace du terrorisme, si on abandonne les colonies, soutiennent en substance les partisans de la ligne dure, ce sera ensuite au tour d'Israël de tomber. » Pour eux, loin d'être une terre expropriée, la Cisjordanie fait partie de l'héritage historique, Terre promise donnée par Dieu aux juifs, et ainsi revendiquée par la doctrine sioniste.

Les colons ont vu se développer le soutien d'une partie minoritaire, mais active, des militaires envers eux. Sans qu'il y ait de collusion réelle, force est de constater qu'une certaine osmose entre la droite nationaliste et l'armée s'est mise en place sur le terrain. Il n'est pas encore question, loin de là, d'une évolution du régime israélien vers une forme de militarisme colonial. Mais sont apparus, à l'évidence, un esprit et une conception politique de résistance qui rappellent d'autant plus l'OAS que, parmi les colons, un nombre notable de juifs pieds noirs affirment catégoriquement : « On nous a chassés une fois, en disant que ce n'était pas chez nous, ce ne sera pas le cas ici ! »

L'alliance des colons et des militaires

La moindre complication, le moindre souci concernant le mur remontent directement au conseiller pour les questions des colonies du Premier ministre, Uzi Keren. Ancien général de brigade, Keren a commandé, sous les ordres directs d'Arik, une brigade blindée durant les guerres de 1967 et 1973. Par ailleurs, il connaît très bien les colonies de peuplement de territoires occupés. À l'automne 2000, avec des officiers de réserve, il a créé l'association « Nous ne vous laisserons pas seuls » qui fournissait des escortes armées aux véhicules des colons civils devant traverser les territoires palestiniens. « C'était une des nombreuses activités que nous faisions pour conserver leur physique et leur moral », a-t-il expliqué. Aujourd'hui, son activité au sein du cabinet est fondée sur le même programme. Uzi Keren est en permanence sollicité pour que le mur englobe telle ou telle colonie. Et il intervient systématiquement dans ce sens.

Le tracé du mur n'a cessé de changer, mordant chaque fois plus sur la Cisjordanie. L'intervenant le plus pressant est le Conseil Yesha qui représente les colons religieux des territoires occupés. Le ministre de la Défense a adopté nombre de ses suggestions, notamment pour ce qui est de l'enfermement de la ville palestinienne de Qalqiliya et du contour protecteur des principales colonies de Kedumim, Karnei Shomron, Immanuel et Ariel.

L'État d'Israël a toujours entretenu avec ses communautés religieuses juives orthodoxes des rapports à la fois ambigus et conflictuels. Ambigus, parce que les juifs religieux sont, en quelque sorte, les dépositaires de la promesse divine qui légitime et motive le retour en Terre sainte. Conflictuels, parce que, dès son origine, le sionisme a été combattu par les orthodoxes. Ils lui reprochaient de créer un État juif sans attendre le Messie. Mais, au fil des années, l'union face à l'ennemi, les difficultés, les murs à opposer aux étrangers ont lentement « sionisé » les formations religieuses ou, pour le moins, les ont poussées vers la politique.

La grande révolution a été, en 1977, leur entrée dans le processus électoral et leurs premiers élus à la Knesset. Les religieux orthodoxes venaient de comprendre les avantages, notamment financiers, qu'ils pouvaient tirer de leurs positions charnières entre les grands partis ou de leurs alliances – même contre nature – avec les coalitions. Souvent très minoritaire, mais importante force d'appoint pour obtenir une majorité, ils ont négocié à l'extrême leur adhésion et leur voix et trouvé un biais pour imposer leurs règles à la société israélienne.

Les colons pour qui, à l'origine, Sharon était un traître puisque le mur était un frein au développement des colonies, réalisant qu'en ne soutenant pas la barrière ils perdraient le soutien du public, ont réorienté leur lobbying. Ils soutiennent, à présent, le projet mais cherchent à y inclure le plus de colonies possible.

Ainsi l'une d'elle, Alfei Menashe, 5 000 habitants à 5 kilomètres à l'est de Qalqiliya, en est l'exemple type. À l'origine, la colonie devait se trouver à l'extérieur du mur qui, dans le premier projet, « tutoyait » la Ligne verte. Eliezer Hasdai, le chef du conseil local, membre du Comité central du Likoud, interpella Sharon. Le Premier ministre vint sur place et décida « de mettre Alfei Menashe à l'intérieur (d'Israël) et d'envelopper le mur autour ». Mais Eliezer Hasdai rejeta la proposition parce que la continuité des terres palestiniennes entre la ville de Qalqiliya et le village Habla l'obligeait à faire un long détour. Avec l'aide d'un autre responsable de colonie, travailliste quant à lui, il parvint à convaincre Ariel Sharon du danger que représentait cette « continuité palestinienne » qui permettait à Qalqiliya, 40 000 habitants, de se développer : « Le plus grand nid terroriste, ne doit pas devenir une grande ville de 100 000 habitants. »

Qalqiliya est surtout une ville de maraîchers, située à 15 kilomètres de Tel-Aviv. De nombreuses villes israéliennes venaient y acheter leurs légumes.

Le directeur du ministère de la Défense, le général Amos Yaron, et Haïm Ramon, alors président du Comité aux Affaires étrangères et à la Défense, visitèrent Alfei Menashe et déclarèrent : « Ce serait une erreur d'envisager une contiguïté territoriale entre Qalqiliya et Habla. » Qalqiliya fut entourée d'un mur haut de 9 mètres, érigé comme un rempart interdisant toute extension. Un tunnel creusé sous la route permet de relier Habla, distant de 4 kilomètres.

« Nous nous sommes bien éloignés du plan d'origine, commente aujourd'hui Hasdai. Nous avons déplacé la Ligne verte. (...) Ce n'est pas parce que je suis un membre du Comité central que 25 millions d'euros ont été dépensés pour le mur, à Alfei Menashe, dit-il. J'ai gagné parce que j'ai souligné que nous sommes situés sur la première chaîne de montagne après la plaine côtière et que, de ce fait, nous pouvons servir de barrière de sécurité. Le mur n'est pas supposé rendre tout le monde heureux. On n'avait pas le choix. »

Pourtant, les travaillistes qui faisaient partie du gouvernement avait été clairs : le mur, oui, mais le long de la Ligne verte. Binyamin Ben Eliezer, le ministre de la Défense du premier gouvernement Sharon, avait fait dessiner par Dany Tirza une carte précise sur laquelle le mur suivait « le plus près possible la Ligne verte ».

« Je me suis battu contre ce plan dès le début », déclare Ron Nahman, le maire de la colonie d'Ariel, 17 000 habitants, dans le nord de la Cisjordanie. « Fouad[1] et le parti travailliste voulaient nous abandonner, laisser 50 000 juifs hors de la clôture. »

Ron Nahman rencontra les hauts responsables de la sécurité et leur démontra, preuves à l'appui, qu'il y avait plus de juifs que d'Arabes, sans résultat. Pour sa part, Pinhas Wallerstein, le chef du Conseil régional de Binyamin, rendit visite, des cartes sous le bras, à tous les responsables militaires de la région. Il entendait les persuader de faire « passer du bon côté du mur » le « Bloc talmudique » (cinq colonies juives situées au nord-ouest de Ramallah, à près de 20 kilomètres de la

1. Binyamin Ben Eliezer, surnommé « Fouad » par ses soldats.

Ligne verte) en le plaçant dans une sorte de « ballon », à l'exemple d'Alfei Menashe.

Ces projets de modifications déplurent à Fouad. Il s'indigna : « J'espère de toutes mes forces que cela ne se produira pas. Ce serait trop coûteux et compliquerait la poursuite des terroristes. De plus, cela augmenterait les difficultés pour faire manœuvrer les troupes. » Les chefs militaires sur le terrain partageaient ses inquiétudes. Pour que ce mur soit efficace, disaient-ils, il faut qu'il soit aussi court et droit que possible.

La réaction de Ron Nahman fut vive : « Je rejette tous les arguments de Fouad et de sa bande ! (...) Qui sont ces gens de l'armée ? Que comprennent-ils que je ne comprends pas ? Ils n'ont rien à m'apprendre. Qu'y a-t-il de si grave à prolonger le mur d'encore 60 kilomètres ? 50 000 juifs n'en valent-ils pas la peine ? »

L'affaire en resta là, jusqu'au 27 mars 2004. Ce jour-là se tint, dans la colonie d'Ariel, une conférence au Collège universitaire de Judée-Samarie. Elle était consacrée à l'impact du plan de séparation unilatérale – prévoyant notamment le démantèlement de la plupart des implantations de la bande de Gaza – et à la clôture de sécurité. Ron Nahman attaqua sèchement Ariel Sharon : « Ce gouvernement est immoral ; il refuse de reconnaître nos droits sur cette terre. (...) Ce plan de retrait de la bande de Gaza prive les implantations de toute légitimité alors qu'elles ont été soutenues par tous les gouvernements israéliens, ajouta-t-il, craignant également que le tracé de la clôture ne devienne *de facto* la future frontière de l'État d'Israël, ce qui est inacceptable. »

De son côté, Daniela Weiss, maire de l'implantation de Kedoumim, figure emblématique des colons, estima que la barrière de sécurité ne présentait pas le moindre intérêt. « Je l'arracherai de mes mains, même si je risque la prison pour cela, menaçait-elle, avant de poursuivre : La clôture permettra à l'ennemi de se renforcer militairement, tandis que nous serons comme des rats se cachant derrière les murs du ghetto. (...) Le plan d'Ariel Sharon est une catastrophe et il doit au plus vite être réduit à néant. » L'expression de cette opposition fit mouche en intervenant au moment où Ariel Sharon avait besoin de rassembler autour du projet d'évacuation de Gaza.

Dans les premiers jours du mois de mai 2004, Mofaz annonça que la colonie d'Ariel ainsi que six autres, dont deux situées à 10 kilomètres de la Ligne verte serait incluse à l'intérieur de la barrière.

Lorsque Ben Eliezer était ministre de la Défense, cette portion du mur faisait environ 100 kilomètres. 110 nouveaux kilomètres y ont été ajoutés à la suite de ces décisions. « Il serait plus économique de donner à chaque habitant une villa au centre d'Israël plutôt que de construire cette barrière », commenta Charles Enderlin, le correspondant de France 2 à Jérusalem.

Chapitre IV

Zone de travail le long du mur

Le type de mur

Le parallèle historique le plus évident qu'on puisse faire est avec le mur de Berlin. Ce dernier était long de 155 kilomètres. La longueur totale du mur construit par l'armée israélienne en Cisjordanie sera d'environ 730 kilomètres. La hauteur moyenne du mur de Berlin atteignait 3 mètres 60 ; en comparaison, la hauteur maximale du mur d'Israël sera de 8 à 9 mètres. Enfin, en Cisjordanie, il devrait avoir quelque 70 mètres de large mais pourra atteindre, dans certaines régions, jusqu'à 100 mètres.

On l'appelle couramment « le mur » mais, en fait, il prend plusieurs formes.

Le mur aura son empattement le plus large dans les zones peu peuplées et escarpées. En son milieu se dressera une « clôture intelligente » électronique, équipée de mitrailleuses ultrasophistiquées qui permettront de viser à distance toute personne essayant de le franchir. Le principe ressemble à celui d'un jeu vidéo. Des vidéo-caméras filmeront les intrus et les soldats auront la possibilité de les détruire en actionnant des mitrailleuses télécommandées à distance. Ce système a été testé sur la clôture de Gaza[1]. Le chef d'état-major adjoint,

1. Selon plusieurs articles du *Yeshot Aharanot.*

Gaby Ashkenazy, ancien commandant de la zone nord et responsable de la sécurité du projet, a été chargé de l'installation de ces équipements mis au point par des sociétés israéliennes. La première portion du mur à être ainsi équipée fut celle traversant la région de Gilboa[1], caractérisée par ses nombreux terrains escarpés rendant les manœuvres militaires difficiles.

Sur le flan est, c'est-à-dire côté palestinien, une tranchée anti-véhicule et des rouleaux de barbelés encadrent une route, régulièrement passée à la herse afin de rendre le sol assez meuble pour que s'y s'impriment les pas des intrus. Côté israélien, on trouve deux chemins, dont un réservé aux patrouilles, séparés par des clôtures grillagées et électrifiées de 3 mètres de haut, ainsi que des rouleaux de barbelés, des tours de guets et une « zone tampon » de 30 à 100 mètres de large entraînant des démolitions et des expulsions d'habitants[2].

En pleine ville, « on ne pouvait pas créer ce *no man's land* de 40 mètres de large », expliqua un porte-parole de l'armée. Aussi la solution du mur de béton fut-elle retenue. « La hauteur des blocs protège des tirs de snipers », ajouta-t-il sérieusement.

Les portes

Le long des 150 premiers kilomètres, vingt-neuf « portails agricoles » furent construits pour permettre aux fermiers palestiniens de cultiver leurs champs. À l'origine, le projet

1. Au nord-est de Jénine.

2. Cinq étapes ont été prévues pour la construction du mur-barrière. La première, qui a débuté durant le deuxième semestre de 2002, comprend un tronçon au nord de la Cisjordanie (qui est presque achevé) et la seconde un tronçon autour de Jérusalem. Les trois autres tronçons du mur-barrière sont en construction.

prévoyait un système complexe de portes identiques à celle d'Erez (seule sortie pour les non-juifs au nord de Gaza), et une trentaine de « portes agricoles », par lesquelles les paysans arabes ayant des terres à l'ouest de la barrière pourraient passer.

L'administration civile s'était engagée à fournir des permis de passage aux agriculteurs, aux enseignants et au personnel médical palestinien. C'est d'ailleurs en se basant sur ces engagements que la Haute Cour de justice israélienne rejeta les appels des Palestiniens s'opposant au mur. Les responsables de la construction du mur ont annoncé par la suite que ces portes ne seraient « fonctionnelles que lorsque le mur sera opérationnel », c'est-à-dire terminé. Les portes se trouvent donc fermées avant même d'avoir été ouvertes.

Les points de passage se sont enlisés dans un flou de plus en plus opaque. Répondant à un député, le ministre de la Défense, Saul Mofaz, a affirmé, début 2004 : « Pour le moment, il n'y a pas de budget pour les passages agricoles. » Dix jours plus tard, Tsahal vidait les coffres « des terroristes » dans les banques arabes de Ramallah. Les quelque 6 millions de dollars ainsi récupérés dans ce hold-up en plein jour devaient être utilisés « pour construire les portes », promettait le même ministre, sans que les travaux ne débutent jamais.

Toutes les démarches effectuées par l'association pacifiste B'Tselem et les avocats des propriétaires palestiniens pour obtenir des clarifications ont été systématiquement rejetées avec, pour réponse : « La question est en train d'être étudiée. » De même, les questions relatives aux heures d'ouverture des portes existantes sont restées sans réponse.

Le sujet fut même abordé par le Premier ministre palestinien Abou Mazen, lors de son premier entretien avec Ariel Sharon. « Personne n'empêchera les agriculteurs d'accéder à leurs terres, s'écria l'Israélien. Vous devez réaliser que je suis moi-même d'origine paysanne. Je sais ce qu'est l'attachement à la terre. Voilà pourquoi j'ai ordonné que de nombreuses portes soient ouvertes dans la clôture afin de permettre aux cultivateurs de travailler leurs terres. Cette clôture n'est pas une frontière[1]. »

Les cultivateurs seront autorisés sans difficultés à franchir la barrière et à aller travailler leurs terres, ont affirmé plusieurs officiers en charge de la sécurité, « mais seulement après avoir prouvé leurs droits ». Selon eux, le processus d'accès aux autorisations est prêt mais, disent-ils, « il est trop tôt pour le rendre public ». Tout Palestinien ayant un « passé compromettant » sera privé de visa. « Vous n'investissez pas des millions dans une barrière pour qu'elle ressemble à un fromage suisse, que n'importe quel homme du Hamas pourrait franchir sous prétexte qu'il possède une terre de l'autre côté », confie un officiel de l'armée. Netzah Mashiah, l'adjoint de Dany Tirza, a été, quant à lui, beaucoup plus précis : « Si le fils d'un paysan a un passé compromettant, le paysan ne passera pas. Il devra prendre cela en compte. Et si une attaque terroriste parvient à franchir une porte agricole, ce passage de la barrière deviendra un mur. Personne ne pourra passer. »

La notion de sécurité, portée à fleur de peau par les militaires, est si sensible qu'une brigade spéciale a été créée pour protéger le chantier et ses environs. Elle a été totalement déployée sur la Ligne verte, entre la région située au sud de Qalqiliya et la banlieue de Jérusalem, de façon à renforcer le contrôle des neuf colonies et des trente-deux villages palestiniens de cette zone. Baptisée brigade Macabim, cette nouvelle unité a été chargée, en priorité, de défendre la zone métropolitaine, là où le mur n'est pas encore terminé. Organiquement rattachée à la division Amud Ha'esh – qui dépend directement du commandement central de Tel-Aviv – la brigade Macabim, renforcée d'éléments des Unités d'opérations spéciales, a pour mission la prévention des infiltrations, la supervision de la construction du mur et la protection des citoyen israéliens.

1. Roni Shaked citant Sharon dans le *Yediot Aharonot.*

Les travaux

Au début, les travaux ont avancé très rapidement : deux cent cinquante bulldozers étaient simultanément à l'œuvre[1]. Les ouvriers percevaient 500 shekels[2] par nuit de travail. Les fameux Caterpillar D 9, de véritables monstres, étaient utilisés. Mais après que l'un d'entre eux eut écrasé la manifestante juive américaine Rachel Corey qui s'opposait à la destruction de la maison d'un pharmacien, les actionnaires de la firme s'émurent et s'interrogèrent sur l'usage que l'armée israélienne faisait d'engins à usage exclusif de travaux publics.

Israël a envisagé de peindre sa « clôture de sécurité » pour la rendre plus « attractive » aux yeux de l'opinion internationale au moment de passer devant la Cour internationale de justice[3]. Des experts israéliens en communication ont même effectué « le tour de la clôture en cherchant comment transformer le mur de béton en quelque chose d'un peu plus attractif pour le regard ». Ils ont eu une idée simple : repeindre les pans de béton gris dans des « couleurs plus gaies ».

« Les Palestiniens utilisent le mur pour faire leurs relations publiques alors que les portions en béton ne constituent même pas un dixième de la longueur de la clôture », expliqua un responsable du ministère des Affaires étrangères, cité par *Ma'ariv*. « Ils présentent la clôture comme si c'était un mur sur la totalité de son parcours et diffusent des photographies à travers le monde. Si le mur est peint, il sera plus esthétique et les dommages en relations publiques seront limités. » La peinture n'a pas été utilisée. Mais des fleurs ont été plantées le long de l'autoroute n° 6 qui contourne le mur de Qalqiliya, afin de le dissimuler.

---

1. « A wall in the heart », Meron Rapoport, *Yediot Aharonot*, Tel-Aviv, 23 mai 2003.
2. Cent dollars.
3. *Ma'ariv*.

Côté palestinien, le mur en béton est utilisé pour taguer des slogans dénonçant « le ghetto Abou Dis » ou « le mur de l'apartheid ».

Le tracé

L'une des priorités du gouvernement a été d'y inclure le plus grand nombre possible de colonies se trouvant à l'ouest de la barrière, afin d'accroître les probabilités de leur annexion par Israël.

Mais lorsqu'on étudie le tracé, on s'aperçoit également qu'à l'ouest de la Cisjordanie, zone extrêmement fertile, il annexe la plus grande partie de la nappe phréatique. En clair, l'eau sera aux mains d'Israël. Autre avantage du mur dans la stratégie de Sharon, il saucissonne les territoires palestiniens, empêchant quasiment toute communication entre le nord et le sud de la Cisjordanie. À terme, c'est toute l'économie palestinienne qui risque de s'effondrer, rendant les Palestiniens totalement dépendants d'Israël.

« Les planificateurs du tracé de la clôture n'ont pas réussi à prévoir toutes ses répercussions sur la vie de Palestiniens innocents », a avoué le conseiller à la Sécurité nationale, Giora Eiland, lors d'un forum diplomatique et sécuritaire qui s'est tenu en Allemagne, à un haut échelon (*Ha'aretz*, 9 février). Comme Eiland, d'autres représentants israéliens ont, un temps, essayé de convaincre les États-Unis et les pays occidentaux que le tracé était une erreur humaine navrante, ponctuelle, presque accidentelle, qu'il était possible de réparer pour en réduire les dommages.

Début 2003, les organisations non gouvernementales palestiniennes et les pacifistes israéliens ont réalisé que le mur n'était qu'un élément d'une entreprise bien plus vaste. Ce qui se construit, ce n'est pas une séparation mais tout un projet dont les contours ne sont pas encore parfaitement clairs. La carte qui se dessine en donne cependant une idée. Quatre éléments sont à distinguer :

– le « mur de séparation » occidental, celui qui est parallèle à la Ligne verte, est le plus connu. Il pénètre profondément à l'intérieur de la Cisjordanie, sur près de 30 kilomètres vers l'est, et englobe de grandes colonies (Ariel et Emanuel) ;

– à Jérusalem et dans ses environs, une série de murs annexent une partie de Bethléem et encerclent nombre de banlieues palestiniennes. Des quartiers arabes se retrouvent ainsi coupés, les uns de la Cisjordanie et les autres de Jérusalem, certains enfin des deux à la fois. Pour que ce mur soit efficace, Ariel Sharon entend contrôler également les banlieues palestiniennes de Jérusalem, comme Bir Nabala, Ar Ram et Abou Dis, qui se retrouvent juste derrière le mur. Le gouvernement projette donc de construire des murs secondaires autour de ces zones qui seront placées sous supervision de l'armée. Elles communiqueront alors avec le reste de la Cisjordanie par un réseau de tunnels ou de *checkpoints*. Ariel Sharon espère ainsi éviter toute porosité entre Jérusalem-Est et la Cisjordanie et, peu à peu, rendre la vie des Palestiniens de la Ville sainte tellement difficile qu'ils choisiront d'eux-mêmes de partir[1] ;

– une troisième clôture doit être édifiée le long du Jourdain, au pied des collines, afin de priver la Cisjordanie des terres arables situées sur les rives ouest du fleuve. C'est le début des confiscations de terre nécessaires à sa construction qui a mis en lumière cette nouvelle dimension du projet ;

– enfin, la dernière dimension du projet consiste en la multiplication d'enclaves palestiniennes. Certaines sont d'ores et déjà terminées. À Qalqiliya, des barbelés entourent quelque quarante mille habitants qui ne peuvent accéder au reste de la Cisjordanie que par une seule porte. Plusieurs villages de la région sont encerclés de la même manière. D'autres barrières se construisent, comme celle qui entoure Tulkarem et ses environs [soixante-quatorze mille habitants]. Certaines autres

1. Menahem Klein (chercheur à l'Institut d'études israéliennes de Jérusalem, ancien conseiller de l'ex-Premier ministre travailliste Yehud Barak), *La Croix*, 30 janvier 2004.

figurent sur des plans, plus au nord – autour de Rummana [huit mille habitants] – et plus au sud – autour de Kivya et Rantis, Beit Liqya, de Jéricho et même de la partie palestinienne de Hébron.

Tous ces éléments pris dans leur ensemble confirment que la construction du mur exprime un projet politique global. Le professeur Arnon Sofer et des dirigeants de colons comme Ron Nahman ne s'en cachent pas. « Il s'agit de briser la Cisjordanie pour la transformer en une série d'enclaves et de bantoustans étroitement contrôlés, et d'empêcher ainsi toute continuité territoriale d'un futur État palestinien. » Même l'accès aux enclaves dépendrait des Israéliens. Rien, du moins dans les projets d'Ariel Sharon, ne pourra venir limiter ces ambitions.

En termes quantitatifs, ce plan revient à mettre en œuvre, unilatéralement, l'offre faite par le Premier ministre israélien aux Palestiniens, à savoir de leur céder 40 % de la Cisjordanie. Ariel Sharon a déclaré à la Knesset que ce tracé ne serait pas modifié « par suite d'exigences des Palestiniens, des Nations unies [...] ou de la Cour internationale de justice ». Il n'a cependant pas exclu des modifications liées à des objectifs pratiques ou à des considérations intérieures.

La vallée du Jourdain

La problématique de la vallée du Jourdain est toujours en discussion au sein du gouvernement israélien. Les données sont simples. Même dans le cas de la création d'un État palestinien, l'État hébreu veut conserver, toujours au nom de sa sécurité, une large bande de terre sur la rive ouest du Jourdain. Officiellement, il s'agit de contrôler le passage d'éléments hostiles venant de Jordanie. En fait, les terres visées sont parmi les plus fertiles de la Cisjordanie. Cette bande de territoire de plusieurs kilomètres de large, le long du fleuve frontière, réduirait d'autant une éventuelle entité palestinienne. La ville de Jéricho, sous contrôle palestinien, ne serait qu'une enclave en terre israélienne. Ce qui est d'ailleurs déjà, en partie, le cas.

Ce mur, à l'est, partirait de Mekhola, au nord-est, et irait jusqu'à Ma'ale Adumim près de Jérusalem, puis se poursuivrait au sud, vers le désert de Judée.

La Cisjordanie palestinienne se présenterait alors comme deux îles totalement entourées de territoire israélien et coupées de tout contact avec le monde. L'île du Sud (Hébron et Bethléem) serait ainsi séparée de celle du Nord (Ramallah, Naplouse et Jénine). Pour aller de Bethléem à Ramallah, un Palestinien devrait passer deux frontières.

En Afrique du Sud, au temps de l'apartheid, les *homelands*, appelés également « bantoustans », étaient complètement entourés par le territoire de l'État raciste et coupés du reste du monde. C'est, semble-t-il, ce que Sharon a en tête lorsqu'il évoque l'« État palestinien » constitué de plusieurs enclaves sans frontières extérieures avec la Jordanie ou l'Égypte. « Ils nous enferment comme des oiseaux dans une cage. Tout ce qu'ils ont à faire, maintenant, c'est de la couvrir avec un filet, comme ça, nous ne pourrons plus voler non plus », commente Yaoub Saadi Abou Saad, un maçon de Jérusalem de 25 ans.

Jérusalem

Jérusalem n'a plus sa sérénité de Ville sainte. Depuis octobre 2000, dix-neuf attentats ont coûté la vie à plus de cent personnes et en ont blessé plusieurs centaines d'autres. Aujourd'hui, l'omniprésence de l'armée et de la police dans les rues, la désertion des lieux de loisirs et des autobus, et une atmosphère de panique et de dépression publique ravagent son visage. Officiellement, pour rassurer la population, le gouvernement israélien a décidé de mettre en place une séparation drastique « l'enveloppe de Jérusalem », qui consiste à ériger un mur autour de la Ville sainte.

« Israël a trois stratégies différentes qu'il développe parallèlement les unes aux autres[1]. » La première, celle de la police et de l'armée, se situe au niveau opérationnel et pratique. Elle promeut la construction d'un mur séparant les populations juives et arabes sur une base ethnique. Ce concept implique, en fait, le retour aux frontières de Jérusalem avant 1967, lorsque la partie est de la ville, alors sous contrôle jordanien, était coupée de sa partie ouest par un mur. La deuxième stratégie est celle de la municipalité de Jérusalem qui essaye de bâtir un mur de séparation sur les frontières de la Jérusalem annexée après la guerre des Six Jours (1967). La troisième est le plan de Sharon visant à inclure les colonies au nord et à l'est des frontières de 1967. Leur but est de délimiter les frontières de la Jérusalem israélienne « unifiée et éternelle », allant de Ramallah au nord, à Bethléem au sud, afin de créer une Jérusalem métropolitaine incluant le plus possible de territoire et le moins possible de population arabe.

Situé entre Ramallah au nord et Jérusalem au sud, le village palestinien de Kafr Aqab est un de ceux qui souffrira du plus grand nombre de confiscations de terre si la construction se réalise selon le tracé établi.

« Nous avons rencontré les représentants de l'armée et avons réalisé, après avoir étudié leurs cartes, que le mur s'engouffrera dans chaque espace non habité de Kafr Aqab », raconte Mohamed Dahle, avocat à Adalah, le centre juridique de promotion des droits de la minorité arabe en Israël. « Si le but du mur était seulement de protéger les populations les unes des autres, il n'aurait pas été conçu ainsi », ajoute-t-il. L'objectif évident du projet est d'empêcher le développement urbain palestinien ainsi que toute construction future sur les espaces de terre encore vierges.

---

1. Menahem Klein, expert israélien sur la question de Jérusalem à l'université de Bar-Ilan.

« La clôture, à l'est de Jérusalem, ne sépare pas les Israéliens des Palestiniens, mais sépare 200 000 Palestiniens, qui restent en Israël, de 82 500 Palestiniens qui restent à l'extérieur de la clôture », affirme le colonel israélien en retraite Shaoul Arieli, un des rédacteurs du pacte de Genève. « Les considérations politiques ont pris le pas sur les considérations de sécurité. »

Les enclaves

Officiellement, l'espace compris entre la Ligne verte et le mur est toujours considéré comme territoire occupé. Pourtant, son statut, insidieusement, a été totalement modifié. Ces territoires ont été déclarés « zone militaire fermée », et ne sont accessibles aux Palestiniens munis de visa qu'en passant par des *check-points*.

Pour les habitants arabes ainsi piégés entre la clôture de séparation et l'État d'Israël, l'armée et l'administration civile ont édicté un certain nombre d'« instructions » pour « régler » leur présence sur leur propre terre. Ils ont appris qu'ils étaient devenus des « résidents permanents » de la « zone de soudure » par des documents ayant pour en-tête : « Armée de défense d'Israël. Ordre portant sur les directives de sécurité (Judée et Samarie) (n° 378) 1970. » Ces documents, ils les ont trouvés collés aux portes intégrées à la clôture de séparation, fixés sur des poteaux électriques, ou simplement jetés sur le seuil de l'épicerie locale.

Ils étaient constitués de quatre directives composant l'ordre 378. La première était datée du 2 octobre 2003 et signée par le général Moshe Kaplinski, commandant des forces de l'armée israélienne pour la Judée et la Samarie. Kaplinski était le secrétaire militaire du Premier ministre Ariel Sharon avant de remplacer le général Yitzhak Eitan à ce poste. Il s'est rendu célèbre, en janvier 2004, en autorisant ses soldats à ouvrir le feu sur des Israéliens qui manifestaient, côté palestinien, contre le mur. Le général Kaplinski commençait sa directive par une description de la « zone de soudure » : « tout le territoire délimité entre l'obstacle, indiqué sur la carte [jointe] par une ligne rouge, et l'État d'Israël ». L'obstacle, précisait le général, était constitué par « les clôtures, les murs et les chemins de patrouille, destinés à empêcher des attentats terroristes et le passage en Israël de terroristes venant du secteur de Judée et de Samarie ».

Venaient ensuite les consignes à observer dans la « zone de soudure » : « Personne ne peut y entrer et nul ne peut n'y demeurer. » L'interdiction ne concernait pas les Israéliens et les détenteurs d'un permis d'entrer et de résidence. Suivait la définition du mot « Israélien » : « a) un citoyen de l'État d'Israël, b) un résident de l'État d'Israël inscrit dans le registre de population d'Israël (...) c) celui qui a le droit d'immigrer en Israël en application de la loi du retour. »

Pour les autres, étaient définis comme « résidents permanents » : « a) toute personne âgée de 16 ans et plus, dont le lieu de résidence fixe est dans la zone de soudure. Elle sera autorisée à entrer dans la zone de soudure et à y séjourner, à condition d'être porteuse d'une permission écrite qui lui aura été donnée par moi-même ou par quelqu'un me représentant ; b) 1. celui qui n'a pas atteint l'âge de 16 ans et dont le lieu de résidence est dans la zone de soudure, sera autorisé à y séjourner sans autorisation écrite ; b) 2. celui qui n'a pas atteint l'âge de 16 ans et dont le lieu de résidence fixe est dans la zone de soudure, sera autorisé à y entrer s'il est porteur d'une autorisation écrite. »

Les trois autres directives de l'ordre 378 étaient, quant à elles, datées du 7 octobre 2003 et signées du directeur de l'administration civile, le général Ilan Paz.

La première directive concernait le « permis de résident permanent » délivré par le « Bureau de coordination et de liaison civile israélien », créé par les accords d'Oslo pour matérialiser une liaison administrative avec l'Autorité palestinienne.

La seconde directive détaillait les conditions d'obtention, pour les « résidents permanents », d'un laissez-passer personnel leur permettant d'entrer et de sortir de la « zone de soudure ». Une demande spéciale était obligatoire pour chaque véhicule et devait être renouvelée pour tout véhicule neuf, les entrées et sorties se faisant toujours par la même « porte », mentionnée sur le document.

Dans le troisième document, Paz détaillait la liste et les conditions que doivent remplir les « non-résidents permanents » pour entrer dans la « zone de soudure ». Les professions avaient été sélectionnées. Pouvaient obtenir un permis, les propriétaires d'entreprises localisées dans la « zone de soudure », les commerçants, les employés, les agriculteurs, les enseignants, les étudiants, les employés de l'Autorité palestinienne, les employés d'une organisation internationale, les employés d'une autorité locale ou d'une société d'infrastructure, les membres d'une équipe médicale. À chaque type de demande correspondait un type de permis, et les motifs de la demande devaient être explicités dans le détail.

Ainsi, le directeur d'école qui demande un permis d'entrer pour un enseignant doit indiquer, outre le nom et l'adresse de l'école, le niveau de la classe de cet enseignant, le numéro du certificat d'enseignement, la date et le lieu de son émission et le nom du « résident permanent » qui l'invite. L'agriculteur doit donner des détails concernant le terrain qu'il cultive : s'il s'agit de terres du village, le numéro de la parcelle, le numéro du secteur, le type de culture. Tous doivent justifier le choix d'un « point de contrôle » israélien pour entrer dans la zone, et ne peuvent en sortir que par là.

L'expérience a montré que ni la durée des permis ni les délais d'obtention n'avaient été fixés. Plusieurs mois se sont écoulés entre la demande de certains permis et leur distribution, et l'on a pu voir apparaître des permis de passage de un mois périmés avant d'être distribués.

Comme les passages d'un village à un village voisin sont interdits, beaucoup doivent quitter leur emploi situé de l'autre côté, ou partir avec leurs meubles sans espoir de retour. De nombreux habitants de la « zone de soudure » vivent « illégalement » reclus chez eux depuis plusieurs mois, dans l'attente de documents de circulation et dans la crainte de voir les soldats israéliens venir les expulser[1].

Le village de Jabara, au sud de Tulkarem, est coincé entre la Ligne verte et le mur de séparation. Parmi ses quelque deux cents habitants, six ont appris qu'ils n'obtiendraient pas de permis de résider et de circuler. L'un parce que, dans le passé, il a purgé une peine de prison en Israël, l'autre parce que sa carte d'identité porte une autre adresse. Un troisième n'a pas compris pourquoi. Le village de Ras a-Tira est dans le même cas mais, en plus, ses terres sont « passées » de l'autre côté du mur pour permettre le développement de la colonie d'Alfei Menashe, en constante expansion. Une soixantaine d'habitants de Ras a-Tira ont appris qu'ils ne bénéficieraient d'aucune autorisation.

L'Autorité palestinienne a condamné les nouvelles directives. C'est une méthode de « dépeuplement », a dit Saëb Erekat, l'un des conseillers de Yasser Arafat et négociateur des accords d'Oslo. « Nous recommandons aux habitants de ne pas aller chercher ces attestations » car « les accepter reviendrait à reconnaître l'autorité israélienne sur ces zones, et sur le maintien ou non d'un Palestinien sur sa terre. » « Si, aujourd'hui, les habitants disaient "oui" aux attestations, explique un responsable palestinien, demain, un officier anonyme de l'administration civile, ou quelqu'un de la Shabak (services de sécurité) pourrait approuver ou empêcher un mariage avec un homme ou une femme habitant un village situé hors de la « zone de soudure », approuver ou interdire un projet agricole commun avec un habitant d'un autre village. Cela crée une dépendance intolérable dont la suite naturelle est la tentative d'enrôler des gens comme « collaborateurs[2]. »

---

1. Amira Hass, correspondante du quotidien israélien *Ha'aretz* en Palestine.
2. Amira Hass, *Ha'aretz*.

B'Tselem, l'organisation israélienne des droits humains, craint que ces enclaves soient condamnées au même traitement qu'Al-Mawasi dans la bande de Gaza, où tous les habitants ont besoin de permis spéciaux pour sortir. Des fouilles et des attentes très longues sont habituelles au seul *check-point* qui n'est ouvert que pendant certaines périodes et souvent fermé sans avertissement[1].

L'ambassadeur d'Israël au Nations unies, Yehuda Lancry[2], déclare le 8 décembre 2003, devant l'Assemblée générale : « La barrière de sécurité est une mesure temporaire. Aussitôt que la terreur prendra fin, la barrière ne sera plus nécessaire. »

Autant dire que le mur sera définitif jusqu'à d'hypothétiques accords de paix débouchant sur un État palestinien, maintes fois promis et jamais envisagé sérieusement par l'État hébreu. Entre-temps, la séparation et le départ « forcé » des Palestiniens, l'épuration ethnique, aura largement eu le temps de faire son œuvre entre la Ligne verte et le mur dit de « sécurité ».

Les terres et le problème des confiscations

La répartition de la terre a toujours été, en Israël, subordonnée à des fins démographiques et stratégiques. Avant 1948, l'acquisition de terre par des Juifs était considérée

---

1. « B'Tselem : The Separation Barrier », *Position Paper*, mars 2003, p. 7.

2. Né à Bejaâd au Maroc, il a passé une partie de sa jeunesse à Casablanca avant de « monter » en Israël avec sa famille et de s'installer à Nahariya. Il a fait son service militaire dans l'aviation entre 1966 et 1970. À partir de 1976, il travaille comme émissaire du département de la jeunesse de l'Agence juive à Antibes puis entre en Israël à la radio-télévision avant d'enseigner le français à l'université de Haïfa. Ambassadeur en France de 1992 à 1995, il est élu député du Likoud en 1966 avant de passer chez les travaillistes. En 1999, Yehuda Lancry est nommé ambassadeur d'Israël au Nations unies.

comme une étape de l'établissement d'un foyer national juif en Palestine[1]. Après 1948, cette assimilation entre la souveraineté de l'État d'Israël et le contrôle de la terre par les institutions sionistes a perduré. Non seulement la politique consistait à conserver la terre acquise pour l'usage exclusif de la population juive mais, après la création de l'État d'Israël, on procéda à la confiscation massive par l'État de terres appartenant à des propriétaires privés arabes, pour les redistribuer à des immigrants juifs bénéficiant de la loi du retour, y compris dans des territoires comme la Galilée ou le Néguev où la population arabe était resté majoritaire.

En Israël, 93 % de la terre est propriété d'État, plus exactement du Fonds national juif (Karen Kayemet Leisrael) ou de la Development Authority, tandis que les 7 % restants sont la propriété de particuliers (4,2 % d'Arabes, 2,8 % de juifs). La gestion de la terre appartenant à l'État est assuré par l'Israel Land Authority (ILA). Elle ne peut être cédée à des particulier, mais peut être louée par baux emphytéotiques de 49 ans ou, plus rarement, de 99 ans.

En 1950, la Knesset a voté l'Absentee Property Law[2], désignant les Palestiniens ayant quitté Israël lors de la guerre de 1948 comme « définitivement absents », y compris lorsqu'ils étaient revenus dans leurs villages. Soixante-quinze mille Arabes ont ainsi été « légalement » expropriés de leurs terres durant la période qui a immédiatement suivi la déclaration d'indépendance[3].

---

1. Dr Kretzmer, *The legal Status of the Arabs in Israel*, Boulder, San Franscisco, Oxford Westview, 1994, chap. 4.

2. Ian Lustik, *Arabs in the Jewish State. Israel's control of a National Minority*, University of Texas Press, Austin and London, 1980.

3. Ian Lustick estime à 81 000 le nombre de non-juifs résidant en Israël en 1949 qui ont été victimes de cette situation. (*Arabs in the Jewish State. Israel's control of a National Minority, op. cit.*, p. 174.)

La Knesset a adopté, en 1953, la Land Acquisition Law (*validation of actes and compensation*). Elle prévoit que toute terre dont il est certifié que le propriétaire légal n'est pas en sa possession effective et qui a été réquisitionnée (soit à des fins de sécurité, pour un usage militaire, soit à des fins de développement ou pour l'établissement de colonies de peuplement) pourra être définitivement expropriée. Seules, bien évidemment, sont concernées des terres « arabes ».

Ces lois sont, ou ont été, appliquées aux terres comprises entre la Ligne verte et le mur. D'ores et déjà, selon un rapport détaillé de B'Tselem, plus de trente mille Palestiniens ont perdu leurs moyens de vie parce que leurs terres sont du côté « israélien » du mur. Il s'agit de la zone la plus fertile de la Cisjordanie. Elle représente près de 40 % des terres agricoles de cette région. Dans les gouvernorats de Jénine, Tulkarem et Qalqiliya, où le mur a déjà été construit, près d'un quart des habitants arabes vivent de l'agriculture. Ils sont les premières victimes de l'Absenty Property Law et de la Land Acquisition Law.

Dans cette zone, un kilomètre carré (1 000 dunams) de terre produit un revenu annuel d'environ 900 000 dollars (800 000 euros), plus du double que ce que produit la même surface dans le reste de la région. Près des deux tiers des sources d'eau de la Cisjordanie sont aussi dans cette zone. Vingt-huit puits sont passés à l'ouest du mur. La partie construite du mur affecte profondément les moyens de subsister de plus de deux cent mille Palestiniens, selon le rapport de la Banque mondiale.

De plus, Israël, pour parfaire sa capacité d'acquisition, s'est octroyé administrativement, c'est-à-dire sans validation parlementaire[1], la loi ottomane des terres *miri*. Ce texte, valable pour les seuls territoires palestiniens, précise que les terres sont données aux agriculteurs pour être travaillées. Ces derniers ont le droit de se les transmettre de génération

1. Ce qui aurait ouvert un débat politique aux conséquences internationales évidentes.

en génération, mais elles continuent d'appartenir au sultan et le fellah ne peut les enregistrer légalement sous son nom. Si une terre n'est pas travaillée trois années consécutives, elle retourne au sultan qui la redistribue. Israël s'est attribué ce droit du sultan et fait en sorte de rendre impossibles les travaux agricoles, par l'obstacle du mur aussi bien que par les barrages routiers incessants et les interdictions de circuler. Elle les empêche aussi en laissant les organisations d'extrême droite et les colons prendre les récoltes et couper des dizaines de milliers d'oliviers. Il sera alors facile de faire reconnaître par les tribunaux israéliens – pourtant non compétents dans les territoires occupés – que les terres n'ont pas été cultivées.

Une grande surface de terre arabe a ainsi changé de propriétaires. Ces terres de Cisjordanie ont été déclarées terres d'État après que des photographies aériennes militaires ont prouvé qu'elles n'avaient pas été travaillées depuis trois ans ou plus. La plupart des colonies ont été constituées ainsi. Les paysans palestiniens sont convaincus que l'État hébreu ne les laissera pas avoir accès à leurs terres situées derrière le mur pendant trois ans.

Azzam Bishara, l'avocat de l'organisation Kaqnu, qui défend les Palestiniens devant la Cour suprême israélienne, n'hésite pas à parler d'une véritable politique d'annexion. Pour preuve, dit-il, la non-construction des portes permettant le passage des agriculteurs pour aller sur leur terre. L'une d'elle devait être construite entre le village de Kafr Sur et la colonie de Salit. Moshe Emanuel, le président de la colonie, ne pense pas qu'elle le sera : « Je ne crois pas que l'armée va investir de l'argent dans un petit village, a-t-il confié avant d'ajouter : En 1948, les Palestiniens ont perdu pas mal de terres, et en 1967 aussi. Aujourd'hui, ils en perdront encore. Que voulez-vous, ceux qui perdent la guerre, perdent. »

Cette phrase rassemble l'essentiel de la conception que partagent les colons au sujet du mur.

La première indication de la réquisition des terres prend très souvent la forme de cartes et de plans affichés sur les arbres. Les municipalités locales ou les conseils des villages ne reçoivent jamais, ou presque, de notification officielle.

La justification en est toujours un ordre de « réquisition pour des besoins militaires », signé par le commandant militaire, commandement central, Moshe Kapilinsky. La plupart de ces ordres sont exécutables jusqu'en 2005. Ils peuvent être prolongés « légalement » indéfiniment. Des fermiers ont fait appel contre l'ordre de réquisition – soit individuellement, soit collectivement *via* la municipalité ou le conseil local. Aucun appel n'a abouti à une remise en cause de l'ordre de réquisition.[1]

Les propriétaires des terres réquisitionnées ont uniquement le droit de demander un dédommagement. Rares sont ceux qui l'ont fait, persuadés que cela légitimerait la confiscation. De plus, les sommes proposées sont bien en dessous de la valeur réelle de la terre : à Qalqiliya, elles n'en représentent que 10 %[2].

Ces réquisitions sont dites « provisoires ». Depuis le début de l'occupation de la Cisjordanie et de la bande de Gaza par Israël, toutes les installations réalisées – colonies, routes destinées aux colons, zones militaires –, ont été édifiées sur des terres palestiniennes confisquées « temporairement » par Israël. Devant la Haute Cour, les autorités israéliennes ont reconnu que des ordres de confiscation temporaire avaient été utilisés, et qu'ils pourraient encore l'être, pour édifier des constructions permanentes[3].

Une fois les arbres déracinés, les récoltes détruites et les routes construites, il sera pratiquement impossible de remettre le terrain dans son état initial. Israël n'a encore jamais démantelé une implantation, une route ou une construction établies sur des terres confisquées « temporairement » en Cisjordanie et dans la bande de Gaza.

---

1. « B'Tselem : The Separation Barrier », *Position Paper*, septembre 2002, p. 13.
2. Interview avec le maire de Qalqiliya, M. Marouf Zahran.
3. « B'Tselem : The Separation Barrier », www.btselem.org

La promesse, maintes fois faite par les gouvernements israéliens successifs, de ne plus confisquer de terre palestinienne pour l'expansion des colonies a été « compensée » par l'importance des confiscations effectuées par le biais d'ordres militaires pour la barrière de séparation, dont le tracé est déterminé au profit de l'expansion des colonies.

Le danger démographique

Cette conquête rampante de la terre accentue ce qu'en Israël on appelle le danger démographique. En d'autres lieux, la démographie est simplement une science, en Israël, il en va tout autrement. Elle est au cœur du sentiment de menace existentielle qui pèse sur les juifs. Au point que l'option du transfert gagne en légitimité.

Le professeur Shimahon Zelniker de l'Institut Van Leer de Jérusalem, à la tête d'une équipe de recherche, est arrivé à des conclusions claires : la question démographique doit être le facteur déterminant des futures lignes de séparation. À ce titre, l'annexion à Israël du moindre hectare de terre peut modifier le rapport idéal de huit juifs pour deux Arabes. Pour Yiftah Spector, l'un des chercheurs de l'Institut Van Leer : « La ligne de clôture en cours d'édification nous a déjà fait commettre sur ce point quelques erreurs. Un certain nombre de villages palestiniens se trouvent *de facto* en Israël et onze mille Palestiniens ont été annexés à notre camp. En Israël, il y a toujours eu une confusion conceptuelle entre séparer des territoires et séparer des populations. La séparation doit porter sur des populations, et non sur des territoires. Si nous continuons à nous accrocher aux territoires, nous allons devenir une minorité dominante comme dans l'ancienne Afrique du Sud. Et le temps viendra où la majorité, par des moyens tout à fait démocratiques, éliminera l'État juif. »

Questions du droit d'Israël à construire ce mur

« Le mur de sécurité est une mesure qui a été prise pour sauver des vies et non pour annexer des territoires. » La phrase est devenue célèbre a force d'être répétée par toutes les autorités israéliennes et tous les ambassadeurs de l'État hébreu dans le monde. La Cour suprême d'Israël a réaffirmé le droit d'employer divers moyens afin d'empêcher et de dissuader des terroristes potentiels de mettre en œuvre leurs attaques. Le mur de sécurité représente l'un de ces moyens, après que tous les autres ont échoué. Elle a également spécifié que le mur devait respecter un certain équilibre entre les intérêts de la propriété privée et ceux de la sécurité.

Depuis le début de l'Intifada, en septembre 2000, la région vit un conflit armé. Dans le cadre des lois humanitaires internationales, Israël estime disposer du droit de réquisitionner des terres privées lorsque ces saisies répondent à un besoin de guerre impératif[1]. Israël peut également saisir des propriétés, dans le respect des lois du combat armé, lorsque la situation implique que l'objectif des militaires consiste à protéger la vie des citoyens de l'État d'Israël et des résidents palestiniens de la Cisjordanie.

De nombreux pays ont contesté cette interprétation israélienne des conventions de Genève et, le 8 décembre 2003, l'Assemblée générale des Nations unies a adopté une résolution demandant à la Cour internationale de justice [CIJ] de rendre un avis consultatif sur les implications juridiques de la construction par Israël d'un mur-barrière dans les Territoires occupés.

Tel-Aviv a immédiatement fait savoir que la CIJ n'était pas compétente pour rendre un avis consultatif sur un sujet que l'État hébreu estime « politique », alors que tous les arguments avancés pour justifier le mur étaient, jusque là, militaires et défensifs.

---

1. Tel-Aviv cite, en référence, l'article 23 de la Convention de La Haye de 1907, qui établit les règles de base des lois du combat armé.

Israël a, bien évidemment, le droit de prendre des mesures raisonnables, nécessaires et proportionnées afin d'assurer la protection de ses citoyens et de ses frontières. Il peut, notamment, empêcher l'entrée sur son territoire de toute personne ayant l'intention de commettre un attentat-suicide ou quelque autre attaque. Israël a également le droit de construire, sur son propre sol, des clôtures ou des structures destinées à contrôler l'accès à son territoire.

Mais le fait que le tracé du mur, tant pour les parties déjà construites que pour celles qui sont prévues, soit situé en profondeur à l'intérieur de la Cisjordanie et non pas en Israël ou sur la Ligne verte, démontre à tout le moins qu'il existe d'autres raisons à sa construction. Les mesures de sécurité, y compris la construction de ce genre de clôture, peuvent être prises du coté israélien de la Ligne verte, et le contrôle des entrées pourrait y être renforcé si nécessaire[1].

Les mesures prises par Israël dans les Territoires occupés au nom de sa sécurité doivent être conformes à ses obligations au titre du droit international. Or, la construction du mur à l'intérieur des Territoires occupés viole à la fois le droit humanitaire international et le droit international relatif aux droits humains. Ces deux ensembles juridiques complémentaires s'appliquent au comportement d'Israël en Cisjordanie et dans la bande de Gaza.

1. Par exemple, le contrôleur général des finances de l'État israélien, dans son rapport d'audit 2002 sur la zone comprise entre la clôture de sécurité et la Ligne verte, note que « les documents des FDI [Forces de défense israéliennes] montrent que la plupart des auteurs d'attentats-suicides et d'attentats à la voiture piégée qui ont pénétré en Israël par la zone comprise entre la clôture de sécurité et la Ligne verte ont été mal contrôlés au niveau des *check-points* ». En janvier 2004, cinq soldats israéliens ont été arrêtés et inculpés parce qu'ils auraient reçu des pots-de-vin de Palestiniens qui voulaient franchir les *check-points* pour entrer en Israël alors qu'ils n'avaient pas de laissez-passer (voir « Five IDF troops suspected of taking bribes from Palestinians », *Ha'aretz*, 27 janvier 2004).

Le droit international humanitaire

Selon les termes du droit international, une puissance occupante est tenue d'administrer le territoire qu'elle contrôle sans introduire de changements importants à l'ordre existant et en garantissant la protection des droits fondamentaux des habitants du territoire occupé. Au cœur de la règle internationale régissant l'occupation par une puissance belligérante, il y a l'idée que cette occupation est transitoire, de durée limitée et que l'un de ses objectifs principaux est de permettre aux habitants du territoire occupé de mener une vie aussi normale que possible.

Israël, puissance occupante, doit donc traiter, en toutes circonstances, la population palestinienne des territoires occupés avec humanité[1]. Les mesures de contrôle ou de sécurité doivent être « nécessaires du fait de la guerre ». La Croix rouge internationale a une lecture stricte de ce point de la Convention de Genève : « Le statut d'occupation [...] procède de l'idée que la liberté personnelle des personnes civiles doit rester, en principe, intacte. [...] Ce qui est essentiel, c'est que les mesures de rigueur ne portent pas atteinte aux droits fondamentaux accordés aux personnes, droits qui [...] doivent être respectés, même au cas où des mesures de rigueur seraient justifiées. »

Par ailleurs, l'article 53 de la IVe Convention de Genève proscrit la destruction des biens privés ou publics par la puissance occupante, sauf dans le cas où ces destructions seraient rendues absolument nécessaires par les opérations militaires. L'article 147 range dans les infractions graves « la destruction et l'appropriation de biens, non justifiées par des nécessités militaires et exécutées sur une grande échelle de façon illicite et arbitraire ». Et, juridiquement, l'« infraction grave » est un crime de guerre avéré, terme utilisé par les ONG pour dénoncer les destructions de maisons en Cisjordanie et à Gaza. De plus, l'article 33 de la IVe Convention de Genève

1. Article 27 de la IVe Convention de Genève.

prohibe les sanctions collectives. Les restrictions autorisées par l'article 64 de cette même convention « ne devront en aucune circonstance servir de moyen d'oppression à l'égard de la population[1] ».

De plus, le mur entoure plus de cinquante implantations civiles israéliennes qui abritent la majorité des colons israéliens des territoires occupés. Or, ces implantations sont illégales selon le droit international, notamment en vertu de l'article 49 de la IVe Convention de Genève qui stipule : « La puissance occupante ne pourra procéder à la déportation ou au transfert d'une partie de sa propre population civile dans le territoire occupé par elle. »

Amnesty International souligne, à ce sujet, que le statut de la Cour pénale internationale[2] (qui comporte la liste la plus complète et la plus récente des crimes de guerre reconnus par la communauté internationale) inclut « le transfert, direct ou indirect, par une puissance occupante d'une partie de sa population civile, dans le territoire qu'elle occupe [...] en particulier lorsque ces crimes s'inscrivent dans le cadre d'un plan ou d'une politique ou lorsqu'ils font partie d'une série de crimes analogues commis sur une grande échelle » (article 8-2-b-viii).

La communauté internationale a, depuis longtemps, établi le caractère illégal des implantations israéliennes dans les territoires occupés. Dans sa résolution 465 du 1er mars 1980, le Conseil de sécurité des Nations unies demandait instamment à Israël de « démanteler les colonies de peuplement et, en particulier, de cesser d'urgence d'établir, édifier et planifier des colonies de peuplement dans les territoires arabes occupés depuis 1967, y compris Jérusalem ».

Pendant près de quatre décennies, Israël a systématiquement ignoré les résolutions de l'Onu. Il a, délibérément, violé le droit international par la construction et l'expansion continues, à l'intérieur des territoires occupés, d'implanta-

---

1. Commentaire du CICR sur l'article 64 de la IVe Convention de Genève.
2. En vigueur depuis le 1er juillet 2002.

tions illégales et d'infrastructures, en particulier d'un important réseau routier destiné aux colons israéliens, les « routes de contournement », et de vastes zones autour des implantations, appelées « zones de sécurité ».

Les impérieuses considérations de sécurité prévues par la IVe convention de Genève ne peuvent en aucun cas être invoquées pour justifier des mesures qui bénéficient aux implantations civiles israéliennes illégales aux dépens de la population palestinienne. Il sera, à terme, très difficile à Tel-Aviv et à son principal soutien, les États-Unis, de continuer ainsi hors du droit. Comment, en effet, concevoir de faire appel à lui dans certains domaines, notamment financiers, commerciaux et d'échange, en le rejetant dans d'autres domaines, à moins de le considérer comme un État hors norme ? Mais pour combien de temps ?

Le droit international relatif aux droits humains

En tant que partie prenante du Pacte international relatif aux droits civils et politiques (PIDCP), Israël a pris l'engagement et est tenu de protéger et de faire respecter les droits fixés par ce traité, pour toute personne se trouvant sur son territoire ou sous sa juridiction.

Sans être explicite, Israël a régulièrement soutenu que ces obligations ne s'appliquaient pas dans les territoires occupés, position refusée par tous les organes des Nations unies chargés de surveiller l'application de ces traités[1].

L'interdiction de la discrimination est un principe fondamental des droits humains ; il figure dans plusieurs traités

1. Comité des droits de l'homme, Observations finales (Israël) [21 août 2003], Doc. ONU CCPR/CO/78/ISR, § 11 ; Comité des droits économiques, sociaux et culturels, Observations finales (Israël) [23 mai 2003], Doc. ONU E/C.12/1/Add. 90, §§ 15 et 31 ; Comité pour l'élimination de la discrimination raciale, Observations finales (Israël) [30 mars 1998], Doc. ONU CERD/C/304/Add. 45, § 12.

qu'Israël a ratifiés et se trouve tenu d'appliquer, notamment la Convention internationale sur l'élimination de toutes les formes de discrimination raciale, le Pacte international relatif aux droits économiques, sociaux et culturels (PIDSC, article 2-2) et le Pacte international relatif aux droits civils et politiques (PIDCP, article 2-1[1]. Tel-Aviv, à juste titre, est très sourcilleux sur l'application de ces principes... chez les autres. Car l'État hébreu est l'un des plus discriminant au monde depuis la normalisation de l'Afrique du Sud.

Sous leur forme actuelle, le mur et les restrictions imposées à la liberté de mouvement des Palestiniens sont intrinsèquement discriminatoires. Ils visent spécifiquement les Palestiniens – parce qu'ils sont palestiniens – et ne sont pas proportionnés, car ils s'appliquent à tous et pas seulement aux individus dont on peut raisonnablement penser qu'ils représentent une menace pour la sécurité. Dans les enclaves qui sont maintenant encerclées par le mur, les restrictions aux déplacements et l'obligation d'avoir un laissez-passer ne s'appliquent qu'aux Palestiniens et non aux Israéliens qui vivent ou se rendent dans les implantations situées dans ces zones. L'article 12 du PIDP garantit pourtant la liberté de déplacement. Les seules restrictions reconnues à ce droit doivent être liées à la protection de la sécurité nationale ou de l'ordre public. Ces restrictions doivent être nécessaires, proportionnées, régies par la loi et compatibles avec le respect des autres droits humains reconnus sur le plan international[2].

Conformément au PIDESC, Israël doit garantir la mise en œuvre de plusieurs droits fondamentaux, notamment ceux au travail, aux soins médicaux, à l'éducation, à une vie décente,

---

1. Les autres conventions ratifiées par Israël qui traitent les points abordés dans le présent rapport sont la Convention des Nations unies sur l'élimination de toutes les formes de discrimination à l'égard des femmes et la Convention relative aux droits de l'enfant.

2. Comité des droits de l'homme, Observation générale 27 [2 novembre 1999], Doc. ONU CCPR/C/21/Rev.1/Add. 9

à l'alimentation et à une vie de famille. Selon l'article 2-1 du pacte, Israël est tenu de prendre des mesures « au maximum de ses ressources disponibles » en vue d'assurer progressivement le plein exercice des droits reconnus dans le pacte.

Or, dans sa grande majorité, la population palestinienne des territoires occupés ne jouit pas de ces droits humains fondamentaux et la situation continue de se détériorer. Le taux de chômage est supérieur à 40 %, et environ deux tiers de la population vivent sous le seuil de pauvreté. Les cas de malnutrition et d'anémie sont en augmentation. Les écoles ont de plus en plus de difficultés à remplir leur mission et le travail des enfants est plus fréquent.

Cette situation n'est pas due à une catastrophe naturelle ou à un manque de moyens de la part de l'État hébreu. Elle découle directement des mesures délibérément prises par Israël[1]. Du fait du mur, beaucoup de Palestiniens ont perdu leur travail et doivent compter sur une assistance[2]. Cette aide humanitaire ne saurait dispenser Israël de son obligation de garantir le droit au travail des Palestiniens, afin qu'ils puissent subvenir dignement à leurs besoins et à ceux de leur famille.

Les ONG estiment à près d'un million le nombre de Palestiniens des territoires occupés qui seront affectés ou dont les droits fondamentaux seront violés par la construction du mur. Il aura sur la vie de centaines de milliers de Palestiniens des conséquences graves qui se font déjà sentir.

1. Comité des droits économiques, sociaux et culturels, Observation générale n° 12, Doc. ONU E/C.12/1999/5.

2. UNRWA, *Appel d'urgence du 12 décembre 2003* et *Special Report on the West Bank Barrier* – (www.un.org/unrwa/emergency/barrier). Voir aussi l'*Appel consolidé du BCAH, Humanitarian Appeal 2004 for occupied Palestinian territory*, daté du 18 novembre 2003.

La Ligne verte

La Ligne verte est la ligne de démarcation d'avant la guerre de 1967. Elle ne peut être modifiée sans un accord des deux parties, d'autant qu'elle a été reconnue comme telle par l'ensemble de la communauté internationale, y compris les États-Unis. Elle a, après 1967, servi de référence dans toutes les résolutions exigeant le retrait israélien des territoires occupés, résolutions également votées par Washington. À l'évidence, quelle que soit sa finalité, le mur instaure unilatéralement une nouvelle ligne de séparation et modifie ainsi la situation.

Juridiquement, la seule manière de justifier sa construction suivant le tracé actuel aurait été d'affirmer que les territoires occupés étaient des territoires israéliens. Si les autorités de l'État hébreu considèrent qu'il en est ainsi dans les faits, Israël n'a jamais officiellement formulé une telle annexion.

Les conseillers juridiques d'Israël portent une lourde responsabilité dans cette affaire. Ils ont toujours fait croire, dans ses frontières et dans la diaspora, qu'Israël possédait plus de droits que quiconque sur les « territoires », mais le gouvernement israélien d'avant 1967 n'a jamais revendiqué de souveraineté ni sur la Cisjordanie ni sur Gaza. Tel-Aviv n'est entré en leur possession, pour la première fois, qu'à la suite de la guerre des Six Jours.

Ces conseillers juridiques ont également oublié, et ce n'est pas une mince lacune en droit international contemporain, qu'il existe un peuple sur ce territoire et que, en vertu du principe d'autodétermination, ce territoire lui revient.

Par ailleurs, en insistant sur le caractère « contesté » de ces territoires, pour effacer la porté du terme « occupé », les conseillers israéliens fournissent, en droit, un argument de taille pour que les Palestiniens exigent plus que les territoires limités par la Ligne verte. En effet, si celle-ci n'est pas une frontière, les Palestiniens peuvent prétendre que les territoires qu'elle englobe jusque, à l'ouest, la ligne du plan de partage de 1848, sont eux aussi des territoires « contestés ».

De plus, ces mêmes conseillers n'ont pas trouvé meilleur argument pour justifier les implantations à Gaza et en Cisjordanie que d'affirmer qu'il existait auparavant des populations juives sur ces terres. Populations qui ont été expulsées durant la première guerre israélo-arabe. Argument en or pour les Palestiniens qui justifie le droit au retour dans leurs foyers d'avant 1948 !

De leur côté, en adoptant la violence terroriste, les partis et groupes palestiniens fournissent aussi un argument formidable à ceux qui ne veulent pas la fin de l'occupation. Cette méthode de combat illicite, inhumaine, injuste et lâche ne fait, politiquement, qu'éloigner la réalisation de l'objectif légitimement poursuivit par le peuple et l'Autorité palestinienne : la construction d'un État sur l'ensemble de la Cisjordanie et de la bande de Gaza, ayant Jérusalem-Est comme capitale.

Chapitre V

Les réactions

Il y a encore quelques mois, les deux parties se parlaient, même si le dialogue ne débouchait sur rien. Aujourd'hui, non seulement elles ne se parlent plus, mais Israël a choisi comme unique interlocuteur la Maison Blanche car les États-Unis sont la seule puissance susceptible d'imposer quelque chose à Tel-Aviv. Ariel Sharon a déclaré : « Je ne crois en aucun accord, aucun texte, même signé. Je ne crois qu'au fait accompli. »

Les Palestiniens campent fermement sur leurs positions. Nabil Chaath, le ministre palestinien de la Coopération, exclut toute éventualité de paix avec le gouvernement Sharon : « Il n'y a aucune possibilité d'avancer dans le processus de paix aussi longtemps que cet homme, Ariel Sharon, sera au pouvoir en Israël, et qu'il bénéficiera du soutien de l'administration américaine[1]. »

En Israël

La mission du mur est de rendre plus difficiles les infiltrations des kamikazes et autres terroristes. « Mais ce mur soulève plusieurs questions : comment le protéger ? À quoi

1. *Le Monde*, 20 avril 2004.

sert-il réellement ? », demande Avraham Shalom, l'ancien chef du Shin Beth[1].

« Le mur est située, en Cisjordanie, en territoire palestinien. Ils sont de chaque côté. Il est donc vulnérable. D'autre part, pour qu'un mur soit efficace, il faut que les deux côtés soient d'accord pour le construire, et qu'il serve un intérêt commun. Ici, ce n'est pas le cas. »

La clôture de la bande de Gaza a servi de référence pour construire le mur. Mais il y a de grandes divergences entre les deux ouvrages. La clôture de Gaza est facile à surveiller ; elle suit une ligne droite nord-sud, et une autre ligne droite est-ouest. Elle est, en outre, érigée en terrain plat, non sur des collines comme en Cisjordanie. Elle comporte seulement deux points de passage officiels. Les infiltrations, à partir de Gaza, sont très peu nombreuses. Il y en avait beaucoup plus avant l'érection de cette clôture, fait remarquer en substance Avraham Shalom, avant de continuer : le mur de Cisjordanie est parfois absurde du point de vue géographique et topographique. Sans compter qu'il est question de créer une trentaine de points de passage, pour les enseignants, les agriculteurs, les commerçants, les colons juifs et pour toutes sortes de VIP : militaires, représentants de l'Onu, etc. Il y aura donc des dizaines de milliers de passages chaque jour, dans les deux sens. Ce qui s'ensuivra sera le chaos.

« Premièrement, il est impossible, avec un si grand nombre de gens, d'empêcher les terroristes de passer. Peut-être le mur en réduira-t-il le nombre, mais il suffit d'un seul. Un seul, c'est déjà trop, et le mur aura alors échoué. Deuxièmement, tous ces gens voudront passer en même temps, aux heures de pointe ; la plupart se présenteront entre 6 et 8 heures le matin, et reviendront entre 4 et 6 heures le soir. Cela de nouveau posera des problèmes.

« Et puis, des gens essaieront de tricher. D'autres tenteront de corrompre les soldats pour aller à l'hôpital, par exemple. En outre, les juifs qui franchiront les portes auront droit à un traitement spécial, ce qui augmentera la colère des Arabes, ce

1. 1980-1986.

qui engendrera un surcroît de haine et qui augmentera le nombre d'actes de terrorisme. D'ailleurs, il suffira pour les terroristes de lancer une grenade ou de tirer des rafales à l'heure de pointe.

« Personne ne nous croira si nous disons que c'est uniquement un mur sécuritaire. Si c'était le cas, il aurait été construit plus près de la Ligne verte de 1967, ou sur la Ligne verte elle-même. Il aurait alors été reconnu par la communauté internationale, et même par les Palestiniens.

« Je n'en ai pas la preuve, mais je doute, d'un point de vue professionnel, que ce mur soit un bon moyen de prévenir les infiltrations. Que l'on ne me dise pas que c'est un mur anti-terroriste. La sécurité seule, cela n'existe pas. Elle doit être accompagnée d'une perspective politique. Ce mur augmentera la méfiance et la mauvaise volonté des deux peuples. »

Les anciens chef du Shin Beth se sont regroupés pour exprimer publiquement leur opinion convergente : « Nous ne nous étions pas concertés avant notre rencontre. Mais nous sommes arrivés aux mêmes conclusions : la politique actuelle d'Israël va à l'encontre de ce que nous voulons. Le gouvernement ne veut pas la destruction d'Israël, mais nous voulons le convaincre que son action peut nous mener à un désastre politique. »

Dans l'histoire du monde, tous les murs ont été contournés ou se sont effondrés. Les généraux israéliens savent pertinemment qu'un mur n'est qu'un obstacle relatif à l'insécurité. Ils sont également parfaitement conscients que ce mur sert un projet de politique coloniale. Construit pour résister aux terroristes, il cherche, en fait, à faire plier psychologiquement les Palestiniens et à les faire partir. Les *check-points* sont des lieux d'humiliation pour la population, alors que les militaires qui les tiennent et leurs états-majors savent, par expérience, que les poseurs de bombes ne passent pas par les *check-points*.

C'est les raisons pour lesquelles tous les militaires ne s'alignent pas sur la position officielle. Les sentiments des jeunes envers l'institution ont changé. Faire son service est devenu une vraie contrainte alors qu'avant l'Intifada, c'était un devoir dont beaucoup étaient fiers.

Jonatan est né en 1972. L'occupation des territoires avait vingt-quatre ans lorsqu'il est rentré dans l'armée comme pilote d'hélicoptère. Sa mission était d'évacuer les blessés vers les hôpitaux. Pour lui, à l'évidence, après vingt-quatre ans de présence, il est difficile de parler de situation provisoire comme le font ses gouvernants. Ce constat l'a conduit à réagir.

« Il faut ouvrir les yeux, dit-il, et s'apercevoir que notre démocratie est tronquée. Mon droit constitutionnel est de dire "non". Vous savez, de là-haut, on voit les toits rouges des colonies et tout autour les villages gris des Palestiniens. Les maisons des maîtres et celles des esclaves. Je ne supporte pas cela et ce n'est pas une question d'opinion politique. En l'acceptant, on finit par vivre dans une bulle et par refuser d'en sortir. Mais à force de voir les tués et les blessés du terrorisme on est obligé de sortir de la bulle pour se poser des questions. »

Ces questions l'ont poussé à rencontrer des Palestiniens pour discuter avec eux. « Après une réunion, lorsqu'on se sépare, eux vont chez eux dans leur misère, voir leurs copains qui font parti du Hamas, et moi, je vais au cinéma avec mon amie. Cela ne peut que travailler un homme normalement constitué. Cette situation a fini par devenir insupportable. J'ai refusé de voler au-dessus des territoires occupés[1]. Pourtant j'avais un bon job et, en plus, je sauvais des vies.

« Vous savez, en Israël les pilotes sont respectés, on les admire. J'ai profité de cet avantage pour dire ce que je sentais. Entre le moment où j'ai pris la décision et le moment où j'ai eu l'opportunité de le dire publiquement, j'ai gardé cela pour moi. Jusqu'au dernier jour. J'ai agi en respectant la loi. Quelques heures avant de le déclarer, j'ai tenu à prévenir mon père. Je ne voulais pas lui poser de problème. Il a respecté ma décision. Je lui ai rappelé qu'il m'avait dit qu'il

1. Vingt-sept pilotes d'hélicoptère ont prit la même décision par écrit.

y avait des ordres que l'on devait refuser. Non c'est "non" ! Après l'assassinat de Yassine, tué par des missiles tirés d'hélicoptères, j'ai fait pression sur mes copains, les pilotes impliqués dans l'opération, pour les faire sortir de leur bulle. »

La décision de Jonatan en a fait réfléchir plus d'un, à commencer par son frère, membre d'une unité d'élite du Sayed Markal[1] qui, lui aussi, a signé une lettre dans laquelle il refusait de servir dans les territoires. Plusieurs de ses compagnons ont fait de même.

« Je voudrais que l'on traîne Sharon devant la Cour internationale de justice, martèle Jonatan. C'est ce que nous allons demander. Même si ce n'est pas possible, au moins on en parlera. J'y pense sérieusement, il va bien falloir le faire. J'ai tout perdu dans cette affaire, j'ai payé très cher ma décision mais je ne le regrette pas. (...) Le tracé du mur est une stupidité construite au profit des colons. Il n'y a aucune sécurité là-dedans. Il suffit de le survoler pour que cela saute aux yeux. Il coupe en deux des villages palestiniens et rase les maisons. Pourquoi, si ce n'est pour les colons ? »

Très peu d'Israéliens ont véritablement conscience du tracé que suit le mur. Beaucoup ne l'ont même jamais vu. D'une part parce qu'il passe dans les zones palestiniennes et que les Israéliens – en dehors des colons – n'y mettent jamais les pieds et, d'autre part, lorsque le mur longe la Ligne verte, comme à Qalqiliya, parce qu'une butte plantée de fleurs ou d'arbustes a été dressée contre sa face ouest, tant et si bien qu'il disparaît pratiquement, côté israélien.

Pendant près de dix-huit mois, aucun journal israélien n'a publié de carte. Tout le monde parlait du mur, mais personne de son tracé. Au cours de la seconde moitié de l'année 2002, des « rumeurs » propagées par les ONG palestiniennes « racontaient » que son tracé s'éloignait de la Ligne verte,

---

1. Sayed Markal : officiellement, unité de reconnaissance ; en fait, service action du renseignement militaire et du Mossad.

qu'il créait des enclaves, et qu'il portait atteinte au « jardin verdoyant » de l'économie palestinienne. Mais les médias israéliens n'y prêtèrent aucune attention. Les données sur des expropriations massives et sur des arrachages d'arbres, publiées par diverses organisations palestiniennes, ne se lisaient pas en hébreu. L'organisation israélienne B'Tselem publia, en septembre 2002, la première prise de position à ce sujet, soulignant les répercussions du mur. Puis ce fut au tour de la presse.

L'éditorialiste vedette du *Yediot*, Naum Barnéa, fit remarquer que, contrairement aux précédents affrontements diplomatiques entre Israël et les Palestiniens, « où Israël a toujours adopté une approche rationnelle quand les Palestiniens jouaient sur l'émotion, il semblerait, cette fois, que les rôles se soient inversés. Les Palestiniens expliquent, les Israéliens pleurent[1] ».

Le *Ma'ariv*, dans un éditorial au vitriol, se montra plus critique encore, estimant qu'« Israël s'est empêtré dans les filets de cette barrière [...]. Elle n'a pas été construite à temps, et bien qu'elle soit construite en raison d'une réalité meurtrière, un tracé alambiqué et illogique a été adopté[2] ». Il conclut : « En un mot, c'est la méthode idéale pour s'attirer des ennuis. Ce tracé, qui aurait dû être le mur de protection d'Israël contre les terroristes, est devenu un symbole de l'atteinte portée à des civils palestiniens, en les séparant de leurs terres, et nous a mené tout droit au tribunal[3]. »

D'une façon générale, les images du mur ont été une sorte de catalyseur pour mettre en cause le conflit lui-même. « Plus une guerre dure, plus il y a de façons de la perdre », a assené un journaliste du quotidien *Ha'aretz*.

Dans la plupart des conflits modernes, et particulièrement au Proche-Orient, la guerre des images s'est révélée tout aussi

1. *Yediot Aharonot*, 23 février 2004.
2. *Ma'ariv*, 23 février 2004.
3. *Ibid.*

décisive que les opérations militaires. « Certains estiment traditionnellement qu'il s'agit là d'une guerre impossible à gagner pour Israël, poursuit le journaliste du *Ha'aretz*, et l'opération militaire à Gaza a rendu plus complexe encore la campagne de relations publiques d'Israël, que l'on appelle la *hasbara*[1]. »

L'IDF annonçait, le lundi 24 mai 2004 au soir, la fin de l'opération Arc-en-ciel à Rafah, qui avait causé la mort de quarante-trois Palestiniens et laissé, selon l'Onu, près de mille six cent cinquante personnes sans abri en une semaine. « Chaque image de Rafah, ces femmes, ces enfants assis sur les débris de leurs maisons, est pénible. Nous ne gagnerons pas la guerre des images, reconnaît Yoav Biran, directeur général du ministère des Affaires étrangères.

« Mais le coup de grâce porté à la *hasbara* fut le fait des propos du ministre de la Justice, Yosef Lapid. Ce survivant de l'Holocauste, qui a perdu son père et sa grand-mère dans les camps de concentration, a semé le trouble le plus total dans le cabinet d'Ariel Sharon en réagissant à la photo d'une vieille femme de Rafah cherchant désespérément ses médicaments au milieu des décombres. Lapid a avoué aux ministres que cette femme lui rappelait sa grand-mère[2]. »

L'écrivain Sami Mikhaël exprime sa consternation : « Ce n'est pas en Israël qu'une pensée juive se développe, mais à l'étranger. Et, du point de vue de la sécurité, l'État juif est l'endroit le plus dangereux pour un juif. Ce conflit nous pollue, détruit nos valeurs libérales et démocratiques, et annule le message d'un État juif phare de l'humanité. Je ne peux m'empêcher de penser que nous n'avons plus rien à offrir aux pays voisins[3].

« Notre société est en train de régresser. Chaque peuple ne revendique ses droits que pour mieux nier ceux de

---

1. En hébreu : l'« explication »
2. *Ha'aretz*, 25 mai 2004.
3. Sami Mikhaël, chef de l'association des droits civiques en Israël, *Ha'aretz*, mars 2004.

l'autre. Le plus grave, à mes yeux, c'est que nous, Israéliens, en tant qu'*establishment*, en tant qu'État et en tant que peuple, semblons nous satisfaire du constat selon lequel il est possible de vivre sans solution. En renonçant à sortir de ce cercle vicieux, nous nous convainquons qu'il s'agit d'une lutte à mort. Dire que nous sommes en état de guerre est aussi stupide qu'affirmer qu'il existe une guerre entre un éléphant et une mouche. Nous sommes une puissance militaire confrontée à un peuple occupé. Certes, le peuple palestinien nous fait vivre un bain de sang, mais ce n'est pas pour Tel-Aviv que nous nous battons, mais bien pour la paix des implantations juives dans les territoires. Le chef d'état-major, Moshe Ya'alon, voudrait nous faire croire que "les Palestiniens sont un cancer" qui nous met en danger de mort, parce que, sans ce danger de mort, sa place serait menacée. »

Le philosophe religieux israélien, Yehochua Leibowitz, avait affirmé que l'occupation corromprait les valeurs de la société israélienne. La France et la Grande-Bretagne n'y ont pas échappé lorsqu'elles étaient des puissances coloniales. Des milliers de kilomètres séparaient alors leur métropole de leurs colonies, ce qui leur permettait de vivre la contradiction entre leurs valeurs libérales et l'arbitraire colonial. En Israël, seuls quelques kilomètres séparent Tel-Aviv des territoires occupés où ne règne aucune loi.

Sami Mikhaël est persuadé que les dégâts collatéraux de l'occupation ne toucheront pas que les Arabes. « Ceux qui s'engagent dans des initiatives telles que la déportation de suspects ou la démolition de leurs maisons ouvrent la boîte de Pandore. Déjà, des ministres affirment que des « terroristes juifs » devraient subir le même sort. Cela signifie qu'un jour, des gens qui osent rappeler l'État à ses devoirs légaux risqueront la déportation.

« Le recours israélien à la force et la délégitimation croissante de la dissuasion ne sont-ils pas dus au fait que nous n'avons pas de partenaire pour faire la paix ? C'est bien notre manière de jeter aux orties le processus de paix sous prétexte qu'il n'y a pas de démocratie chez les Palestiniens. Plus nous attendons qu'ils se convertissent à la démocratie, plus nous abandonnons la nôtre. C'est ce qui s'est passé pendant le maccarthysme aux États-Unis où, sous prétexte que l'URSS ne respectait pas la démocratie, les libertés démocratiques américaines ont été foulées aux pieds. »

En Palestine

La construction du mur est une stratégie destinée à les asphyxier, estiment les Palestiniens. Ils ont vu, en deux générations, ces collines – l'âme de leur pays, qui n'avaient jamais été violées – illégalement confisquées par des colons venus de Russie et d'Amérique latine, puis par l'armée israélienne arrivée sur leurs talons pour assurer leur sécurité. Blessure béante en travers de ce territoire biblique que la folie des hommes a subitement réduit comme peau de chagrin.

Paradoxalement, ce sont les associations israéliennes pour la paix qui ont mobilisé les Palestiniens contre le mur, et encore, avec beaucoup de difficulté. Les hommes politiques des territoires occupés tentent de survivre et de trouver le moyen de se déplacer, mais les habitants sont noyés dans leur quotidien, sans cesse à la recherche de points de passage pour conduire leurs enfants à l'école, pour rechercher quelques revenus. Ils ont les yeux tournés ailleurs. Affirmer, comme l'a fait consciemment Ariel Sharon, « que rien ne s'oppose à la liquidation de Yasser Arafat », mobilise les énergies durant des semaines et, pendant ce temps, plus rien ne compte, pas même le mur.

L'Autorité palestinienne

Le président Yasser Arafat a perdu énormément de crédit aux yeux des Palestiniens. Ils lui reprochent, jusqu'à la contestation publique, de s'être laissé enliser, piéger dans des négociations et des marchandages humiliants avec les Israéliens. Ils lui reprochent aussi d'être entouré de ministres corrompus et, enfin et surtout, de n'avoir pas su tenir un langage clair quant à leurs droits à s'organiser en toute légitimité pour résister à l'occupation militaire, y compris par les armes.

Mais sa personne n'en demeure pas moins un symbole inviolable. Une large frange de la population n'accorde plus aucune confiance à son parti, le Fatah, mais ne se reconnaît pas pour autant dans les partis religieux.

Les Israéliens n'ont jamais discuté du tracé du mur avec une quelconque Autorité palestinienne. Enfermé dans les ruines de sa résidence-bureau de Ramallah depuis décembre 2000, Yasser Arafat est étroitement surveillé par une équipe de psychologues israéliens, renforcés par des experts américains appelés en consultation. Ces derniers ont très vite mis au jour le grand « défaut » du « Khitiar[1] » : toujours vouloir être présent dans toutes les décisions afin de continuer à exister politiquement, n'hésitant pas, pour y parvenir, à contrer ses propres amis afin d'éviter qu'ils prennent du pouvoir, comme il l'a fait avec Abou Mazen. Mais le bouclage systématique des territoires a créé, *ipso facto*, des responsables locaux qui sont tenus de prendre des décisions au quotidien. Il ne reste pratiquement plus de place à Yasser Arafat pour exister sur la scène locale, et il est totalement absent sur le plan international. Au point que lorsque Ariel Sharon le menace, le Khitiar exulte. « Lorsque sa vie est en danger, il est transfiguré », assure Kaïs Abou Layla, un des membres du Comité exécutif de l'OLP. En fait, si Arafat revient sur le devant de la scène et s'il fait tout pour s'y maintenir quelques jours, c'est parce que pour lui, comme pour tous les dirigeants palestiniens, le silence est synonyme de coma politique.

Lorsqu'en avril 2004, le président Bush a accordé un soutien américain sans réserve à son plan de désengagement

1. *Khitiar* : « vieux », dans le sens de sage (en arabe), surnom donné à Yasser Arafat.

unilatéral, au tracé du mur et au rejet du droit au retour des Palestiniens, Ariel Sharon s'est cru autorisé à sortir de sa réserve. « J'ai promis [...] au président Georges W. Bush de ne pas porter atteinte à Arafat, mais je ne suis plus tenu par cette promesse et celui-ci ne dispose plus de l'immunité », a-t-il dit en revenant de Washington. Cette petite phrase a suffit pour regrouper les Palestiniens autour de leur symbole.

En fait, la déclaration de Sharon était à consommation interne. Elle intervenait avant le vote de son parti, le Likoud, sur son plan de désengagement de Gaza. Le Premier ministre israélien sait pertinemment que Yasser Arafat sert ses intérêts. Déclaré hors jeu par le gouvernement israélien et l'administration Bush, Arafat est un épouvantail sur lequel il est possible de concentrer le mal absolu. Dans ce contexte, le mur n'a jamais été une priorité politique pour le président de l'Autorité palestinienne, au point même que les chercheurs engagés par les institutions palestiniennes pour analyser les intentions d'Israël concernant l'érection du mur, ont rencontré beaucoup de difficultés à mobiliser Arafat et son entourage sur des actions plus significatives que les classiques déclarations et menaces.

Les villages touchés se sont adressés à des avocats aux fins d'appel, puis pour en appeler à la Cour suprême. Mais il n'y a pas eu de tentative visant à rassembler toutes les contestations. Avocats, villages et districts se sont défendus séparément, comme s'il s'agissait de problèmes privés et non d'un problème collectif.

Le manque total de coordination face aux décrets israéliens, l'absence de direction palestinienne capable de prendre des initiatives, de diriger et de financer, est typique de ce territoire qui, depuis l'Empire ottoman, a toujours connu et reconnu des autorités locales gérant les affaires courantes. L'OLP de l'extérieur, celle venue dans les territoires avec Yasser Arafat, n'a pu assimiler l'OLP de l'intérieur, celle qui résidait dans les territoires et qui était souvent composée de notables et de propriétaires terriens. Yasser Arafat a tenté d'écarter l'OLP de l'intérieur, il n'y est pas parvenu. C'est elle qui compose, en grande partie, le Tanzim. Dans cette rivalité entre ceux de l'intérieur et ceux de l'extérieur – qui rappelle l'affrontement du FLN en Algérie –, Arafat, totalement tourné vers son positionnement international, le seul qu'il ait connu pendant quarante ans, a toujours considéré comme secondaires les intérêts et les difficultés des Palestiniens de l'intérieur, et en particulier ceux liés à la terre.

Les confiscations des terres pour la construction du mur étaient donc, pour lui, secondaires, d'autant que dans son entourage, nombreux étaient ses conseillers qui estimaient que le mur suivrait la Ligne verte et fixerait ainsi, comme un fait accompli, la frontière entre Israël et Palestine. Pour la direction palestinienne, cette « clôture » constituait donc une reconnaissance de fait par Israël d'une de ses revendications, la référence aux lignes en vigueur avant la guerre de 1967 qu'elle souhaitait voir se transformer, un jour, en frontières. Ils faisaient un parallèle avec la clôture de Gaza dont ils n'ont jamais contesté le tracé.

Les Israéliens ont changé aux yeux du monde, et plus particulièrement à ceux des pays de la région et des Palestiniens. D'abord, ils ne parlent plus l'arabe, ou beaucoup moins. Avant, le soldat de base de Tsahal, celui qui était au contact direct des Arabes, en fait leur seul interlocuteur, venait du Yémen, d'Égypte ou d'Irak, en un mot c'était un sépharade. Avec lui existait la possibilité d'un dialogue, même s'il était agressif. Aujourd'hui, les soldats nés en Israël, et ils le sont quasiment tous, ne parlent pas l'arabe. Pourquoi apprendre la langue honnie de l'ennemi ? Du coup, ne pouvant plus « lire » leurs voisins, leur intelligence du monde palestinien s'en est trouvée affectée. À l'inverse, les Palestiniens, au contact des nécessités du travail, de la lecture des notices de marchandises, de la radio et de la télévision, des discussions avec la force occupante ou même, pour les plus anti-israéliens d'entre eux, de la prison, ont appris l'hébreu et peuvent pénétrer, pour en suivre les évolutions, la société israélienne.

Et puis Israël ne fait plus peur. Le monde arabe a toujours été fasciné, même à son détriment, par la force et l'habileté guerrière des « sionistes ». La guerre d'Indépendance de 1948, les victoires militaires dans tous les conflits israélo-arabes, la puissance et l'efficacité du Mossad et du Amman faisaient qu'Israël était partout, entendait tout et savait tout. Y compris de quel côté du lit dormait Abou Jihad, le n° 2 de l'OLP pour, une nuit, à Tunis, et l'abattre sans blesser son épouse[1]. « Pour être respecté, il faut être riche, fort et méchant », dit un dicton bédouin. Aux yeux des Arabes, Israël était tout cela. Ce n'est plus le cas. La peur qu'inspiraient « les sionistes » est tombée aux pages de l'histoire du Liban et des Intifada. Tsahal a plié sous les coups du Hezbollah et s'est retirée du pays des cèdres. Elle n'est plus invincible. Le soldat israélien peut mourir. Tous les jours, la télévision israélienne le montre, avouant sa peur, révélant ses larmes, criant sa souffrance, sa rage, son impuissance et lançant de vaines menaces.

Israël ne semble pas s'être aperçu de toutes ces transformations. Il continue d'agir comme s'il lui était encore possible, contre l'évidence, de maintenir l'image d'un État martyr tout en écrasant une population civile colonisée et pratiquement désarmée. Mais de son côté, le monde arabe n'a pas plus évolué. Il est toujours porté par la mémoire de la victoire historique. Il est toujours le conquérant légendaire dont l'empire s'étendit un jour de l'Atlantique à l'océan Indien. Il garde toujours la mémoire d'une Andalousie glorieuse et d'une Bagdad des *Mille et une nuits*. Or, aujourd'hui, une entité juive, jadis misérable bouc émissaire, est implantée au Moyen-Orient et fait insulte à la mémoire islamique de la victoire.

Les deux peuples tiennent en haute estime des valeurs contradictoires. Le musulman arabe accorde plus d'importance à son honneur qu'à sa vie. Le juif passe outre au sens de l'honneur et sanctifie la vie. Alors, plutôt que d'exprimer

1. 16 avril 1988 : assassinat à Tunis d'Abou Jihad, chef de la branche militaire du Fatah, l'un des plus proches collaborateurs de Yasser Arafat, par un commando israélien dirigé par Yehud Barak, alors chef des opérations spéciales de Tsahal, depuis un Boeing équipé en poste de commandement.

un repentir pour des atrocités mutuelles, chaque partie attaque l'autre à son point le plus faible : les juifs foulent aux pieds le sens de l'honneur des Arabes et les Arabes réagissent en s'en prenant à la vie des juifs.

Dans le monde arabe

Le monde arabe, qui suit sur les écrans de télévision le quotidien de la situation en Palestine, ressent une profonde injustice et une réelle révolte, plus feutrée dans les palais mais bruyamment exprimée dans la rue. La dégradation de la situation en Irak est en partie lié à ce ressentiment, et les images de l'occupation américaine se superposent parfaitement à celles venant de Gaza ou de Cisjordanie.

Les pays arabes supportent mal l'impression que la communauté internationale fait tout pour cacher les excès des Israéliens, des excès qui finissent par ne plus surprendre. L'humiliation au *check-point* est permanente.

Mais une scission importante voit le jour entre les peuples arabes et leurs dirigeants qui se montrent de plus en plus désunis et impuissants. L'échec du Sommet arabe de Tunis, qui devait se tenir le 28 mars 2004, en fut l'expression caricaturale. C'était la première fois dans les annales de la Ligue arabe, fondée en 1945, qu'un sommet des chefs d'État était reporté parce qu'aucun accord n'avait été possible sur, notamment, la situation des Palestiniens et la réaction à l'assassinat du cheik Ahmad Yassine.

Le secrétaire général de la Ligue arabe, Amr Moussa, qui participait déjà à Tunis aux réunions ministérielles, a estimé que le report du sommet aurait « des conséquences dangereuses sur l'action arabe commune ». À Beyrouth, le chef du Parlement libanais, Nabih Berri, a affirmé que cheikh Ahmad Yassine avait été « assassiné deux fois », une fois par Israël et une autre par le report du sommet. « Les Arabes ont offert à Israël une issue pour sortir de l'impasse. »

Face à la désunion arabe, Israël s'est frotté les mains, en affichant ouvertement sa satisfaction. Le report était un « signe positif » dans la mesure où il montrait que le monde arabe était en train de changer, a déclaré le lendemain à l'AFP un haut responsable à Jérusalem. « C'est un signe positif qui montre que le monde arabe change et que l'hostilité envers Israël ne suffit plus pour constituer un dénominateur commun. »

Parmi les pays arabes, il en est un qui a une position particulière, c'est le Royaume jordanien. Très vite après la création de l'État hébreu, le roi Hussein de Jordanie a eu des contacts secrets avec Tel-Aviv, où il s'est rendu à de nombreuses reprises. La population de ce pays étant à 60 % palestinienne, Amman a tenté, avec obstination, de jouer les médiateurs entre l'OLP et l'État hébreu. Aujourd'hui, après un traité de paix signé avec Tel-Aviv, la Jordanie, toujours sous perfusion américaine, coincée entre l'Irak et Israël, est en première ligne en cas d'affrontement.

L'ancien prince héritier de Jordanie, Hassan ibn Talal, oncle paternel du roi Abdallah II, a affirmé : « La guerre contre le terrorisme, la question de la Palestine, la question de l'Irak, de l'Afghanistan, les armes de destruction massive, l'Iran : c'est un véritable fatras actuellement, et j'ai bien peur que les bases d'une Troisième Guerre mondiale ne soient en train de se mettre en place, devant nos propres yeux[1]. »

Le prince Hassan ibn Talal a regretté que toutes les options actuellement à l'étude par Israël soient des « options sécuritaires », comme de « tuer d'autres leaders palestiniens ou frapper le Liban.

« Nous avons besoin d'un traité de Versailles[2] pour le Proche-Orient, l'intervention de puissances extra-régionales, entre Israéliens et Palestiniens, est indispensable », a-t-il ajouté.

1. Déclaration sur *BBC World Service*, 25 mars 2004.
2. Le traité de Versailles signé en juin 1919 avait mis fin à la Première Guerre mondiale.

Regrettant l'absence d'un partenaire arabe fort et accusant, au passage, les gouvernements arabes d'être « effrayés par leurs propres peuples » et de « perdre tout contact avec la réalité », le frère de l'ancien roi Hussein a également critiqué l'approche sécuritaire de toutes les initiatives dans la région. Que ce soient l'Union européenne, l'OTAN, le G8 ou les pays musulmans, ils sont tous focalisés sur une seule chose, « la sécurité, la sécurité, la sécurité ».

La Jordanie s'inquiète également des répercussions de la construction du mur sur sa propre sécurité. Washington reproche à Amman de mener campagne contre ce mur, tandis que le royaume hachémite affirme que l'attitude américaine sur ce dossier équivaut à un feu orange donné aux Israéliens pour le transfert, à terme, des Palestiniens en Jordanie.

En Occident

Le 8 décembre 2003, par quatre-vingt-dix voix pour, huit contre et soixante-quatorze abstentions, la Xe Session extraordinaire d'urgence de l'Assemblée générale des Nations unies a adopté la résolution A/RES/ES 10/14 qui demande à la Cour internationale de justice de La Haye de rendre, d'urgence, un avis consultatif sur la question suivante : « Quelles sont, en droit, les conséquences de l'édification du mur qu'Israël, puissance occupante, est en train de construire dans le territoire palestinien occupé, y compris à l'intérieur et sur le pourtour de Jérusalem-Est, selon ce qui est exposé dans le rapport du secrétaire général, compte tenu des règles et des principes du droit international, notamment la IVe Convention de Genève de 1949, et les résolutions consacrées à la question par le Conseil de sécurité et l'Assemblée générale ? »

Sept mois plus tard, la Cour a rendu son verdict. Le tracé du mur était totalement illégal. Il devait être détruit. L'image d'Israël s'effritait encore un peu plus.

Cette saisine de la CIJ a été évaluée à sa juste mesure à Tel-Aviv. Anticipant l'avis de la Cour, le ministre de la Justice israélien, Yosef Lapid, met dès le 4 janvier 2004 son gouvernement en garde contre la menace possible de sanctions internationales semblables à celles qu'a connues l'Afrique du Sud, si Israël ne modifie pas le tracé de la « clôture de sécurité ». Ses déclarations auraient suscité de vives réactions de la part du ministre de la Santé Dan Naveh, qui aurait qualifié la proposition de modification du tracé de « dangereuse ». Selon lui, il s'agirait d'un cadeau fait aux « ennemis » d'Israël, c'est-à-dire à ceux qui ont déféré la question devant la Cour internationale de justice.

D'importants débats ont eu lieu au sein de l'administration israélienne pour savoir quelle position politique Tel-Aviv devait adopter face à cette mise en accusation. Certains juristes conseillent alors de récuser simplement la légitimité de la Cour, tandis que d'autres suggèrent de présenter des arguments de fond. Il est à noter que tous proposent d'aborder l'audience en fonction d'objectifs de relations publiques. Le représentant officiel d'Israël devant la Cour – si Tel-Aviv avait décidé d'en envoyer un – aurait été le professeur Daniel Bethlehem, de l'université de Cambridge. Expert en droit international, il a déposé, à de nombreuses reprises, devant la CIJ. Il aurait conseillé le gouvernement israélien sur plusieurs cas, et notamment recommandé de bloquer la nomination d'une commission d'enquête internationale sur le massacre de Jénine au cours de l'opération Bouclier défensif.

Israël ne s'est pas présenté, le 23 février, devant la CIJ. Le cabinet restreint israélien[1] de sécurité qui comprend le ministre de la Défense Shaul Mofaz, le ministre des Affaires étrangères Sylvan Shalom, le vice-Premier ministre Yehud Olmert, et le ministre de la Justice Yossef « Tommy » Lapid, aurait simplement décidé d'envoyer à La Haye un mémorandum contestant la compétence juridique de la Cour. Cette position

1. La pratique du cabinet restreint a été instaurée par Sharon avant la guerre du Liban pour écarter les ministres trop mous ou tièdes.

était indéfendable, tant au regard de l'admissibilité de la demande de l'Assemblée générale que sur le fond de la question. Afin de montrer une position équilibrée, les États occidentaux, même s'ils condamnaient la construction du mur, n'ont pas exposé leur point de vue devant la Cour, sauf la France qui l'a fait par écrit[1]. La Cour de La Haye « n'a pas autorité pour discuter de la barrière de défense contre le terrorisme, dès lors que cela concerne le droit fondamental d'Israël à son autodéfense », a répliqué Tel-Aviv[2], n'hésitant pas à affirmer que « les États-Unis, le Royaume-Uni, l'Union européenne, le Canada, l'Australie ont, tous, contesté la légitimité de la Cour de trancher sur ce sujet ». Pourtant, aucun de ces pays n'avait caché son opposition, les uns au mur lui-même, les autres à son tracé. De leur côté, dix-sept pays, pour la plupart arabes et musulmans, de même que les Palestiniens, la Ligue arabe, l'Organisation de la conférence islamique (OCI), ont en revanche estimé que la question était bien du ressort de la Cour de La Haye.

Israël, cherchant à anticiper une condamnation qu'il qualifiait d'« automatique », annonça donc une modification du tracé « plus à l'ouest ». Selon Dov Weisglass, directeur de cabinet d'Ariel Sharon, cheville ouvrière du comité de réponse à la Cour, la longueur du tracé serait « ramenée de 700 à 600 kilomètres » et « une partie des boucles englobant des colonies supprimées ». Plus surréalistes, des responsables du ministère des Affaires étrangères proposèrent de repeindre les murs existants (régions de Tulkarem, Qalqiliya, Abou Dis) pour les « humaniser ».

Le Premier ministre Ariel Sharon, quant à lui, qualifia les délibérations de la Cour internationale de Justice de « cirque de l'hypocrisie[3] ». « Une campagne hypocrite se déroule ces jours-ci au cirque international de La Haye. [...] Ce qui se passe à La Haye est une tentative de priver Israël de son droit élémentaire à se défendre, mais nous ne céderons pas.

1. *Cf.* Annexes.
2. Communiqué officiel.
3. Interview du quotidien *Yediot Aharonot.*

Israël construira la clôture de sécurité et la finira comme en a décidé le gouvernement. » Le Premier ministre risque fort d'être obligé de changer d'attitude. Le 19 août 2004, le conseiller juridique du gouvernement israélien, Menechem Mazouz, a recommandé avec insistance à Sharon de redessiner le tracé du mur. « L'avis de la CIJ crée un environnement juridique international qui pourrait servir de prétexte à des mesures pouvant aller jusqu'à des sanctions contre Israël dans différents forums. » L'Assemblée générale de l'Onu a adopté une résolution faisant écho au jugement de la CIJ. La Cour suprême israélienne a, elle, posé des questions directes à Sharon en lui demandant des explications.

Chirac, quelques jours auparavant, avait précisé la position de la France dans les colonnes d'*Yediot Aharonot* : « Si Israël estime qu'une barrière peut-être techniquement efficace, il faut néanmoins quelle soit juridiquement acceptable. Son tracé actuel n'est pas conforme au droit international. Israël a le droit d'exercer sa légitime défense et sa sécurité. Mais le tracé choisi, éloigné de la Ligne verte, dépossède des milliers de Palestiniens de leurs terres et rend la vie encore plus dure à un peuple qui souffre déjà tant au quotidien. J'ai le sentiment que la construction de cette barrière, selon ce tracé, créera de nouvelles frustrations et davantage de colère, et qu'elle compromettra la solution de deux États qui fait l'objet d'un consensus international. »

Estompée sur la plupart des cartes officielles, la Ligne verte n'a pas pour autant disparu de la mémoire des Européens. Ces derniers ont mené, pendant plusieurs années, une bataille afin que les produits provenant des colonies israéliennes dans les territoires palestiniens soient signalés à l'exportation, de manière à ce qu'ils ne bénéficient pas des allégements fiscaux consentis par l'UE à Israël. Tel-Aviv a fini par céder. Les discussions étaient importantes pour Israël dont les exportations vers l'Europe « pèsent » 7 milliards de dollars US, c'est-à-dire un tiers de leur totalité. Le ministre de l'Industrie et du Commerce, Yehud Olmert, s'y est engagé auprès de Pascal Lamy, commissaire européen au Commerce. Cet accord mettait fin à une polémique de près de cinq ans qui obérait l'accord d'association d'Israël avec l'Europe. En 2002, selon les services de Yehud Olmert, « quatre mille dossiers d'enquête » ont été ouverts à l'encontre d'exportateurs israéliens, dans le but de connaître la provenance de leurs marchandises.

Cette mesure a soulevé un tollé dans les milieux de la droite israélienne. Cette acceptation de nature « politique » des frontières de l'État « n'a même pas été le fait des gouvernements de gauche », s'est indigné un industriel de la région de Barkan, en Cisjordanie. De fait, en excluant les productions des colonies situées en Cisjordanie de la production israélienne, l'Europe a fait reconnaître, par Tel-Aviv, l'existence d'une frontière dressée entre l'État hébreu et l'entité palestinienne.

Pourtant, plus le Proche-Orient s'enfonce dans le désastre, moins l'Union européenne semble désireuse d'intervenir. Encore meurtrie des divisions nées de la guerre d'Irak, elle redoute de prendre l'initiative, d'autant que depuis le premier mai 2004, elle est passée à vingt-cinq membres. Les quinze prochaines années seront consacrées en priorité à parfaire cet élargissement. Les Nations unies sont handicapées par la menace du veto américain dès qu'il s'agit de faire pression sur Israël, et la Russie qui n'a plus les moyens de mener une politique de grande puissance accorde une attention moindre au conflit israélo-arabe.

L'indéfectible allié américain

Le soutien américain permanent fait des Israéliens les exécutants d'une expérimentation de guerre asymétrique du fort contre le faible. Washington y met l'énergie naguère destinée à défendre Israël, lorsqu'il était en position de faiblesse. D'ailleurs, l'appui des États-Unis est ainsi conçu qu'il fait obligation à Tel-Aviv de mimer, à chaque instant, la faiblesse pour en bénéficier. Tous les ans, Washington donne à l'État hébreu 2 milliards de dollars d'aide économique et 1,8 milliards de dollars d'aide militaire. Vingt-quatre heures avant de quitter la Maison Blanche, Bill Clinton a fait signer par son administration un accord avec Tel-Aviv, prévoyant un renforcement de l'aide militaire de 60 millions de dollars par an devant atteindre un total de 2,4 milliards de dollars par an en 2008 (soit 550 euros par an et par Israélien, bébés compris).

Depuis 1976, Israël est le principal bénéficiaire de l'aide étrangère annuelle des États-Unis. C'est le pays qui a reçu l'assistance cumulée la plus importante de Washington depuis la Seconde Guerre mondiale, où le militaire se taille la part du lion [d'après un rapport publié récemment par le service de recherche du Congrès]. Pour l'année budgétaire en cours, l'administration du président George W. Bush a demandé 2,04 milliards de dollars d'aide militaire, 720 millions d'assistance économique et 60 millions pour l'installation des immigrants. Rappelons que, par ailleurs, depuis un accord de 1983, les États-Unis et Israël collaborent dans différents secteurs militaires, avec manœuvres communes et mises au point d'armes.

Washington a ainsi fourni à Israël 625 millions de dollars pour développer et déployer le missile antimissile Arrow, 1,3 milliards pour la mise au point de l'avion Lavi, 200 millions pour construire le char d'assaut Merkava, 130 millions de dollars pour réaliser un système laser antimissile, etc.

Les États-Unis sont également le premier partenaire économique d'Israël. Durant l'année 2000, les exportations américaines vers ce pays, outre le blé et l'automobile, ont principalement consisté en matériels électroniques, pièces d'avions et autres équipements militaires.

L'idée qu'un lobby proisraélien, l'American Israel Public Affairs Committee (AIPAC), soit très actif dans les corridors du Congrès et oriente la politique américaine au Proche-Orient, est largement dépassé. On n'en est plus là. Car l'ensemble des milieux dirigeants américains – la Maison Blanche, le Congrès, les deux principaux partis, la presse, le cinéma – a construit et consolidé un système proisraélien à ce point ancré dans les mentalités qu'une défaite de sa part est devenue quasi inconcevable.

Le 11 juin 2003, alors que semblait s'enclencher un nouveau processus de paix, Georges Bush s'est déclaré « troublé » par les attaques israéliennes, la veille, contre un dirigeant du Hamas. L'AIPAC a dénoncé sur le champ « l'impartialité mal calculée » du président américain. Ce type de terrorisme intellectuel n'est pas nouveau. En 1982 et 1983, deux parlementaires républicains de l'Illinois, Paul Findley et Charles Percy, avaient osé, l'un rencontrer Yasser Arafat, l'autre approuver la vente d'avions de reconnaissance Awacs à l'Arabie Saoudite. L'AIPAC finança massivement la campagne de leurs adversaires et ils perdirent leur siège. Un prince saoudien avait offert 10 millions de dollars à la Ville de New York après les attentats contre le World Trade Center. Il s'est vu retourner son don par le maire républicain Rudolf Giuliani, au seul motif que sa contribution était assortie d'une critique de la politique américaine au Proche-Orient. Les dirigeants fondamentalistes protestants décrivent l'islam comme « diabolique et tordu ». La venue d'un Messie, prélude à la conversion ou a l'extermination des juifs, ne formalise pas Abraham Foxman, directeur national de l'Anti-Defamation League. Il explique : « Les juifs américains ne doivent pas s'excuser quand ils s'attachent à conforter le soutien de la droite chrétienne à Israël. Israël assiégé en a besoin. Et ce soutien est à la fois énorme, constant et inconditionnel. » Quand George Bush a avancé d'un millimètre dans le sens de possibles concessions du gouvernement israélien, le directeur éditorial du *Wall Street Journal*, les intellectuels néoconservateurs William Kristol et Robert Kagan, l'ancien Premier ministre israélien Binyamin Netanyahu, omniprésent à la télévision américaine, et le sénateur démocrate candidat à la Maison Blanche, lui ont reproché aussitôt sa perte de « clarté morale ». Faucon parmi les faucons, Paul Wolfowitz a réussi a se faire huer, à Washington, par une foule proisraélienne. Succédant à Mme Clinton, à la tribune, il avait eu le malheur d'évoquer la nécessité d'un État pour les Palestiniens.

Le 24 juin 2002, Bush avait développé la « vision » de deux États, Israël et la Palestine, installés côte à côte en Terre sainte. Depuis, les États-Unis se sont repliés sur une prudente réserve à mesure que s'approchait l'élection présidentielle de novembre 2004, jusqu'au changement radical d'orientation annoncé le 14 avril 2004 par George W. Bush.

Tout le monde savait, les Palestiniens les premiers, que l'on ne reviendrait pas à la Ligne verte, celle du cessez-le-feu intervenu en 1948 entre Israël et les États arabes. Depuis 1967, 200 000 Israéliens se sont installés dans la partie est de Jérusalem et alentour, 230 000 en Cisjordanie et 7 000 à Gaza.

Si un État palestinien devait voir le jour à côté d'Israël, il serait amputé d'une partie du territoire de la Cisjordanie : les 5 %, environ, qui correspondent aux blocs de colonies israéliennes les plus denses, le long de la Ligne verte. Israéliens et Palestiniens en convenaient. Mais ce devait être le résultat de la négociation.

Le président américain a, le 14 avril, pris fait et cause pour Israël. Dans un échange de lettres consécutif à sa rencontre à Washington avec le Premier ministre israélien, Ariel Sharon, Bush préjuge du résultat d'une éventuelle négociation en adoptant, avant celle-ci, le point de vue de la partie israélienne. Que les colonies soient illégales pour l'Onu n'est plus pris en compte ; elles ont créé un fait accompli que les États-Unis reconnaissent.

Le président américain n'a même pas considéré le principe d'une contrepartie territoriale, comme cela avait été envisagé sous son prédécesseur à Camp David, en 2000, et à Taba en 2001. Il a totalement appuyé la ligne de Sharon : en échange du retrait de Gaza, les Palestiniens doivent accepter de perdre, sans rien en retour, une partie de la Cisjordanie.

M. Bush avait déjà accepté de considérer que Yasser Arafat n'était pas un interlocuteur légitime, comme le demandait Sharon. Il aurait exigé, à la suite du Premier ministre israélien, que les Palestiniens acceptent, avant même une négociation, de limiter leurs ambitions. Le dialogue israélo-palestinien se trouvait donc totalement impossible, comme le souhaitait Sharon, qui avait dès lors les mains libres.

L'administration Bush impute aux dirigeants palestiniens, et en premier lieu à Yasser Arafat, l'échec du processus soutenu par l'Union européenne, la Russie et les Nations unies, mais resté lettre morte. « Quand la personne est plus grande que les institutions, le gouvernement échoue. Quand les institutions sont plus grandes que les gens, alors, il peut y avoir continuité, réponse aux aspirations et paix », a expliqué le président américain. En attendant, les États-Unis ont négocié avec Israël.

Pour de nombreux commentateurs américains, la raison principale qui a poussé Bush à entériner le plan Sharon est électorale. Depuis son entrée à la Maison Blanche, il cherche à reconquérir une partie du vote des juifs américains. En 2000, il n'avait reçu que 19 % des votes de la communauté juive qui penche traditionnellement pour les démocrates. Ronald Reagan, lui, en avait conquis 38 % en 1980. Les stratèges républicains espèrent gagner quelques dizaines de milliers d'électeurs juifs, qui pourraient faire la différence dans des États disputés comme la Floride, l'Ohio ou la Pennsylvanie. Les principales organisations juives du pays ont, d'ailleurs, salué le soutien de Bush à Sharon.

Le secrétaire général des Nations unies, Kofi Annan, a immédiatement rappelé les règles du droit international en prenant sèchement le contre-pied de George W. Bush : « Le sort des Palestiniens, chassés de leur terre en 1948, ne pourra être déterminé qu'à l'issue de négociations entre les différentes parties sur la base des résolutions du Conseil de sécurité », déclare-t-il moins de 24 heures après l'intervention du président américain, avant d'ajouter : « Il convient de s'abstenir de toute prise de position qui ne tiendrait pas compte de ces négociations. »

En épousant sans nuance le plan Sharon, les États-Unis ont perdu toute crédibilité en tant qu'intermédiaires entre Israéliens et Palestiniens.

Aucun gouvernement américain n'a voulu exercer de pressions asymétriques sur les Israéliens en exigeant d'eux plus de concessions stratégiques qu'il n'en était demandées aux Palestiniens. Or cette asymétrie compensatoire est indispensable car les Palestiniens ne peuvent plus rien céder sans mourir en tant qu'État avant même d'être nés. Tous les processus de paix bilatéraux sous médiation américaine ont échoué : Oslo I (septembre 1993) ; Oslo II (mai 1995) ; Hébron (janvier 1997) ; Wye Plantation (octobre 1998) ; Paris-Charm el-Cheikh (septembre 1999) ; Camp David (juillet 2000). Aucun accord, lorsqu'il a eu lieu, n'a eu d'application de bonne fois de la part d'Israël. L'échec de la négociation ne vient pas d'un irrédentisme palestinien mais du fait que, malgré leur supériorité écrasante, les Israéliens ont toujours violé et remis en cause les conventions qu'ils avaient eux-mêmes conclues en les transformant, avec l'aval des États-Unis et après signature, en accords conditionnels.

L'Onu

Le 27 mars 2003, John Dugard, de la Commission des droits de l'homme de l'Onu, a affirmé que l'édification de la barrière équivalait à une annexion *de facto* de secteurs de la Cisjordanie. Sept mois plus tard, le 1er octobre 2003, l'Onu confirmait, dans un rapport[1] rendu public le mardi 30 septembre, à Genève, que l'édification par Israël d'une « ligne de sécurité » le long de la Cisjordanie aboutissait à une annexion illégale d'une partie des territoires palestiniens. Le document soulignait que le mur ferait ainsi passer en territoire israélien des « parties importantes » de la Cisjordanie, notamment du fait de l'incorporation des colonies juives installées. « Considérée comme une conquête, en droit international », cette annexion de fait « est interdite par la Charte des Nations unies et par la IVe convention de Genève » sur la protection des

1. Rédigé par John Dugard, rapporteur spécial de l'Onu sur les droits humains dans les territoires palestiniens.

civils en temps de guerre, affirme le texte. « Il est temps de dénoncer le mur comme un acte illégal d'annexion de la même manière que l'annexion de Jérusalem-Est et des hauteurs du Golan par Israël a été dénoncée comme illégale. » John Dugard appelait également la communauté internationale à ne pas reconnaître le « contrôle, par Israël, du territoire palestinien englobé par le mur ».

L'ambassadeur d'Israël auprès de l'Onu à Genève, Yaakov Levy, réagit immédiatement à cette publication en accusant M. Dugard « d'avoir produit un rapport partial et hautement politisé ». Selon lui, ce rapport ne prenait pas en compte « la violence persistante contre les civils israéliens ». Ces circonstances légitimaient la construction du mur de sécurité, une construction « proportionnelle à la menace et relevant du droit [d'Israël] à l'autodéfense ». Israël, seul pays au monde né d'une résolution des Nations unies, rejetait encore une fois les conclusions des mêmes Nations unies. Tel-Aviv a toujours mené de violentes attaques contre les prises de position de cette organisation, lui reprochant systématiquement de « faire de la politique », comme si le dossier israélo-palestinien n'en était pas lui-même !

Auteur d'un rapport accablant sur la politique israélienne dans les territoires occupés, Jean Ziegler a été accusé par Tel-Aviv, en septembre 2002, d'avoir rédigé un texte « hautement politisé » qui n'a « rien à avoir avec son mandat ». Conscients, toutefois, de l'indépendance des rapporteurs spéciaux, les Israéliens ont surtout reproché à Jean Ziegler d'avoir communiqué son rapport à la presse « avant même qu'Israël ne puisse en prendre officiellement connaissance ». Pour l'anecdote, Jean Ziegler était le premier rapporteur spécial de l'Onu invité par les autorités israéliennes et admis dans les territoires occupés. « Le comportement de Jean Ziegler porte un coup très dur à nos relations avec l'Onu déjà extrêmement précaires », a expliqué le numéro deux de la mission israélienne, Tuvia Israeli, qui trouve le « silence » de M. Ziegler sur la « corruption rampante » au sein de l'Autorité palestinienne « inacceptable ». « Nous l'avons nous-mêmes invité, dit-il, alors que nous avions refusé de recevoir, en avril, le haut-commissaire Sergio Vieira de Mello. Nous avons pris des rendez-vous pour lui avec nos autorités politiques et militaires au plus haut niveau, nous avons tout fait pour l'aider dans son travail, et tout ce qu'il trouve à faire est d'en abuser. » Il laissait entendre par là que le rapporteur étant ainsi accueilli aurait du épouser les thèses de ses hôtes…

En privé, les Onusiens expriment leur frustration d'avoir « gaspillé une occasion en or » de coopération avec le gouvernement israélien. Ils regrettent le fait que M. Ziegler, « emporté par son indignation », n'ait pas respecté les procédures, ce qui, notent-ils, « risque de noyer les conclusions de son propre rapport » qui, par ailleurs, est loué par les organisations non gouvernementales.

« Je n'ai fait que mon devoir de rapporteur, se justifie Jean Ziegler. Je suis allé dans les Territoires occupés, et j'ai constaté une catastrophe humanitaire effroyable qui se passe dans le silence et qui s'aggrave chaque jour à cause des mesures d'occupation. » Il souligne la prérogative des rapporteurs spéciaux qui est de « recueillir les observations de la société civile dès que le rapport est soumis à la CDH » qui, insiste-t-il, « n'a aucun droit de regard sur le contenu du rapport et a l'obligation de le transmettre aux pays concernés en quelques heures ».

Le rapport de vingt-cinq pages était accablant pour Israël : violations du droit à l'alimentation et des droits de l'homme, « scandale » de la construction du « mur de l'apartheid », dépossession des terres et des sources d'eau, « humiliations » et déportations de Palestiniens. Tout en reconnaissant le droit des Israéliens à vivre en sécurité, Jean Ziegler ne prenait pas de gants pour dénoncer « la stratégie de bantoustanisation » de la Palestine par l'État hébreu. Pour lui, les mesures israéliennes étaient « totalement disproportionnées » et reviennaient à une « punition collective » du peuple palestinien.

Cette méthode de contestation sur la forme est devenue systématique de la part du gouvernement israélien. Elle permet de tenter de détourner l'attention du fond que Tel-Aviv ne conteste, en général, jamais. Cela a été le cas du texte de Jean Ziegler, des attendus de la décision de la CIJ, comme de tous les textes concernant les exactions israéliennes rédigés et adoptés par les différents organismes des Nations unies.

Chapitre VI

Les conséquences

Pour Israël

En dépit des apparences, le mur divise profondément Israël. Les divergences d'opinion concernent le tracé emprunté, l'avenir des colonies et la portée politique de cette barrière. Des failles de plus en plus profondes se creusent, à peine dissimulées par le mur. L'unité israélienne n'est que de façade. Rien ne permet d'affirmer que la fièvre ultranationaliste que le mur met au premier plan puisse effacer l'immense aspiration à la normalisation d'une population qui rêve bien plus de consommer en paix que de faire la guerre pour sauver des colons. Rien ne prouve que l'affrontement avec les Arabes deviendra le ciment d'une « mosaïque » d'immigrations successives, bousculée par la mondialisation, déchirée par ses querelles internes : juifs et Arabes, laïques et religieux, ashkénazes et sépharades, rabbinats différents, tous de plus en plus orphelins d'idéal.

Le gouvernement d'Ariel Sharon est soutenu par une partie de cette « mosaïque » : une coalition de « Sov », de Sépharades et d'ultra orthodoxes. Ces groupes disparates n'ont vraiment rien en commun, si ce n'est leur hostilité envers toute forme de solution que les Palestiniens pourraient trouver équitable. Les « Sov » considèrent avec mépris les sépharades – principalement des Marocains, des Éthiopiens, des Irakiens et des Yéménites ; les juifs orthodoxes méprisent aussi bien les sépharades que les « Sov ». Et tous ces groupes haïssent les Arabes israéliens et les Palestiniens. Ensemble, ces communautés ont assuré l'élection d'Ariel Sharon – qui n'est pas le membre le plus jusqu'au-boutiste de la coalition au pouvoir.

Le cas des « Sov » est particulièrement révélateur des nuages qui s'amoncèlent sur Israël. La plupart de ces nouveaux arrivants sont tout sauf idéalistes, et ils reconnaissent être venus en Israël poussés par la nécessité économique. Parmi les Russes qui voulaient émigrer, les plus évolués sont repartis très vite vers les États-Unis, l'Europe occidentale et même la Russie, où l'avenir économique s'annonce séduisant. Pour devenir Israéliens, en vertu de la loi du retour, ils doivent prouver qu'ils ont au moins un grand-parent juif. Dans la plupart des villes de l'ex-Union soviétique, de tels papiers s'achètent aisément. Le million de Russes émigrés en Israël constitue un sixième de sa population. Marqués par des générations de dictature soviétique, ils ne connaissent que peu de chose d'Israël et absolument rien des Arabes. En revanche, ils ont amené avec eux un racisme très soviétique. Autrefois, ils détestaient les « Culs noirs » d'Asie centrale ou de Transcaucasie, leur haine s'est reportée sur les Palestiniens et les musulmans des pays qui entourent Israël. Ils ont aussi importé la culture de la force et de l'arbitraire qui a été celle de l'URSS après la Seconde Guerre mondiale. Les seuls « Sov » à avoir des contacts au quotidien avec les Palestiniens sont des mafieux qui trafiquent des voitures volées et passent en contrebande des armes vers la Cisjordanie et la bande de Gaza. Armes échangées contre de la drogue par des soldats israéliens. La police et les renseignements militaires israéliens ont une série de dossiers très secrets sur le sujet.

En Israël, les « Sov » ont leurs propres chaînes de télévision, locales ou captées depuis Moscou, leurs propres journaux. Ils se sont installés dans les cités-dortoirs qui jalonnent la grande route entre Jérusalem et Tel-Aviv. Dans de nombreuses régions d'Israël, on parle le russe bien plus couramment que l'hébreu ou l'anglais. Ce n'est généralement pas la religion qui motive les Sov. La plupart déclarent, d'ailleurs, ne pas en avoir.

Sharon doit compter également avec la montée de mouvements extrémistes. Le dernier en date a menacé de détruire le dôme de l'Esplanade et la mosquée Al-Aqsa, troisième lieu saint de l'islam. D'autres signent leurs agressions du nom de « Vengeance de Dieu » ou de « Combattants du royaume de Judée ». Depuis plus d'un an ces bandes armées secrètes de colons juifs terrorisent la population palestinienne de Cisjordanie. Au département des extrémistes juifs du Shin Beth, ils étaient fichés sous le nom de « bande de Halhoul », du nom du petit village arabe proche de Hébron où cette organisation terroriste s'était manifestée la première fois. Depuis, cette « bande » s'est constitué une véritable armée secrète. La police israélienne a arrêté, fin avril 2004, six colons qui dissimulaient une charge explosive dans une école de jeunes filles palestiniennes à Jérusalem-Est. L'horrible carnage, évité de justesse, a provoqué un déluge de condamnations de la part des leaders politiques israéliens, qu'ils soient de gauche ou de droite. Cette armée secrète compte dans ses rangs un expert en explosifs issu de l'armée et deux personnalités connues : Noam Federman, porte-parole du mouvement illégal de feu le rabbin Kahana, et Menashe Levinger, fils du rabbin qui était, en 1968, à la tête des premiers colons installés à Hébron. Déjà, en 1982, le Shin Beth avait démantelé un premier réseau clandestin de colons, le « Makhteret » dirigé par un commandant de l'IDF et un rabbin messianique. Le groupe avait tenté de faire sauter la mosquée d'Al-Aqsa dans le dessein de faciliter la construction du Troisième Temple, prélude nécessaire au retour du Messie. Désavoués par une majorité d'Israéliens, les colons activistes ont pourtant un allié de taille : le général (de réserve) Effi Eytam, ministre sans portefeuille du gouvernement Sharon. Cet officier, qui a abandonné l'uniforme pour prendre la tête du parti national religieux d'extrême droite, prônait ouvertement le transfert de la population palestinienne en Jordanie avant son entrée dans l'équipe ministérielle. Ils peuvent aussi compter sur le soutien de certains rabbins extrémistes, comme le rabbin Dov Lior de Hébron, qui a salué l'action de Baruch Goldstein, l'auteur du massacre du tombeau des Patriarches, et celle de Yigal Amir, l'assassin d'Yitzhak Rabin. Il aura fallu attendre trois ans et la menace de démission du chef du Shin Beth de l'époque, Avraham Ahitouv, pour que Shamir autorise la sécurité intérieure à démanteler le réseau du « Makhteret ». Ce type de groupuscule très actif pourrait constituer, à terme, une armée secrète de type OAS qui pourrait entraîner Israël dans la guerre civile.

La sécurité et l'identité ont toujours été les deux grands axes de la pensée israélienne. La première n'a jamais été garantie. Aujourd'hui, la seconde est, elle aussi, sérieusement compromise.

Contexte social

« La majorité des Israéliens ne savent pas ce qui se passe militairement et socialement dans les territoires. Lorsque je rencontre des juifs et que je le leur raconte, ils sont totalement incrédules », affirme le nonce apostolique. En fait, les Israéliens ne veulent pas savoir, de même qu'ils ne veulent pas connaître les détails de la construction du mur, ce qui fait bondir Shulamit Aloni[1], ancienne ministre de la Culture. « Nous n'avons pas accepté que les Allemands disent : "Nous ne savions pas", et cela nous a, à juste titre, rendu furieux. Ils ne voulaient tout simplement pas savoir. Ils étaient derrière le Führer et ils admiraient leur armée. Chez nous aussi, les gens ne savent pas et ne veulent pas savoir », affirme-t-elle. « Ce qu'ils savent, c'est qu'ils doivent se montrer patriotes. Et quoi de plus patriotique qu'une guerre ? Et on hisse le drapeau dans les écoles. Et on apprend l'hymne national. Il y a même

1. *Yediot Aharonot*, 18 mars 2004.

Limor Livnat[1] qui a proposé d'inscrire sur les murs des classes : *Elohim yaazor lanou* (« Dieu nous viendra en aide »). Ne sait-elle pas que sur le ceinturon des soldats nazis, il était inscrit : "Dieu est avec nous" ? »

Pendant la première Intifada, une bonne partie du peuple israélien, en majorité de gauche, partageait les revendications palestiniennes. Mais les attentats kamikazes ont tout fait basculer. Les Israéliens, à l'instar de toute personne sensée, n'ont pu accepter les kamikazes. Tout comme, de l'autre côté, personne n'a pu accepter les destructions de maisons et les punitions collectives. La société civile israélienne est très déprimée. Personne ne sort, sauf chez des amis. Le journal télévisé ne parle que de violence depuis trois ans. L'opinion publique sait pertinemment que l'assassinat de Yassine a été perpétré pour permettre à Ariel Sharon de se maintenir à la tête de son parti, le Likoud, devenu extrêmement critique sur son action, mais aucune voix israélienne ne s'est élevée. La politique consiste, théoriquement, en la gestion du futur. En Israël, aujourd'hui, la vie politique se résume au « dernier coup », à la semaine dernière et à ce qui va se passer la semaine prochaine. Le futur n'existe pas et le passé immédiat n'existe plus. Seuls les slogans réducteurs vivent. Les journaux, la télévision, la radio se concentrent sur cette parcelle de quinze jours. Il n'y a pas de mémoire politique en dehors de ces deux semaines. Les leaders n'ont pas de projets politiques. Pourtant, au-delà des problèmes immédiats, c'est tout l'avenir de la société israélienne qui est en cause.

La croissance économique caracolait à 6 % dans la première moitié des années 1990. La bulle informatique était l'une des plus puissantes du monde, elle est tombée à 4,7 % en 2000, à 2,7 % en 2001 et elle est passée en dessous de 1 % en 2003. Les investissements étrangers et ceux de la diaspora ont baissé en trois ans de près de 92 %.

1. Ministre de l'Éducation dans le gouvernement Sharon.

Le tourisme a plongé de 90 %, entraînant un chômage considérable.

Ariel Sharon doit, de surcroît, faire face à un phénomène nouveau : la remise en cause interne des mythes du sionisme. De nouveaux historiens – Benny Morris, Avi Shlaïm, Ilan Pappé ou Tom Ségev –, documents et témoignages à l'appui, recomposent l'histoire de la création de l'État hébreu de manière bien différente de celle des livres d'histoire. Le pionnier bâtisseur de kibboutz y est remplacé par un soldat sans pitié, souvent raciste, parfois pillard. Les massacres de populations arabes, comme à Deir Yassine, les convois d'habitants chassés de chez eux et poussés sur les routes de l'exil forcé, comme à Eilaboun, les pillages, les exécutions sommaires de prisonniers sont décrits avec précision[1]. Ce qui s'appelait récemment « épuration ethnique » en Bosnie ou au Kosovo, avait eu lieu durant l'opération Hiram et la guerre d'indépendance d'Israël de 1948.

Parallèlement, l'idéologie sioniste elle-même s'est vidée de son contenu. Elle est devenue un simple mouvement colonial qui s'appuie sur une religion. Les jeunes partent, de plus en plus nombreux, pour aller s'installer dans des pays occidentaux afin de fuir l'armée.

Mordehai Gil, quinquagénaire vivant non loin de Jérusalem, a déposé un dossier auprès de l'ambassade de Pologne à Tel-Aviv, 5 mois avant la date officielle de l'élargissement de l'Union européenne. Comme lui, des centaines d'Israéliens se sont rués vers les passeports des futurs pays membres. « J'aime Israël et je ne compte pas en partir, mais avec la situation actuelle, on ne peut pas savoir de quoi demain sera fait. Pourquoi ne pas profiter des avantages de l'Union européenne ? Cela ne peut faire de mal à personne[2] », a reconnu Mordehai Gil.

Depuis des années, cette course au passeport stimule les imaginations. Avant la création de l'État hébreu, nombre

1. Voir page 71.
2. Témoignage publié le 11 mars 2004 dans *Yediot Aharonot*.

de réfugiés juifs cherchant à gagner la Palestine avaient été refoulés par la puissance mandataire de l'époque, la Grande-Bretagne, vers des camps de transit sur Chypre, où ils avaient obtenu des titres provisoires de résidents. Chypre devant adhérer à l'UE, certains Israéliens s'en sont souvenus pour demander la « nationalité » chypriote. La plupart des Israéliens se tournent vers les consulats de leur pays d'origine, parce qu'eux-mêmes, ou plus souvent leurs parents, y sont nés : Pologne, République tchèque, Hongrie, Lituanie, et même Roumanie et Bulgarie, qui devraient, quant à elles, intégrer l'UE dans trois ans. Plus de 700 000 Israéliens seraient ainsi concernés par l'élargissement de l'UE.[1]

Actuellement, 330 000 citoyens israéliens disposent déjà d'un second passeport émis par un État membre de l'Union ; une majorité de binationaux israélo-allemands, mais aussi beaucoup d'israélo-français. La ruée vers ces nouveaux passeports européens souligne au crayon gras l'ambivalence des sentiments en Israël vis-à-vis d'une Union européenne régulièrement décriée, par ailleurs, par les politiques et dans la presse hébraïque. 75 % des Israéliens[2] jugent insuffisantes les réponses apportées, en Europe, à la multiplication des actes antisémites et estiment prioritaire la relation avec le puissant allié américain, aux dépens d'une UE jugée trop sensible aux thèses palestiniennes. Dans le même temps, 85 %, se déclarent « favorables » ou « plutôt favorables » à la candidature d'Israël à l'Union, et 90 % considèrent « importantes » les relations d'Israël avec elle. Pour de nombreux observateurs, ces chiffres révèlent que les Israéliens adhèrent en apparence seulement aux campagnes de manipulation effectuées régulièrement par l'Agence juive contre l'Europe, et particulièrement contre la France, pays de destination de bon nombre d'Israéliens qui quittent définitivement Israël.

---

1. Sondage réalisé par l'institut DAHAF à la demande de la Commission européenne, décembre 2003.
2. *Ibid.*

Contexte moral

Le mur est un repère physique qui s'accompagne de perte de repères moraux, affirme Shalamit Aloni, l'ancienne ministre de la Culture[1].

« Notre société est rongée par l'insensibilisation et par l'exaltation de la force. Je suis effrayée par notre effondrement moral. Je suis effrayée par notre arrogance et par la facilité avec laquelle nous tuons et assassinons des Palestiniens. Je suis effrayée de ce que l'on a pu arracher quatre mille oliviers dans les territoires sans que cela provoque de remous. Notre insensibilité morale absolue découle de notre domination. Quand le général [Amos] Yadlin, qui dirige le Collège de la sécurité nationale, écrit un article dans lequel il juge moral de tuer des femmes et des enfants lors de nos liquidations ciblées, et quand quelqu'un comme le professeur Assa Kasher[2] soutient cette position, il y a un problème. On retient des Arabes israéliens à l'aéroport international et on casse leurs bagages ; il est de plus en plus courant de retarder des militants de gauche pour les forcer à se taire. Que nous arrive-t-il ? Les gens se taisent pour ne pas avoir d'ennuis. Il y a ici des phénomènes dont il y a lieu de s'inquiéter. Pourquoi n'a-t-on pas ouvert d'enquête après la mort de la manifestante américaine Rachel Corey[3] ? Pourquoi n'enquête-t-on pas sur les soldats qui abattent des journalistes ? L'armée utilise des tireurs d'élite qui s'exercent en tirant sur des Arabes. L'effondrement moral de notre société est la conséquence directe de ce qui se passe dans les territoires. Nous sommes responsables du sang juif versé.

« Dans *Yediot Aharonot*, Nahum Barnéa a, un jour, cité Sharon : "Le sang juif est le ciment le plus efficace pour main-

---

1. Le 18 mars 2004, *Yediot Aharonot.*
2. Philosophe à l'université de Tel-Aviv.
3. Rachel Corey a été écrasée par un buldozzer de l'armée israélienne alors qu'elle tentait, avec d'autres manifestants juifs américains, de s'opposer à la destruction de maisons palestiniennes.

tenir le consensus national. Quand le terrorisme diminue, les interrogations apparaissent, les critiques se font entendre et l'amertume grandit. Lorsque la terreur ne s'exerce pas, notre société se relâche et perd son panache." Je vous le demande, n'était-il pas évident que nos opérations brutales dans la bande de Gaza ne pouvaient entraîner que des représailles ? Tout le monde savait qu'il y aurait une réaction. Alors, qui est responsable du sang juif ? Nous-mêmes. Nous mobilisons toute la force dont nous disposons. Ils font régner la terreur et nous la leur rendons au centuple. Notre stratégie est une stratégie de la force, pas de la détente. [...] Il y a chez nous un véritable culte de l'armée, comme si l'armée était une valeur en soi, la clé de notre union et de notre existence. Dans ce pays, ce n'est pas l'État qui a son armée, mais l'armée qui a son État.

« Depuis 37 ans, la paranoïa juive fait l'objet d'un lavage de cerveau. On nous dit qu'on veut nous exterminer. Qui ça, "on" ? Nous sommes en paix avec l'Égypte et avec la Jordanie, et ces deux pays ne nous menacent plus. Et les Palestiniens, ils vont peut-être nous jeter à la mer ? La guerre actuelle n'est pas une guerre de survie mais une guerre coloniale.

« Dans un État moralement perverti et dans un pays où l'on fait accoucher les Palestiniennes sur le bord de la route, on devrait être fier de nos objecteurs de conscience plutôt que des les attaquer. [...] Dans le monde entier, on réprouve le nationalisme. Chez nous, on en fait un étendard. Tous les partis politiques sont fautifs. Il y a un tel attrait pour le pouvoir qu'à gauche, on croit que le pouvoir sera reconquis en épousant l'esprit de la droite. »

Nourit Peled-Elhanan, la fille du général Peled, une des grandes figures disparues du « camp de la paix », tient Binyamin Netanyahu pour responsable de la mort de sa fille Smadar, tuée à 13 ans dans un attentat-suicide, en 1997[1]. Recevant, au Parlement européen, le prix Sakharov en même temps que l'écrivain palestinien Izzat Ghassawi, elle s'est adressée à Ariel Sharon : « Dylan Thomas a écrit un poème intitulé *La mort n'a pas de gouvernement*. En Israël,

1. « Bibi, qu'as-tu fait ? », *Le Monde diplomatique*, octobre 1997.

la mort a un gouvernement. La mort gouverne ici, et ce gouvernement est un gouvernement de mort[1]. »

La politique du ghetto

Le mur crée un double ghetto qui affecte aussi bien les Israéliens que les Palestiniens, bien que de manière très différente. Il saisit des terres palestiniennes, étrangle les déplacements et l'économie palestinienne. Il enfermera, en retour, les Israéliens sur leur territoire si bien que les Palestiniens ne verront plus rien de l'humanité des Israéliens, plus rien de leur désir de paix, plus rien des caractéristiques des Israéliens qui pourraient servir de base à un éventuel rapprochement. Le mur fera en sorte que, d'un côté comme de l'autre, on ne verra que le pire de l'autre. Le fait même que les Palestiniens soient mis en cage derrière des murs, des barbelés et des barrières électroniques les définit comme des animaux dangereux.

Il est vrai que, depuis longtemps, la plupart des Israéliens ont condamné les Palestiniens. Les manuels scolaires ont remplacé la lutte nationale palestinienne par des histoires de « bandits ». Les jeunes Israéliens, nés après la fondation de l'État d'Israël et la destruction de la société palestinienne (la *Naqba*), ne parviennent pas à se faire à l'idée que les Palestiniens puissent avoir des droits. Pour ces jeunes Israéliens, la violence palestinienne est dépourvue de motivation et injustifiée.

Pour les Palestiniens

L'évaluation des conséquences du mur pour les deux communautés se heurte à un obstacle majeur sur le plan

1. *Yediot Aharonot*, 3 décembre 2001.

méthodologique : la dissymétrie absolue des préoccupations des uns et des autres. Pour les Palestiniens, ce chantier a pour but de créer un fait accompli sur le terrain en annexant la plus grande partie possible de terres palestiniennes, de façon à rendre impossible la création d'un État palestinien viable. L'Autorité palestinienne affirme qu'une fois achevé, le mur aura amputé la Cisjordanie de 23 % de sa superficie. Ce que confirme le mouvement pacifiste israélien Gush Shalom, dirigé par l'ancien député Ury Avnery : la Cisjordanie va perdre le quart de son territoire.

Côté israélien, il est impossible d'obtenir une évaluation chiffrée en réponse à cette affirmation. Israël met l'accent uniquement sur l'aspect sécuritaire de la construction et semble refuser d'entrer sur le terrain de la discussion des surfaces concernées. Une recherche systématique sur les sites officiels du gouvernement israélien, ainsi que sur les sites d'organisations soutenant la politique d'Israël, permet d'avoir accès à de nombreux documents justifiant la construction du mur, mais nulle part on ne trouve d'évaluation officielle de l'ampleur des terres palestiniennes passées sous contrôle israélien du fait de cette construction.

Militairement, les Palestiniens n'existent plus. Les « troupes » ou plus exactement les porteurs de fusils, très jeunes, en quasi-totalité nés dans les territoires, n'ont eu aucune formation militaire. Les combattants de Beyrouth étaient, pour beaucoup, issus de l'armée jordanienne, quand ils n'avaient pas été formés dans les camps d'entraînement des armées des pays arabes. Ce n'est plus le cas. Aujourd'hui, le combat se situe au niveau du très fort contre le très faible, de la Kalachnikov au Merkava[1]. En outre, ces porteurs de fusils n'ont aucune stratégie ou tactique de combat, comme pouvaient en avoir les Irlandais qui, dans les combats de rues, aveuglaient les blindés britanniques en lançant des pots de peinture sur les vitres des meurtrières.

---

1. « Chariot » en hébreu. Char de fabrication israélienne équipant toutes les unités blindées de Tsahal.

Les Palestiniens n'ont plus de forces politiques. Après trois ans et demi d'Intifada, l'Autorité palestinienne issue des accords d'Oslo n'existe plus que sur le papier. Tous les sièges du parti ont été détruits, les leaders arrêtés ou consignés à résidence. Le Parlement palestinien ne peut se réunir que si l'autorité israélienne le veut bien, c'est-à-dire si elle accepte les points inscrits à l'ordre du jour. L'armée israélienne occupe la Cisjordanie ou elle a dressé plus de six cents barrages en tous genres. Il n'y a plus aucune perspective de négociation. En décrétant Arafat *persona non grata*, Ariel Sharon et George Bush ont neutralisé le seul dirigeant palestinien qui avait assez de légitimité pour signer un accord avec Israël.

De plus, les Palestiniens ne fabriquent plus de richesses : 62 % de la population vit avec moins de 2 dollars par jours, c'est-à-dire qu'elle est sous le seuil de pauvreté, et 13 % des enfants de 6 à 59 mois sont sous-alimentés.

L'impact social et économique

Les effets d'une vie où la faim constitue une menace permanente, dans des conditions que l'on ne pourrait mieux décrire que comme étant celles d'une prison à ciel ouvert, ne peuvent être sous-estimés, pas plus que les effets psychologiques consécutifs à la surveillance constante par des soldats surarmés et qui ont carte blanche pour tuer. Patrouilles militaires et caméras constituent la majeure partie du cadre de vie à proximité du mur. De la fenêtre d'une maison, ou de celle d'une école, le regard s'arrête trop souvent à une structure de béton haute de 8 mètres, entourée de fossés et de barbelés. Le sentiment de vivre dans une prison se transforme alors en réalité bien concrète.

Les liens sociaux unissant les habitants vivant dans les diverses localités proches du mur vont s'en trouver durablement touchés. Dans de nombreux cas, des familles seront complètement séparées par le mur.

L'économie palestinienne est actuellement dans un état catastrophique. L'occupation de la Cisjordanie et de la bande de Gaza a mis en place et maintenu une réserve de main-d'œuvre bon marché pour Israël.

Le manque d'autonomie palestinienne se traduit par de sérieuses restrictions de mouvement pour les personnes et les marchandises, et maintient les Palestiniens dans une dépendance forcée vis-à-vis de l'économie israélienne.

Les dernières années de l'Intifada ont vu une accélération des destructions causées à l'infrastructure palestinienne. Les attaques aériennes, tirs d'obus de chars, bombardements, missiles, tirs sur des habitations, des ateliers, des bâtiments publics et des centres hospitaliers, ont laissé dans bien des villes et des villages des champs de ruines. Les pertes qui en ont résulté sont estimées à des dizaines de milliards de dollars, sans parler de leur impact sur la vie quotidienne. Ces attaques ont également affecté les réseaux de captage et de distribution de l'eau, dont beaucoup avaient été construits grâce aux dons d'organisations internationales.

Le nivelage de milliers d'hectares de terres agricoles et l'arrachage de près d'un million d'arbres au cours des dernières années, dont beaucoup étaient centenaires et porteurs d'une profonde charge culturelle et historique, affectent une grande partie de la population paysanne.

Le PARC (Palestinian Agricultural Relief Committee) a estimé à 150 millions de dollars les pertes consécutives à l'arrachage des arbres durant la seconde Intifada. Les confiscations de terres suite à la première phase de construction du « mur de l'apartheid » dépassent 16 000 hectares. Une grande partie des terres qui échapperont aux bulldozers de l'armée israélienne deviendra inaccessible à ses propriétaires, car située du « mauvais » côté du mur. Nombre de villages seront coupés de la ville la plus proche où leurs habitants se rendaient pour acquérir différentes marchandises et vendre leur production au marché. Les secteurs compris entre le mur et la Ligne verte seront isolés tant d'Israël que de la Cisjordanie.

Le mur va sceller la fin du travail des migrants palestiniens en Israël. À Baqa esh-Sharqiya, aujourd'hui isolée entre le mur et la Ligne verte, il y a environ quatre cent vingt entreprises commerciales, mais les propriétaires de deux cent cinquante d'entre elles vivent hors de la ville, à l'est de la barrière[1]. À An-Nabi Elyas, quinze commerçants et leur famille ont quitté Qalqiliya, à cause des restrictions de mouvement imposées par le seul point d'entrée de la ville[2].

L'importance de l'agriculture a augmenté pendant l'Intifada et a servi d'« absorbeur de choc » pour beaucoup de « nouveaux » chômeurs. À Jayyous, quatre cents des cinq cent cinquante familles dépendent totalement de l'agriculture (le chiffre n'était que deux cent cinquante avant l'Intifada). Dans la ville de Qalqiliya, 22 % de l'économie pré-Intifada était basée sur la production agricole. Ce chiffre est monté à 45 % avec les deux mille travailleurs agricoles qui font vivre environ quinze mille habitants. L'agriculture palestinienne est composée essentiellement par de petites fermes familiales qui emploient tous leurs membres, surtout lors des périodes de récolte. Il sera très difficile d'adapter ces méthodes traditionnelles aux restrictions des permis israéliens limitant les déplacements entre les fermes et les terres à cultiver.

En février 2003, des sources palestiniennes estimaient à plus de quatre-vingt mille le nombre d'arbres déracinés[3] – ce qui a d'ailleurs donné naissance à un véritable trafic d'oliviers. Beaucoup ont été replantés dans les villas de nouveaux riches

1. Interview avec le maire.
2. *World Bank, The Impact of the West Bank Separation Barrier on Affected West Bank Communities,* p. 27.
3. Palestinian Agricultural Relief Committee (PARC), « Needs Assessment Study and Proposed Intervention for Villages affected by the Wall in the Districts of Jenin, Tulkarem and Qalqilia », 5 février 2003 ; Arnon Regular, « The World Bank : The Separation Fence will hurt Palestinians immensely », *Ha'aretz,* Tel-Aviv, 18 mai 2003.

israéliens[1]. Quelque trente mille paysans ont perdu tout moyen d'existence.

L'Onu distribue 50 dollars (45 euros) par mois et par famille de soutien social, pour vivre. Mais l'eau coûte 1 shekel le mètre cube pour le colon et 3 shekel pour les Palestiniens[2]. Questionné sur cette différence de prix, l'ancien général Nos, l'un des directeurs de la Compagnie israélienne des eaux, a répondu lors d'un colloque international à Thonon-les-Bains : « Israël subventionne ses agriculteurs, les responsables palestiniens n'ont qu'à en faire autant », oubliant au passage de préciser que cette eau provient des nappes phréatiques situées sous les territoires occupés et illégalement exploitées par les Israéliens. Des Israéliens qui utilisent, en moyenne, 270 litres d'eau par personne et par jour, alors que le chiffre pour les Palestiniens est de seulement 83 litres, moins que ce que l'Organisation mondiale de la santé considère comme nécessaire pour couvrir les besoins essentiels. Des familles, dans quelque trois cents localités de la Cisjordanie, emmagasinaient la pluie et l'eau de source dans des citernes pendant les mois pluvieux de l'hiver et achetaient l'eau vendue par des camions citernes en été. Les restrictions de déplacement ont provoqué une augmentation de 80 % du prix de l'eau des camions depuis le début de l'Intifada[3].

L'impact du mur sur les ressources en eau dans son secteur constitue un sujet d'inquiétude important. Plusieurs puits ne sont plus accessibles aux communautés proches. Le Groupe palestinien d'hydrologie a identifié plus de trente puits « passés à l'ouest » dans les districts de Qalqiliya et Tulkarem. Ces trente puits ont un débit total de près de 4 millions de mètres cubes par an. Alimentés par la nappe aquifère occidentale, ils

1. Meron Rapoport and Oren Meiri, « Uprooted », *Yediot Aharonot*, 22 novembre 2002.
2. 1 dollar = 4,5 shekels (août 2004).
3. Oxfam, *Forgotten Villages : Struggling to Survive under Closure in the West Bank*, septembre 2002, p. 26.

ont été creusés avant 1967. Avec eux, les Palestiniens ont perdu près de 18 % de leur approvisionnement provenant de cette nappe aquifère. La ville de Qalqiliya, à elle seule, perd dix-neuf puits, ce qui représente environ 30 % de l'alimentation en eau de la ville.

La nappe aquifère occidentale se reconstitue à raison de 362 millions de mètres cubes par an ; plus de 95 % de cette eau proviennent des montagnes de Cisjordanie. Les prélèvements palestiniens en eau souterraine se montent au total à près de 22 millions de mètres cubes par an et proviennent de ces seuls puits creusés avant l'occupation de 1967. Depuis, les Palestiniens ont interdiction de creuser des puits, ce qui constitue un sérieux obstacle au développement de la Cisjordanie.

La population actuelle de ce territoire dispose de la même quantité d'eau d'origine souterraine que la population qui vivait là en 1967, comme si cette population ne s'était pas accrue et que de nouveaux besoins n'étaient pas apparus au cours des trente-cinq années d'occupation, que ce soit en matière de développement ou en matière d'hygiène.

Qalqiliya, Cisjordanie

Quarante-trois mille habitants. Située à 12 kilomètres de la mer, Qalqiliya était une ville très commerçante, « le marché de la région ». Mille sept cents magasins de légumes et de fruits s'approvisionnaient auprès des paysans arabes de la région. Une grande partie d'Israël venait y faire ses courses. Quarante-deux entreprises mixtes israélo-palestiniennes s'y étaient installées dans les domaines du textile, des usines de montage, de la haute technologie, ou de l'assemblage, la main-d'œuvre palestinienne étant moins chère et très qualifiée. Ariel Sharon, qui est né à 8 kilomètres de là dans le village de Kfar Malal, y venait fréquemment. En 1982, alors ministre de la Défense, il s'échappait du ministère pour venir manger des brochettes de mouton Chez Abou Flash, « toujours à la même table, ici », affirme avec un sourire Ibrahim Abdel Alm, le propriétaire, en désignant une table près de la porte. « Il avait des gardes partout. » Israéliens et Palestiniens y avaient, également, des projets communs d'environnement et d'exploitation de l'eau. C'était avant le mur. Depuis, quinze cents magasins de fruits et légumes ont fermé. La rue est vide. Seules des enseignes en hébreux témoignent de l'ancienne activité et de l'origine de la clientèle. Un peu plus loin se dressent le mur et une tour d'observation. Le béton est couvert, jusqu'à hauteur d'homme, d'inscriptions en arabe et de dessins de drapeaux palestiniens. Deux portes agricoles ont été aménagées pour permettre aux cultivateurs de rejoindre leurs champs. Elles n'ont été ouvertes que quelques semaines. Pour aller travailler leurs terres ou arroser leurs plantes, les habitants de Qalqiliya sont obligés de faire un détour de 42 kilomètres. Et sur la route, des *check-points* ouvrent et ferment selon la volonté des soldats qui, de toute manière, ne les laisseraient pas passer avec leurs tracteurs sans permis [ils n'ont jamais été distribués].

« Tout est fini, le mur à tout cassé, marmonne le vice-président des maires palestiniens, Maa'rouf Zahran, également maire de Qalqiliya. Auparavant, je rencontrais les maires palestiniens de toutes les villes très facilement. Nous avions des projets, nous échangions des informations. Maintenant, je ne les vois plus. Ou alors à Athènes, Rome ou Chypre, lors de rencontres organisées. Le mur, là aussi, casse un rapprochement.

« Nous avons perdu 62 % de nos terres agricoles qui se trouvent, maintenant, de l'autre côté du mur. Elles nous appartiennent toujours mais nous pouvons difficilement les travailler. Nous n'avons pas de permis de circuler, parfois durant trois mois. Nous perdons l'argent que nous investissons. Les Israéliens refusent de nous donner des permis d'un an pour que nous puissions stabiliser nos travaux. Lorsqu'il nous arrive de récolter, nous ne pouvons pas aller vendre nos produits sur les marchés des villes voisines. Les douze cents fermiers de la région n'ont droit qu'à deux camions pour transporter leurs récoltes ! » Qalqiliya et ses alentours étaient l'un des principaux producteurs de fruits et légumes pour l'ensemble de la Cisjordanie. Une grande partie de la population ne vit que grâce aux revenus de l'agriculture. Selon le Bureau central palestinien de la statistique, le taux de chômage était de 16 % à Qalqiliya avant 2000. Selon l'Union des travailleurs de Qalqiliya, ce taux a atteint 70 % en 2002.

« Les Israéliens ont proposé aux Palestiniens des compensations financières pour leurs terres, à condition qu'ils reconnaissent le mur et qu'ils retirent leur plainte devant la Cour suprême israélienne, raconte Maa'rouf Zahran. Aucun Palestinien n'a accepté. La société palestinienne ne peut l'accepter. Tout ceux qui sont partis, trois mille environ, ont été condamnés par la population. C'était surtout ceux qui étaient venus d'autres villes ou villages, et qui avaient trouvé du travail ici. Ceux dont la famille est originaire de la ville ne veulent pas partir.

« Notre seule alternative est de rester et de résister. Où voulez vous que nous allions, dans le reste des territoires ? Aucun pays arabe, Jordanie, Syrie, Liban, Arabie Saoudite ou autres ne veut de nous, souligne le maire. Autant rester sur nos terres. Les pays européens sont soumis à la pression des États-Unis et ne peuvent réagir. Et puis l'Europe n'est pas assez courageuse pour dire : "Ça suffit !" aux États-Unis et à Israël. Elle est noyé dans son agrandissement et ses intérêts divergents.

« À terme, ce mur sera détruit parce que nous avons besoin de discuter avec nos voisins juifs qui se trouvent à moins de 2 kilomètres, et qu'eux également en ont besoin. Israël a, en ce moment, un gouvernement composé d'extrémistes, mais cela changera, poursuit Maa'rouf Zahran avec un pauvre sourire, comme s'il n'y croyait pas lui-même. Le mur n'est pas le chemin de la sécurité d'Israël. Il n'arrêtera pas la violence. Il faut attendre que les Israéliens s'en aperçoivent. »

Jayous, Cisjordanie

« Mes olives sont en train de se dessécher sur leurs branches parce que les Israéliens ne veulent pas me laisser aller les cueillir de l'autre côté de cette clôture », rage Mahmoud

Khorushi, en regardant tristement, au travers du grillage et des barbelés du mur, ses arbres situés en contrebas de la pente cultivée en terrasses.

Les olives constituent la culture commerciale essentielle de la Palestine depuis des centaines d'années. Les arbres sont le symbole de l'emprise continue d'une même famille, de génération en génération, sur une terre. Les cueillettes étaient l'occasion de joyeuses réunions familiales, les parents proches venant de toute la région pour apporter de l'aide. Cela n'est plus possible.

Bien avant que les travaux du mur ne débutent, la progression des colonies juives avait déjà empiété sur les terrains cultivables palestiniens. Ces dernières années, des colons ont régulièrement arraché des oliveraies palestiniennes. Les paysans qui cueillaient les olives ont été abattus, plusieurs par armes à feu, sans qu'il n'y ait la moindre poursuite judiciaire. Tout juste si les journaux ont évoqué ces déprédations. « Ils tuent nos arbres pour tuer l'espoir de notre peuple. Je suis ruiné », dit Fauzi Hussein, en inspectant les restes de deux cent cinquante-cinq oliviers détruits par les habitants établis dans un nouvel avant-poste surplombant son village, au centre de la Cisjordanie.

Les oliviers ont également un rôle écologique important dans cette région. Ils améliorent l'écoulement de l'eau en réduisant le ruissellement de la pluie et favorisent la reconstitution des réserves souterraines d'eau en augmentant la capacité des sols à retenir l'humidité.

La production des fruits et légumes du village de Jayous était écoulée par le marché de Naplouse dont l'accès est maintenant impossible. Les paysans payaient, tous les ans, environ 750 000 shekels (150 000 dollars) de taxes diverses à la municipalité de Naplouse pour s'installer sur le marché. Les conducteurs de camions, le personnel chargé du déchargement et d'autres travailleurs dont l'activité était liée à celle du marché sont désormais au chômage.

Cependant, les marchandises israéliennes entrent et circulent en Cisjordanie libres de droits, sur les nouvelles routes réservées aux colons et interdites aux Palestiniens. Durant tout le processus d'Oslo, Israël avait déjà redoublé d'efforts pour empêcher l'exportation des fruits et légumes palestiniens vers la Jordanie. Les marchandises restaient bloquées des jours et des jours à la frontière, pour « des raisons de sécurité », et finissaient par pourrir avant d'avoir traversé le pont Allensky qui permet de passer le Jourdain. Fermiers et transporteurs sont toujours fréquemment retenus par diverses formes de barrières militaires à quelques kilomètres de leur point de départ.

Le cas de Jérusalem

« Le mur est un obstacle pour les gens qui veulent faire leurs courses, aller chez le médecin, étudier, rendre visite à leur famille, ce n'est pas un obstacle pour les terroristes explique Nihad Abou Ghosh qui réside non loin du tombeau de Lazare. Il y a de nombreux chemins permettant à ceux qui sont jeunes et en bonne santé de contourner le mur et de se rendre de l'autre côté sans passer par le *check-point*, ajoute-t-il. Mais, pour les personnes âgées, les malades qui doivent se rendre à l'hôpital, les enfants qui doivent aller à l'école, les ambulances et les pompiers, c'est impossible. »

L'« enveloppe » de Jérusalem n'a strictement rien de sécuritaire. Elle ne fait que délimiter les prétentions territoriales de la municipalité israélienne de la ville. Ceux qui ont tracé le cheminement du mur ont oublié les Palestiniens, ou plus exactement, ils se répètent à l'envie que « les Arabes de Jérusalem détesteraient Arafat et plutôt que de participer à un État palestinien, ils préféreraient profiter de la prospérité israélienne ». Ce type d'affirmations entendues dans les officines israéliennes est pour le moins étonnant aux yeux de Menahem Klein. « Penser que les deux cent trente mille Palestiniens de la Ville sainte n'ont pas d'aspirations nationales, qu'ils se satisferont d'une citoyenneté de troisième zone, qu'ils consentiront à faire un boulot de prolo et à embrasser la main du maître qui les nourrit, est une approche typiquement coloniale. Le destin de

Jérusalem-Ouest est lié à celui de Jérusalem-Est. Avec le mur de Sharon, les deux villes sont perdantes[1]. »

« Je suis né à Jérusalem et j'y suis très attaché, affirme Menahem Klein. Je ne serais pas d'accord qu'on me coupe de Jérusalem. Je ne serais pas d'accord d'avoir à solliciter un permis pour me rendre dans ma ville ni d'avoir à prier le ciel qu'on me l'accorde. Je ne suis pas seulement un habitant de Jérusalem. Je suis un citoyen ici. Je suis attaché à Jérusalem par des liens religieux et commerciaux. Nous resterons jérusalémites et nous demandons que les gens ne soient pas mis en situation de n'avoir pas le choix. C'est dangereux. Cet endroit a toujours été paisible, avec des gens intéressés par leurs revenus et par l'éducation de leurs enfants. Mais le fardeau et la souffrance conduiront à l'explosion ici aussi. Vous chassez quelqu'un de chez lui, que fera-t-il ? Il restera à ne rien faire ? Si vous lui prenez sa maison et sa liberté de mouvement, si vous peignez en noir l'avenir de ses enfants, qu'allez-vous exiger de lui ? Qu'il ne fasse rien ? Les gens d'ici ne renonceront pas à Jérusalem. Ce serait une expulsion de masse. Qui a le droit d'habiter Jérusalem ? Nous, dont les aïeux y ont habité, ou ceux qui sont arrivés d'Argentine ou d'Éthiopie ? Où est l'humanité ?

« Et puis, après trois ans et demi d'Intifada, combien de terroristes sont-ils sortis d'ici ? »

Parlant du mur « sécuritaire » à Jérusalem, Menahem Klein a cette réflexion : « Cela peut marcher quelques années dans la mesure où, à Jérusalem, Israël ne rencontre aucune résistance politique construite. Mais je ne donne pas plus de dix ans aux Palestiniens pour s'organiser et combler ce vide. Il est inconcevable qu'un tiers de la population d'une ville soit maintenu de force dans des poches de misère et ne se révolte pas. Même s'il ne s'agit que d'une minorité. Cela finira par éclater à la figure des Israéliens, d'abord sous la forme d'une criminalité classique, en liaison avec les mafias israéliennes, puis comme un soulèvement

1. Menahem Klein, *La Croix*, 30 janvier 2004.

politique. En s'échinant à détruire Jérusalem-Est, Sharon menace aussi Jérusalem-Ouest[1]. »

La construction du mur a entraîné un ample mouvement de population. Cela a eu des conséquences importantes sur le marché de la location d'appartements, sur la décision de construire sans permis, et sur l'aggravation des frictions intercommunautaires.

La plupart des habitants de la Cisjordanie vivent dans les zones A ou B, sous la juridiction administrative de l'Autorité palestinienne. La plus grande partie des terres constructibles se trouve en bordure des villes et villages, en zone C, c'est-à-dire sous administration israélienne qui représente 60 % des terres de la Cisjordanie. Il est impossible d'y construire sans une autorisation d'Israël. Entre 1996 et 1999, seuls soixante-dix-neuf permis ont été délivrés pour toute la Cisjordanie, ce qui a obligé les habitants à construire « illégalement » sur leurs terres[2]. Durant les premiers mois de 2004, une vague de démolitions et d'ordres de démolition a touché les bâtiments « illégaux » le long du tracé du mur, provoquant une véritable émigration interne de plusieurs centaines de familles palestiniennes, à laquelle il faut ajouter une émigration plus importante qu'il n'y paraît vers l'étranger. Une première vague, due à la pression de l'occupation israélienne, concerne tous ceux qui avaient un passeport, de l'argent et des contacts dans des pays tiers. Ceux qui avaient des moyens limités ont envoyé leurs enfants faire des études dans d'autres pays, dans l'espoir, souvent réalisé, qu'ils s'y installent et y fassent leur vie.

George Ibrahim, un chrétien qui se prépare à partir pour la Suède, explique : « Je ne veux pas partir. Je n'en supporte pas l'idée. Je le fais malgré moi. Quand je regarde mes enfants, je pense : je n'ai pas le droit de leur faire endurer une telle souffrance. » Il est plus facile pour les Palestiniens chrétiens

---

1. *Ibid.*
2. B'Tselem, *Land Grab, Israel's Settlement Policy in the West Bank*, mai 2002, p. 87.

d'obtenir des visas et des permis de travail que pour les musulmans. Beaucoup ont de la famille en Europe et aux États-Unis. Mais la population chrétienne de Bethléem risque ainsi de disparaître. M. Kasis insiste : « Peut-on imaginer Bethléem sans les chrétiens ? L'église de la Nativité sans les chrétiens ? Il regarde de son balcon l'endroit où la barrière est en train d'être préparée. Voilà pourquoi ils le font, dit-il. Pour nous faire partir. »

Entre deux cents et deux cent cinquante mille Palestiniens auraient ainsi quitté les territoires occupés depuis trois ans et demi. La construction du mur a provoqué une seconde vague de migration de personnes moins riches qui, si elles ne peuvent aller à l'étranger, vont chez des parents dans d'autres agglomérations des territoires. L'immigration intérieure provoquée par le mur, les murs, routes des colons, zones interdites, confiscations de terres, a bouleversé les équilibres traditionnel. Ainsi à Bethléem, ville à majorité chrétienne, l'arrivée massive des populations musulmanes des environs, chassées par l'extension des colonies et par les murs, a fait basculer la communauté chrétienne dans une minorité d'autant plus effective que bon nombre de familles chrétiennes sont parties à l'étrangers. Le rapport entre les communautés palestiniennes s'en trouve totalement bouleversé. Parlant des chrétiens de Bethléem, un diplomate constate : « Leur situation est intenable. Le Hamas, qui est de plus en plus important à Bethléem, accuse les chrétiens de collaborer avec l'ennemi. Et les soldats israéliens les traitent comme des terroristes. »

« Le mur va ainsi renforcer le transfert de la population palestinienne. Il ne s'agit pas d'un moment dramatique où chacun doit, contraint, quitter son foyer, mais d'un processus continu, silencieux et progressif, qui menace de priver la société palestinienne de ses ressources humaines et de ses espoirs d'indépendance », explique le professeur Gadi Algazi[1].

---

1. Gadi Algazi et Azmi Bdeir, « Transfer's real nightmare », *Ha'aretz*, 15 novembre 2002.

Les lieux saints

Le 16 novembre 2003, Jean Paul II affirmait que le Proche-Orient n'avait pas « besoin de murs mais de ponts ». Pour l'heure, seul le mur existe et les terres du Saint-Siège ne sont pas épargnées par sa construction.

Redoutant qu'un attentat ne vienne gâcher la Pâque juive, le gouvernement israélien a interdit la Ville sainte aux Palestiniens non résidents en fermant tous les accès pendant deux semaines. Lors de cette période, un soldat israélien en poste sur un point de contrôle à Abu Dis a aperçu un Palestinien traversant la propriété des Frères passionistes, une congrégation catholique située au pied du mont des Oliviers. Le soldat a enjambé le muret de la congrégation, sauté sur les marches de l'église Sainte-Marthe d'où il a pointé son arme sur le Palestinien. Des journalistes accompagnant le nonce en visite ce jour-là observaient la scène. Le soldat, les apercevant, a hésité à ouvrir le feu. Le Palestinien s'est échappé.

Le soldat l'a poursuivi entre les oliviers et les cyprès du parc. Le nonce, monseigneur Pietro Sanibi, est alors intervenu et a sommé le soldat de quitter les lieux. « Vous n'avez pas le droit de rester ici, vous violez une propriété du Vatican. » « Je dois faire mon travail pour protéger notre civilisation à Jérusalem. Et pour vous protéger contre les voleurs palestiniens », lui rétorqua le militaire, ignorant à l'évidence les accords liant l'État hébreu au Saint-Siège, dans lesquels Israël s'engage à « respecter et protéger » les propriétés de l'Église catholique.

Deux mois plus tard, deux bulldozers israéliens escortés par une dizaine de soldats ont offert un réveil brutal aux frères en défonçant le mur d'enceinte de leur propriété. L'IDF avait prévu de faire passer la muraille en béton qui doit séparer Jérusalem de ses faubourgs arabes à travers les terres de l'Église, pour se connecter à la portion de mur d'Abou Dis. Ni la nonciature apostolique ni les Frères passionistes n'avaient été prévenus.

« Les soldats m'ont donné ordre de déguerpir alors que je suis chez moi ici, raconte le frère Claudio Gilanti, toujours ahuri. J'ai appelé le nonce qui s'est fâché et a réussi à faire arrêter les travaux. » Mais les soldats n'ont pas réparé les deux trous béants dans l'enceinte de pierre de la communauté. Et le dernier bloc en béton du mur de séparation est posé à quelques mètres de leur propriété.

Bloqués par la « clôture de sécurité », les Palestiniens venant de Cisjordanie et ne possédant pas de permis d'accès à Jérusalem-Est tentent, chaque jour, de s'infiltrer par les trous faits par les bulldozers pour se rendre à leur travail, ou dans les écoles et les hôpitaux situés dans la partie arabe de la ville. Chaque jour, les Israéliens les attendent. Postés dans le jardin des Passionistes, ils les repoussent à l'aide de grenades lacrymogènes et de balles en caoutchouc. « Le vendredi, c'est l'enfer, dit le frère Claudio. Des centaines de Palestiniens essaient de passer, dès 4 heures du matin, pour aller prier sur l'esplanade des Mosquées. Les soldats les accueillent avec un déluge de feu. »

Le nonce a dénoncé le tracé de la « clôture de sécurité ». « On ne peut pas construire ce mur sur le mont des Oliviers sans violer le traité international liant Israël au Saint-Siège, s'emporte Mgr Sambi. Ce serait un acte unilatéral de force et la démonstration que le gouvernement israélien ne respecte pas le droit international. De surcroît, le passage, nuit et jour, de Jeep israéliennes le long du mur serait une nuisance insupportable pour un lieu saint. »

L'archevêque Pietro Sambi, nonce apostolique en Israël et délégué apostolique pour Jérusalem et la Palestine, a demandé au gouvernement israélien de modifier le tracé du mur qui viole, selon lui, l'article IV de l'Accord fondamental signé le 30 décembre 1993 entre le Saint-Siège et Israël, stipulant que le gouvernement israélien respectera et protégera la propriété des institutions catholiques. Or, cette barrière coupe déjà des propriétés appartenant aux Franciscains, et aux Sœurs de la Charité de Saint-Vincent-de-Paul. Leurs citronniers et leurs oliviers ont été arrachés à la mi-octobre 2003 par les bulldozers israéliens. Selon les plans, le mur doit passer également à travers les propriétés des Pères passionistes et des Sœurs comboniennes à Béthanie. Le couvent des Sœurs bénédictines de l'Emmanuel, situé sur les collines qui entourent Bethléem, est coupé des chrétiens arabes de la ville de la nativité. L'encerclement de Bethléem devrait en outre isoler sept cents familles – en majorité des chrétiens – et tous ceux qui vivent dans le monastère grec catholique de l'Emmanuel.

Les récits des religieux chrétiens, toutes confessions confondues, fourmillent de brimades, entraves et interdits israéliens non justifiés à leur encontre.

Alors qu'un millier de pèlerins entamaient leur procession des Rameaux au départ de l'église de Beith Fage, une palme ou une branche d'olivier à la main, les grues israéliennes posaient les premiers pans de béton à travers la propriété des Franciscains située en contrebas. « Les bulldozers ont rasé notre mur d'enceinte il y a huit mois. Toutes nos terres qui se retrouveront de l'autre côté seront perdues », se révolte le père Francisco Bastos. Selon les estimations des Franciscains, qui ont déposé une plainte devant les tribunaux israéliens, 10 000 mètres carrés de leur terrain seront confisqués *de facto*.

Une fois le mur achevé, les pèlerins ne pourront plus emprunter le chemin de Jésus-Christ lorsqu'il fit son entrée triomphale dans Jérusalem. « Cela fait trois cents ans que les pèlerins passent par ici, assure le père Eugène Camar, de l'église Saint-Lazare. Bientôt le chemin sera coupé. » Le mur passera quelques mètres seulement au-dessus du tombeau de Lazare. Avant le début de l'Intifada, plus de vingt mille pèlerins assistaient chaque année à la procession des Rameaux, dont plusieurs milliers de Palestiniens. « Les chrétiens de Bethléem, de Beit Sahour et Beit Jalah se sont heurtés au refus des soldats israéliens aux barrages », constate le frère Issa Badaoui.

Le patriarche latin de Jérusalem a lancé un appel aux pèlerins à l'occasion des fêtes de Pâques, pour qu'ils « n'abandonnent pas la Terre sainte ». Pour Mgr Michel Sabah, il faut des personnes de bonne volonté ici afin de rappeler aux juifs qu'ils doivent respecter les Lieux saints. « C'est un pas vers la réconciliation. »

La situation des chrétiens est à ce point précaire que des soutiens américains à Israël se sont émus et ont protesté. Le père Henry Hyde, prêtre catholique, membre du Congrès et inconditionnel supporter d'Israël, a envoyé, le 25 mars 2004, une lettre à Colin Powell dans laquelle il s'inquiétait du tracé actuel du mur. Celui-ci risque, en effet, de transformer en musées les centres spirituels de pèlerinage qu'ils sont encore aujourd'hui pour des millions de personnes, y disait-il en substance. Cette intervention remarquée a ouvert les yeux des chrétiens américains sur un autre problème : le fait que ce soient les États-Unis qui financent ce mur empêchant leur pélerinage.

Les sœurs de Notre-Dame-des-Douleurs et les pensionnaires de leur hospice vivent littéralement dans l'ombre du mur. Les travaux ont commencé le 11 janvier 2004. Les soldats israéliens sont arrivés au petit matin et ont déclaré le quartier « zone militaire ». Les engins ont travaillé nuit et jour. Les sœurs devaient sauter le mur d'enceinte pour aller faire des provisions. « Si un de nos patients était tombé malade, aucune ambulance n'aurait pu venir lui porter secours », se souvient sœur Marie-Dominique Royal.

Les sœurs, les employés palestiniens de la maison de retraite et les pensionnaires sont inquiets. Le mur a coupé les patients de leurs familles restée de l'autre côté. Les visites sont de plus en plus rares. Certains pensionnaires, qui faisaient leurs achats à pied dans les faubourgs arabes de Jérusalem-Est, ne peuvent plus y accéder et sont devenus dépendants. « Combien de temps pourrons nous garder ces patients très affaiblis alors que leurs familles ne peuvent leur rendre visite ? », s'interroge la sœur.

Sur les dix-huit employés, tous Palestiniens, quinze sont en situation irrégulière. Ils doivent ruser chaque jour. Échapper à la vigilance des Israéliens pour venir à leur travail. Régulièrement, les soldats sautent par-dessus le mur d'enceinte pour se livrer au contrôle inopiné des papiers des employés. « La semaine dernière, ils sont venus deux fois, déplore sœur Marie-Dominique. Ils n'en ont pas le droit. C'est une propriété privée. Nous sommes installés ici depuis 1957. Notre personnel doit se cacher, parce que le gouvernement refuse de renouveler les permis. » Pour le personnel palestinien, la nécessité d'un permis est absolue. Pour en obtenir un, il faut avoir plus de 35 ans, être marié, avoir des enfants et une carte magnétique qui démontre que l'on a jamais eu de problème de sécurité, plus une lettre de l'employeur. Le permis peut être délivré pour un temps variable, une semaine, un mois ou trois selon des critères que seule l'administration israélienne connaît.

« Il y a une volonté de nous décourager, pour que nous partions, estime sœur Marie-Dominique. Parce que nous aidons des Palestiniens, qu'ils soient chrétiens ou musulmans. Et parce que nous sommes les témoins des humiliations quotidiennes qui leur sont infligées. »

À la mi-octobre, des bulldozers sont arrivés sans crier gare dans les jardins de la communauté des Filles de la Charité et de celle des Franciscains. Dans ces propriétés de la banlieue de Jérusalem-Est que les congrégations religieuses ont achetées, pour certaines, à la fin du XIXe siècle, sous l'Empire ottoman, les bulldozers ont coupé des arbres centenaires, arraché des oliviers et des orangers et annexé des parcelles de terrain. Le mur doit amputer d'autres propriétés religieuses à Beit Hanina ou Bethléem. Là, il coupera les Bénédictines des chrétiens palestiniens de la ville. Le Vatican a vertement protesté. Les travaux ont été stoppés et des pourparlers sont en cours. Les religieux attendent des réponses.

Mais le mur n'est pas le seul problème des congrégations. Des prêtres et des sœurs enseignants [il existe nombre d'institutions religieuses en Cisjordanie], des personnels soignants, etc., installés en Terre sainte depuis dix ans, vingt ans ou plus, n'obtiennent plus le renouvellement de leur permis de séjour. Surtout s'ils sont originaires de pays arabes, africains, latino-américains. Le départ du ministre israélien de l'Intérieur membre du Shass, un parti religieux, remplacé par un ministre du Shinoui, une formation laïque, a quelque peu détendu les rapports. Mais pas au point de permettre le renouvellement de ces permis. « On veut nous faire partir », explique la directrice d'une communauté. « Si les congrégations religieuses s'en vont, les chrétiens de Palestine suivront », craint Mgr Michel Sabbah, patriarche latin de Jérusalem.

Pour la première fois dans l'histoire de l'Église, la grotte de la Nativité de Bethléem est totalement coupée du Saint-Sépulcre de Jérusalem. Les religieux vivent cela comme une interruption de la vie du Christ. Lazare, s'il revenait aujourd'hui, serait entouré d'un mur de 8 mètres. Certains consulats de pays catholiques du *statu quo*, comme celui d'Espagne, ont sollicité leurs collègues pour effectuer une démarche : elle n'a pas eu lieu parce que le consul des États-Unis n'y était pas favorable. En fait, ces consulats n'ont aucune instruction précise de leur capitale et, de plus, il n'existe aucune relation entre Israël et les consulats de Jérusalem, considérés comme des ambassades auprès de l'Autorité palestinienne, sauf pour ce qui est du consulat américain. Il faut noter que les pays occidentaux à forte tradition chrétienne, n'ont jamais élevé la moindre protestation. Y compris la France, pourtant gardienne des lieux saints et protectrice des communautés religieuses. Il est difficile de contrer le langage des faits. Pourtant confiés à la France par la Sublime Porte, bon nombre de lieux saints chrétiens et d'institutions religieuses sont soit propriétés de l'État français, soit sous sa protection. Églises, écoles, couvents, dont la liste a été dressée en mars 1903, figurent nommément dans les accords de Mytilène signés en 1901. Ces accords ont été approuvés au conseil des ministres réuni le 12 novembre 1901 sous la présidence de M. Loubet. Certains religieux qui y vivent ont le statut d'agent consulaire français et, à ce titre, bénéficient d'une immatriculation diplomatique, du passeport consulaire et sont éxonérés de taxe, conformément à la Convention de Vienne[1]. Les Israéliens font ceux qui ignorent et la France ferme les yeux.

Le mur de Sharon a fait fi de ces accords et de la propriété française des lieux, sans que Paris, il est vrai en période électorale, ne s'en émeuve ou ne proteste. Ainsi, à Bethléem,

1. Article 31 de la Convention de Vienne.

lorsque les Israéliens se sont emparés de terrains appartenant aux Grecs orthodoxe, et il n'y a pas eu de réaction, pas même un article de presse.

Autre problème, celui des visas. Indispensables pour permettre au personnel des Églises et des différentes communautés de bienfaisance [qui, par ailleurs, soulagent la tache sociale de l'occupation] de résider ou de passer en Israël, les visas sont obligatoires pour se rendre dans les territoires occupés. Or, les délais d'attente sont de plusieurs mois. Pour les religieux non palestiniens, les visas vont de deux à douze mois, avec parfois quatre mois d'attente. Les raisons avancées par l'administration israélienne sont multiples : mise en place d'une nouvelle législation, manque de temps, étude des dossiers, etc. Ceci fait que de nombreux gens d'églises, toutes confessions confondues, se retrouvent en situation irrégulière et sont « expusables », comme de simples travailleurs émigrés. C'est d'ailleurs ainsi qu'ils sont considérés par l'administration israélienne. Et dans la masse de travailleurs illégaux, la « confusion » est « aisée ».

Une religieuse de 75 ans, ayant vécu plus de trente ans en Terre sainte, a été interpelée parce qu'« illégale » et conduite au poste. Cette arrestation a provoqué une vigoureuse protestation du nonce apostolique. Elle ne signifiait pas que cette religieuse aurait été expulsée, mais cela a obligé le représentant du Vatican à quémander, et donc à subir une humiliation. Ce genre de procédé sert aussi à faire pression sur d'éventuels témoins à travers une sorte de marché : visa contre silence.

Depuis la seconde Intifada, l'accès aux Lieux saints est très réglementé pour les Palestiniens. Il faut un permis pour aller y prier, qu'ils soient musulmans ou chrétiens. Il en est de même pour les religieux qui viennent des paroisses de Cisjordanie. Après le 11 Septembre, ce fut tout simplement interdit. « Question de sécurité », expliquaient les Israéliens. Le nonce et le patriarcat recevaient quotidiennement des appels téléphoniques de religieux ou religieuses bloqués aux *check-points*. Les religieux arabes étaient particulièrement visés, les européens l'étaient moins et les américains pas du tout.

L'hôpital Auguste Victoria est installé dans un complexe datant des années 1890, fait de grosses pierres de taille coiffant le mont des Oliviers. Durant le mandat, le gouverneur britannique en avait fait sa résidence et son bureau, d'où il dominait toute la Ville sainte. Cet hôpital est maintenant sous forte pression fiscale. L'État hébreu lui demande le paiement de taxes et impôts avec un rappel depuis 1967, bien qu'il soit installé dans les territoires occupés et que, depuis la période turque, anglaise, puis jordanienne, un accord de non imposition l'en dispensait. Accord par ailleurs renouvelé entre le Vatican et l'État hébreu. Les Israéliens affirment aujourd'hui que l'exemption fiscale ne tient plus, imposant ainsi de fait une annexion déguisée. La Cour suprême israélienne a été saisie de ce dossier, ce qui satisfait en partie le gouvernement israélien puisque ce recours inclut la reconnaissance de cette juridiction sur les territoires occupés.

L'endroit est connu sous le nom de Beit Fagi, « dattes vertes ». La légende raconte que lorsque Jésus est arrivé sur la crête du rocher, en dessous du mont des Oliviers, il a demandé de la nourriture. On n'a pu trouver que des fruits de palmier encore verts. La première mention de Beit Fagi se trouve dans les écrits de Bernard le Moine, en 870. Un autre moine, Theodorich, y fait référence dans son journal de voyage au XIIe siècle et évoque une « modeste chapelle ». La procession des Rameaux du dimanche 4 avril 2004 à Beit Fagi a été la dernière. Les pèlerins ont monté le chemin étroit, passant devant les maisons palestiniennes, pour atteindre le couvent catholique Passionisti qui est accolé à la chapelle de Beit Fagi. Ils se sont retrouvés devant des blocs de béton de 8 mètres de haut qu'ils ont encore pu contourner pour atteindre les deux chapelles. Depuis, le mur a été achevé. La route est totalement coupée.

La barrière de béton et de fils de fer barbelés qu'Israël construit autour de la Cisjordanie longe le flanc est du mont des Oliviers. Le mur sera caché aux yeux des habitants de Jérusalem par le mont lui-même, mais il serpentera à quelques centaines de mètres des remparts de la vieille ville et des lieux saints les plus importants pour les juifs, les chrétiens et les musulmans : le mur des Lamentations, l'église du Saint-Sépulcre et la mosquée Al-Aqsa.

L'absence totale de réaction des Églises catholique et orthodoxe a ahuri les habitants des lieux, souvent chrétiens. Il est vrai que l'Église grecque orthodoxe est, depuis longtemps, en conflit ouvert avec le gouvernement israélien pour obtenir une approbation officielle pour son patriarche élu, l'évêque Irineos, et que l'Église catholique lutte pour obtenir des visas pour les cent membres et plus de son personnel, dont des prêtres et des religieuses.

Enham Shama, la concierge du couvent grec orthodoxe, affirme qu'elle a du mal à croire que le mur mettra fin à la procession des Rameaux sans qu'il n'y ait de protestation. « Je ne peux pas m'empêcher de me demander : que ferait Jésus en face d'un tel mur ? »

Annexes

Annexe I

« Le mur de Fer »
Nous et les Arabes, 1923[1]
Vladimir Jabotinsky

Contrairement aux excellentes règles d'usage qui imposent d'entrer directement dans le vif du sujet, je me dois ici d'introduire cet article par des considérations personnelles. L'auteur de ces lignes est considéré comme un ennemi des Arabes, un militant pour leur expulsion, etc. C'est faux. Mon attitude relationnelle avec les Arabes est identique à celle que j'entretiens avec les autres peuples, c'est-à-dire une indifférence polie. Mes relations politiques se sont fondées sur deux postulats. Tout d'abord, l'expulsion des Arabes de la Palestine est absolument impossible, quelle que soit la forme envisagée. Il y aura toujours deux nations en Palestine – ce que je conçois parfaitement, pour autant que les juifs deviennent majoritaires. Ensuite, je suis fier d'avoir fait partie du groupe qui a conçu le Programme Helsingfors. Nous l'avons conçu non seulement pour les juifs, mais aussi pour tous les peuples, et son fondement réside sur l'égalité entre toutes les nations. Je suis prêt à jurer, pour nous et notre descendance, que nous ne détruirons jamais cette égalité et que nous n'essaierons jamais d'expulser ni d'opprimer les Arabes. Notre *credo*, comme le lecteur le constatera, est entièrement pacifique. Mais savoir s'il sera possible d'atteindre nos objectifs pacifiques avec des moyens pacifiques est une tout autre question. Cela ne dépend pas de nos relations avec les Arabes, mais exclusivement des relations des Arabes avec le sionisme.

---

1. Publié une première fois en russe sous le titre *O Zheleznoi Stene* in *Rassvyet*, le 4 novembre 1923. Publié en anglais dans le journal *Jewish Herald* (Afrique du Sud), le 26 novembre 1937.

Cette introduction terminée, venons-en au vif du sujet. Imaginer que les Arabes sur la terre d'Israël puissent aujourd'hui conclure un accord avec nous de leur plein gré est totalement illusoire et tient du rêve, même dans un futur proche. Cette conviction profonde que j'exprime si catégoriquement n'est pas une preuve de ma volonté d'ébranler les factions modérées du camp sioniste, bien au contraire : je souhaite vivement leur épargner cette déroute. Si l'on fait abstraction de ceux qui sont virtuellement « aveugles de naissance », tous les sionistes modérés ont compris depuis longtemps qu'il n'existait plus le moindre espoir, aussi ténu soit-il, de voir un jour les Arabes de la terre d'Israël donner leur accord pour que la « Palestine » devienne un pays à majorité juive.

Chaque lecteur a une vague idée sur les origines historiques des autres peuples qui s'y sont établis. Je suggère qu'il se remémore tous les exemples connus. Il pourra chercher longtemps, il ne trouvera aucun cas où un peuple s'est établi sur une terre avec l'accord de ceux qui y sont nés. Les habitants autochtones (peu importe qu'ils soient civilisés ou sauvages) ont toujours fini pas se soulever. Pour preuve, quelle que soit la tactique adoptée par les colons, ils n'ont jamais eu gain de cause. Si l'on prend les Espagnols qui conquirent le Mexique et le Pérou, ou nos propres ancêtres dans les temps où Joshua Ben Nun vivait, on peut dire d'eux qu'ils étaient des pillards. En revanche, les « grands explorateurs » qu'ont été les Anglais, les Écossais ou les Hollandais, qui furent les vrais pionniers d'Amérique du Nord, étaient des peuples faisant preuve d'une éthique de très haut niveau ; c'étaient des peuples qui voulaient vivre en paix avec les Peaux-Rouges et pouvaient s'émouvoir dans le même temps pour un papillon ; c'étaient des peuples qui, en toute sincérité, croyaient que ces vastes forêts vierges et ces vastes plaines offraient un territoire suffisamment grand pour être mis à la disposition des hommes blancs et des Peaux-Rouges. Et pourtant, les autochtones résistèrent aux barbares comme aux hommes civilisés avec le même degré de cruauté.

Une autre préoccupation qui n'eut absolument aucun effet, c'était de savoir si les habitants soupçonnaient que les colons auraient eu l'intention ou non de les chasser de leur territoire. Les vastes territoires des États-Unis n'ont jamais compté plus de deux millions d'Indiens. Les habitants combattirent les colons blancs non pas parce qu'ils craignaient d'être expropriés, mais tout simplement parce qu'il était inconcevable qu'un indigène accepte de voir un autre peuple venir s'installer sur ses terres, peu importe l'endroit ou l'époque. Tous les peuples autochtones – tant sauvages que civilisés – considèrent leur terre comme leur patrie et s'en désignent à jamais comme les seuls maîtres. Ils n'accepteront jamais volontairement, ne fût-ce qu'un partenaire, et à plus forte raison un nouveau maître. C'est également le cas pour les Arabes. Les adeptes du compromis dans nos milieux tentent de nous convaincre que les Arabes sont une espèce de fous que l'on peut forcer à la soumission par des propos édulcorés masquant nos buts réels, ou une sorte de tribu de gens cupides prêts à abandonner leurs droits de naissance sur la Palestine en échange d'un quelconque avantage culturel et économique. Je rejette catégoriquement cette image des Arabes de Palestine. Culturellement, ils ont cinq cents ans de retard sur nous. Spirituellement, ils n'ont ni notre endurance ni notre force de volonté. Mais c'est à cela que se limitent nos différences. Nous pouvons parler autant que nous voulons de nos bonnes intentions ; ils savent aussi bien que nous ce qui ne leur convient pas. Ils regardent la Palestine avec le même amour instinctif et la même ferveur que n'importe quel Aztèque regarde son Mexique ou n'importe quel Sioux sa prairie. Penser que les Arabes consentiront volontairement à la réalisation du sionisme en échange de bénéfices culturels et économiques que nous pourrions leur concéder est puéril. Cette imagination immature de nos « arabophiles » vient d'une espèce de contemplation niaise du peuple arabe, d'une vision sans fondement qui voudrait que cette race soit une populace prête à être muselée et qui vendrait ses terres pour un simple réseau ferroviaire.

Cette vision est totalement dépourvue de tout fondement. Chaque Arabe, chaque individu, pourrait être exproprié, mais cela ne signifie par pour autant que les Arabes de la terre d'Israël désirent vendre un patriotisme que même les Papous ne négocieraient pas. Chaque individu indigène résistera aux colons étrangers aussi longtemps qu'il gardera l'espoir de se débarrasser de la mainmise étrangère.

C'est exactement ce que font les Arabes de Palestine, et ils continueront dans cette voie aussi longtemps que subsistera en eux le moindre espoir d'empêcher la Palestine de devenir le « pays d'Israël ».

Certains d'entre nous imaginèrent qu'une incompréhension avait surgi, que les Arabes s'opposaient à nous parce qu'ils ne comprenaient pas nos intentions. Eh bien, non. Si nous avions montré clairement la modestie et la simplicité de nos intentions, ils auraient rengainé leurs armes. Mais cette hypothèse est aussi fallacieuse, on l'a constaté à maintes reprises. Je me permettrai de rappeler un seul incident. Il y a trois ans, lors de sa visite, Sokolow prononça un grand discours au sujet de cette « incompréhension », adoptant un langage tranchant pour prouver à quel point l'erreur des Arabes était profonde de craindre que nous les expropriions de leur terre ou de leur pays ou que nous les exterminions. Ce qui n'était absolument pas le cas. Nous ne voulions même pas d'un État hébreu, tout au plus voulions-nous un régime de représentants de la Ligue des Nations. Une réponse à ce discours fut publiée dans le journal arabe *Al-Carmel* dans un article que je cite de mémoire, mais je suis certain de son contenu.

« Nos grands sionistes sont inutilement perturbés, écrivait l'auteur de l'article. Il n'y a pas la moindre incompréhension. Ce que Sokolow affirma au nom du sionisme est vrai. Mais les Arabes le savent déjà. De toute évidence, les sionistes d'aujourd'hui ne peuvent pas rêver d'expulser ou d'exterminer les Arabes, ni même d'établir un État juif. Il est clair qu'en ce moment, une seule chose les préoccupe : que les Arabes n'interfèrent pas dans leur processus d'immigration. Pour ce faire, les sionistes ont boycotté les contrôles à l'immigration en vertu de la capacité économique d'absorption. Mais les Arabes ne se font aucune illusion, puisqu'il n'existe pas d'alternative à l'immigration. »

L'auteur de cet article va même jusqu'à croire que la capacité d'absorption de l'Eretz Israël est très grande et qu'il est tout à fait possible de laisser les juifs s'établir en grand nombre sans porter atteinte aux Arabes. « C'est exactement ce que le sionisme veut et ce que les Arabes ne veulent pas. Petit à petit, les juifs deviendront majoritaires et *ipso facto*, un État juif sera formé, et la minorité arabe sera soumise à la volonté des juifs. Mais ne sont-ce pas les juifs eux-mêmes qui ont affirmé à quel point il était “agréable” d'être une minorité ? Il n'y a aucune incompréhension. Les sionistes n'ont qu'un seul but, la liberté de l'immigration, et c'est précisément l'immigration des juifs que nous refusons. »

La logique adoptée par cet éditeur est si simple et si claire qu'il nous faudrait l'apprendre par cœur jusqu'à la considérer comme le fondement de notre notion de la question arabe. Cela ne nous sert à rien de citer Herzl ou Herbert Samuel pour justifier nos actes. La colonisation elle-même trouve sa propre justification, intégrale et inexorable, que chaque Arabe et chaque juif interprète à sa guise. La colonisation n'a qu'un seul but. Pour les Arabes palestiniens, ce but est inadmissible. C'est dans la nature des choses et changer cette nature est impossible.

Un plan qui semble attirer de nombreux sionistes dit ceci : s'il est impossible d'obtenir l'aval des Arabes palestiniens pour le sionisme, il faut alors tenter de l'obtenir des Arabes de Syrie, d'Irak, d'Arabie saoudite, voire même d'Égypte. Même si c'était possible, cela ne changerait pas la situation de départ. Cela ne modifierait pas l'attitude des Arabes de la terre d'Israël envers nous. Il y a soixante-dix ans, l'unification de l'Italie s'achevait, laissant Trento et Trieste sous la domination de l'Autriche. Et pourtant, les habitants de ces villes ne se résignèrent pas, au contraire ! Ils refusèrent la situation et luttèrent contre l'Autriche dans un regain de vigueur. S'il s'avérait possible – j'en doute – de discuter au sujet de la Palestine avec les Arabes de Bagdad et de La Mecque comme s'il s'agissait d'un simple lopin de terre à leurs frontières immatérielles, la Palestine resterait malgré tout la terre de leur naissance et non un territoire frontalier, la Palestine resterait le centre et le fondement même de leur existence nationale. Par conséquent, il faudrait aussi coloniser ces terres contre la volonté des Arabes palestiniens et leur condition serait identique à celle d'aujourd'hui.

Un accord avec les Arabes en dehors de la Terre d'Israël est aussi une illusion. Pour que les nationalistes de Bagdad, de La Mecque et de Damas acceptent le prix d'une telle contribution (et accepter aussi de redéfinir les caractéristiques arabes d'un pays situé au centre de leur future « fédération »), il faudrait leur offrir quelque chose de valable. Nous ne pourrions leur offrir que deux choses : de l'argent ou une assistance politique, voire les deux. Or nous ne pouvons leur offrir ni l'un ni l'autre. Si l'on parle d'argent, il serait vicieux de proposer des fonds pour le développement de l'Irak ou de l'Arabie saoudite, alors que nous en manquons déjà pour le pays d'Israël. Que dire alors d'une assistance politique pour aider à réaliser les aspirations politiques arabes ? Le nationalisme arabe s'est forgé les mêmes aspirations que celles du nationalisme italien avant 1870 et que le nationalisme polonais avant 1918 : réaliser l'unité et l'indépendance. Ces aspirations signifieraient l'éradication de toute trace d'influence britannique en Égypte et en Irak, l'expulsion des Italiens en Libye, le retrait des dominations françaises de Syrie, de Tunis, d'Alger et du Maroc. Supporter un tel mouvement signifierait pour nous pure tricherie et suicide assuré. Si l'on veut faire abstraction de la déclaration de Balfour signée par les Britanniques, nous ne pouvons pas oublier que la France et l'Italie l'ont aussi signée. Nous ne pouvons pousser le vice à vouloir le retrait des Britanniques de Suez et du Golfe persique ou l'élimination des règles coloniales françaises et italiennes en vigueur dans les territoires arabes. Un tel double jeu ne peut en aucun cas être envisagé.

Par conséquent, nous concluons que nous ne pouvons rien promettre aux Arabes de la terre d'Israël ou des autres pays arabes. Leur accord volontaire est hors de question. Dès lors, ceux qui soutiennent qu'un accord avec les autochtones est une condition essentielle du sionisme peuvent désormais dire « non » et se retirer du sionisme. La colonisation sioniste, la plus restreinte soit-elle, doit cesser, ou alors elle doit se poursuivre en dépit de la volonté des autochtones. Cette colonisation peut continuer et se développer à condition de se faire sous le couvert et la protection de forces indépendantes de la population locale – un mur de fer que la population native ne pourra abattre. Tel est le résumé de notre politique envers les Arabes. La formuler autrement ne serait que pure hypocrisie.

Nous devons l'admettre, c'est comme ça, qu'on le veuille ou non. Que signifient pour nous la déclaration de Balfour et son mandat ? C'est le fait qu'une puissance désintéressée s'engage à créer des conditions de sécurité telles que la population locale serait mise dans l'impossibilité d'interférer dans nos efforts.

Chacun de nous, sans exception, ne cesse de réclamer que ce pouvoir s'exerce strictement en remplissant ses obligations. Vu sous cet angle, il n'y a aucune différence significative entre nos « militaristes » et nos « végétariens ». Les uns préfèrent un mur de fer de baïonnettes juives, les autres proposent un mur de baïonnettes britanniques, et les troisièmes proposent un accord avec Bagdad et semblent satisfaits des baïonnettes de Bagdad – un étrange goût du risque, mais nous applaudissons tous, jour et nuit, le mur de fer. Nous réduirions à néant notre cause si nous proclamions la nécessité d'un tel accord et nous laisserions nos mandataires croire qu'il ne faut pas de mur de Fer, mais bien d'interminables conciliabules. Une telle déclaration ne peut que nous nuire. Par conséquent, il est de notre devoir sacré de dénoncer de tels propos et de prouver du même coup que c'est un piège et une désillusion.

Deux brèves remarques : tout d'abord, si quelqu'un objecte que ce point de vue est immoral, je lui réponds : c'est faux ; soit le sionisme est moral et juste, soit il est immoral et injuste. Mais cette question-là, il fallait la poser avant de devenir sioniste. En fait, nous nous la sommes posée et nous avons résolu d'y répondre par l'affirmative.

Nous soutenons que le sionisme est moral et juste. Puisqu'il est moral et juste, justice doit être faite, peu importe que Joseph ou Simon ou Ivan ou Ahmed soit d'accord ou pas.

Il n'y a pas d'autre moralité.

Tout cela ne signifie pas pour autant que toute forme d'accord soit impossible ; seul un accord sur base volontaire est impossible. Aussi longtemps qu'ils gardent une lueur d'espoir de pouvoir nous chasser, ils ne vendront pas leur espoir, même sous le coup de toutes sortes de mots mielleux ou d'appâts, parce qu'ils ne sont pas une populace mais un peuple, peut-être en lambeaux, mais un peuple bien vivant. Un peuple vivant ne serait réduit à de telles concessions que s'il était convaincu qu'il ne subsistait plus aucun espoir. S'il n'apercevait plus la moindre brèche dans le mur de fer, alors seulement les groupes extrémistes perdraient leur virulence et l'influence passerait alors entre les mains des groupes modérés. À ce moment seulement, nous verrions les groupes modérés venir à nous avec des propositions de concessions mutuelles. Alors seulement, on entendrait les groupes modérés proposer un compromis sur des questions d'ordre pratique telles que les garanties de non-expulsion, d'égalité ou d'autonomie nationale.

Je suis optimiste et je pense qu'ils recevront effectivement des garanties et des assurances satisfaisantes et que les deux peuples, en bons voisins, pourront vivre en paix. Mais le chemin qui mène à un tel accord est le mur de fer, ce qui revient à dire le renforcement d'un gouvernement en Palestine sans aucune forme d'influence arabe, c'est-à-dire un gouvernement contre lequel les Arabes se battront. En d'autres mots, pour nous, le seul chemin vers un accord dans le futur est le refus absolu de toute tentative d'accord aujourd'hui.

Annexe II

Les lois fondamentales israéliennes

Déclaration d'indépendance (1948).
Loi du retour (1950).
Loi sur la nationalité (1952).
Loi sur le parlement israélien (1958).
Loi sur la propriété de la terre (1960).
Loi sur le président de l'État d'Israël (1964).
Loi sur le gouvernement (1968 révisée en 1992).
Loi sur l'économie de l'État (1975).
Loi sur l'armée (1976).
Loi sur Jérusalem, capitale de l'État d'Israël (1980).
Loi sur la judicature (1984).
Loi sur le contrôleur de l'État (1988).
Loi sur la liberté de l'emploi (1992, révisée en 1994).
Loi sur la dignité de l'homme et sa liberté (1992).

Trois projets sont en cours :
— sur la garantie des droits ;
— sur les droits sociaux ;
— sur la liberté d'expression et d'association.

Annexe III

L'opération Champ d'épines

Renforcement massif des Forces israéliennes de défense (IDF) aux points d'affrontement. Utilisation d'autres forces afin d'assurer la sécurité des implantations, des routes stratégiques et des points de surveillance.

Déjà pratiqué :

— Recours aux hélicoptères et aux *snipers* afin d'apporter la mobilité et les tirs d'élimination ;
— utilisation générale des armes légères, de l'artillerie et des blindés afin de supprimer les tirs de *snipers*, les lancers de pierres et les manifestations ;
— bombardements, tirs d'artillerie, frappes d'hélicoptères contre des cibles palestiniennes de haute importance afin d'éliminer les éléments palestiniens responsables d'attaques [anti-israéliennes] ;
— intervention de recherche et de capture, raids dans les zones palestiniennes à Gaza et en Cisjordanie, visant à briser la résistance organisée et à en capturer ou tuer les principaux leaders ;
— destruction sélective d'infrastructures palestiniennes vitales et nettoyage de points stratégiques et de théâtres de tirs à proximité des zones urbaines palestiniennes ;
— mobilisation et déploiement de forces blindées et terrestres afin de faire face à une insurrection palestinienne massive.

Partiellement mis en pratique :

— Utilisation de blindés et de l'artillerie pour l'isolement de grandes zones peuplées palestiniennes et leur encerclement, parmi lesquelles de nombreuses parties de la zone A ;

— recours simultané à un blocus économique avec arrêt sélectif de certaines transactions financières, des déplacements motivés par le travail et des livraisons de carburants et de produits alimentaires ;

— utilisation du contrôle israélien de l'eau potable, de l'électricité, des accès routiers, afin de limiter l'étendue et la durée de la résistance palestinienne ;

— régulation et contrôle des accès aux médias et lancement d'une campagne d'information de grande envergure destinée à influencer l'opinion publique, tant locale que mondiale ;

— utilisation de forces militaires entraînées aux combats urbains afin de pénétrer dans les villes palestiniennes si nécessaire – ce qui est plus que probable dans les cas d'enclaves urbaines juives, comme à Hébron.

Non appliqué :

— menée à bien d'évacuations « temporaires » de colons israéliens d'implantations exposées, isolées et d'importance économique secondaire, telles Hébron ;

— arrestation d'officiels de l'Autorité palestinienne et imposition d'une nouvelle administration militaire ;

— évacuation forcée de Palestiniens de certaines « zones sensibles ».

Annexe IV

International Court of Justice
Filed in the Registry on : 30 JAN. 2004/2,

30 janvier 2004
COUR INTERNATIONALE DE JUSTICE
REQUÊTE POUR AVIS CONSULTATIF

CONSÉQUENCES JURIDIQUES DE L'ÉDIFICATION D'UN MUR DANS LE TERRITOIRE PALESTINIEN OCCUPÉ

Exposé écrit de la République française

Sommaire

Introduction et résumé

1. Par sa résolution ES-10/14 du 8 décembre 2003, l'Assemblée générale des Nations unies a prié la Cour de donner d'urgence un avis consultatif sur la question suivante :

« Quelles sont en droit les conséquences de l'édification du mur qu'Israël, puissance occupante, est en train de construire dans le territoire palestinien occupé, y compris à l'intérieur et sur le pourtour de Jérusalem-Est, selon ce qui est exposé dans le rapport du secrétaire général [Rapport du secrétaire général établi en application de la résolution ES-10/13 de l'Assemblée générale, document A/ES/10/248], compte tenu des règles et des principes du droit international, notamment la IVe Convention de Genève de 1949, et les résolutions consacrées à la question par le Conseil de sécurité et l'Assemblée générale ? »

2. Dans son ordonnance du 19 décembre 2003, la Cour a jugé que l'Organisation des Nations unies et ses États membres étaient, « conformément au paragraphe 2 de l'article 66 du Statut, susceptibles de fournir des renseignements sur l'ensemble des aspects soulevés par la question soumise à la Cour pour avis consultatif ». Elle a fixé au 30 janvier 2004 la date d'expiration du délai dans lequel ils pourraient soumettre à la Cour des exposés écrits sur la question. Les observations sont présentées en application de cette décision.

3. Liminairement, la République française tient à rappeler que, lors de la discussion préalable à l'adoption de la résolution ES-10/14, elle s'est associée à la position commune adoptée par les États membres de l'Union européenne exposée par le représentant de l'Italie s'exprimant au nom de l'ensemble des quinze États membres, des dix pays

qui le deviendront le 1er mai prochain et de six autres États européens[1]. Il résulte de cette déclaration que les États au nom desquels elle a été faite :

— condamnent de la manière la plus ferme les attaques terroristes contre Israël ;

— sont gravement préoccupés par la construction du mur qu'Israël a entreprise en partie sur le territoire palestinien et qui ne constitue pas une réponse appropriée à ces attaques ; ils partagent les inquiétudes exprimées à ce sujet dans le rapport du secrétaire général ;

— mais considèrent que la demande d'avis consultatif formulée par l'Assemblée générale n'est pas de nature à relancer le nécessaire dialogue politique entre les deux parties.

4. En conséquence, la France, comme les autres membres de l'Union européenne et les pays candidats, s'est abstenue lors du vote de la résolution ES-10/14, qui a été adoptée par une majorité de 90 voix contre 8, avec 74 abstentions.

5. La République française persiste à croire que l'avis que la Cour a été appelée à donner n'est pas de nature à faciliter la reprise du dialogue, éminemment politique par nature, entre Israël et la Palestine. Ainsi que le Conseil de sécurité le leur a demandé dans la résolution 1515 (2003), il appartient aux deux parties de « s'acquitter des obligations qui leur incombent en vertu de la Feuille de route[2] » qu'elles ont acceptée lors de la réunion d'Aqaba le 4 juin 2003. C'est au prix de ces efforts – soutenus par le « Quatuor » et la communauté internationale dans son ensemble – que la « vision d'une région dans laquelle deux États, Israël et la Palestine, vivent côte à côte, à l'intérieur de frontières reconnues et sûres[3] » pourra enfin être réalisée.

6. La République française tient en outre à souligner qu'une telle demande d'avis pourrait constituer un dangereux précédent en incitant tout État à solliciter un vote de l'Assemblée générale pour porter un différend devant la Cour, alors que celle-ci n'aurait pas compétence pour en connaître par la voie contentieuse.

---

1. Déclaration de S. E. M. Marcello Spatafora, ambassadeur, représentant permanent de l'Italie auprès des Nations unies, 8 décembre 2003, A/ES-1 O/PV.23, pp. 16-18.
2. 19 novembre 2003, paragraphe 2.
3. Résolution 1397 (2002), 12 mars 2002.

7. Comme la Cour l'a rappelé à maintes reprises : « Le pouvoir qu'a la Cour de donner un avis consultatif procède de l'article 65 du Statut. Le pouvoir ainsi attribué a un caractère discrétionnaire[1] ».

8. La France s'en remet à la sagesse de la Haute Juridiction « pour décider s'il convient, en l'espèce, de faire usage du pouvoir d'appréciation qui lui appartient pour ne pas donner suite à la demande d'avis. Les observations ci-après sont présentées dans l'hypothèse où la Cour estimerait devoir répondre sur le fond à la question posée par l'Assemblée générale.

9. Cette question porte exclusivement sur les conséquences juridiques de l'édification du mur contesté en territoire palestinien occupé (le terme « mur » employé dans le cadre du présent exposé est celui qu'utilise l'Assemblée générale dans la résolution ES-10/14). Elle n'est pas relative à la conformité de sa construction au droit international. L'appréciation de sa licéité constitue cependant un préalable nécessaire à la réponse à la question posée :

— en premier lieu, les conséquences de l'édification du mur selon le tracé retenu sont évidemment fort différentes selon que l'on considère que celle-ci est ou non conforme au droit international ;

— en second lieu, pour déterminer ces conséquences, il est indispensable de déterminer précisément non seulement si la construction du mur selon le tracé retenu est licite, mais aussi, dans la négative, quelles règles précises du droit international ont été violées.

10. Il convient également de rappeler d'emblée que la question posée à la Cour porte expressément sur les conséquences juridiques de l'édification du « mur qu'Israël, puissance occupante, est en train de construire dans le Territoire palestinien occupé, y compris à l'intérieur et sur le pourtour de Jérusalem-Est ». Il semble que certaines parties de ce mur soient construites en territoire israélien, en limite de la Ligne verte définie par l'accord d'armistice du 3 avril 1949. Au

1. Avis consultatif du 20 juillet 1962, « Certaines dépenses des Nations unies », Rec. 1962, p. 155 ; voir aussi, par exemple, les avis consultatifs des 30 mars 1950, « Interprétation des traités de paix » (1re phase), Rec. 1950, p. 72 ; 21 juin 1971, « Conséquences juridiques pour les États de la présence continue de l'Afrique du Sud en Namibie (Sud-Ouest africain) nonobstant la résolution 276 (1970) du Conseil de sécurité », Rec. 1971, p. 27, paragraphe 41 ; 16 octobre 1975, Sahara occidental, Rec. 1975, p. 21, paragraphe 23, ou 8 juillet 1996, « Licéité de la menace ou de l'emploi d'armes nucléaires », Rec. 1996, p. 235.

demeurant, selon le rapport du Secrétaire général, ces portions semblent très restreintes : « La partie de la barrière qui coïncide approximativement avec la Ligne verte est située à l'extrémité nord de la Cisjordanie. À l'ouest de Tulkarem, elle semble suivre un tracé situé du côté israélien de la Ligne verte sur une distance de 1 à 2 kilomètres » (A/ES-10/248, p. 4, paragraphe 7). Il paraît dès lors inutile de s'interroger sur la question de savoir si un État peut construire à ses frontières un mur de ce genre.

11. L'édification du mur selon le tracé retenu paraît, *prima facie*, incompatible avec certaines règles bien établies du droit international (1). Toutefois, de l'avis de la France, cette constatation ne saurait dispenser la Cour de s'interroger sur l'existence de circonstances qui pourraient être de nature à exclure l'illicéité de la construction du mur ; en particulier, s'il n'est pas douteux qu'Israël est en droit de prendre les mesures nécessaires pour assurer sa sécurité, il convient de vérifier si cette construction, compte tenu du tracé retenu, est proportionnée aux menaces auxquelles elle entend répondre (11). Dans la mesure où tel ne serait pas le cas, l'illicéité de la construction du mur selon le tracé retenu pourrait être constatée en droit.

12. Dans les nombreuses occasions où elle a eu à connaître de la commission d'un fait internationalement illicite, la Cour a précisé la nature et la portée des conséquences juridiques qu'emporte l'existence d'un tel fait (III). Les premières d'entre elles résident dans l'ensemble des obligations que le comportement contraire au droit met à la charge de son auteur. Ainsi, il incombe d'abord à celui-ci de « mettre fin à une situation irrégulière[1] » lorsque, comme dans le cas présent, cette situation persiste. De façon tout aussi « évidente[2] », l'État responsable est tenu de réparer intégralement le préjudice causé par le fait illicite. En l'occurrence, Israël doit donc notamment, ainsi que l'Assemblée générale le lui a signifié, « arrêter la construction du mur dans le territoire palestinien occupé, y compris Jérusalem-Est et ses alentours, et revenir sur ce projet ».[3]

En outre, compte tenu des circonstances et, en particulier, du tracé retenu, il importe également qu'Israël offre des assurances et garanties appropriées de non-répétition du fait illicite.

---

1. CIJ, arrêt du 13 juin 1951, Haya de La Torre, Rec. 1951, p. 82.
2. CIJ, Personnel diplomatique et consulaire des États-Unis à Téhéran, arrêt du 24 mai 1980, p. 42, paragraphe 90.
3. Résolution ES-10/13, 21 octobre 2003, paragraphe 1.

13. Dès lors qu'il est internationalement illicite, le fait constitué par l'édification du mur en territoire palestinien occupé emporte également des conséquences juridiques pour les États tiers et les organisations internationales. Ceux-ci sont notamment tenus de ne pas reconnaître la licéité de la situation créée par le tracé qu'emprunte cet ouvrage.

14. Il importe enfin de relever que la restauration de la relation juridique qu'a profondément affectée la construction du mur dans le territoire occupé ne pourra être effective et complète tant que l'exécution des obligations violées n'aura pas été reprise de bonne foi.

S'il le concerne au premier chef, ce devoir n'incombe pas exclusivement à l'auteur du fait illicite. Dans les circonstances qui ont conduit à la présente demande d'avis, il paraît particulièrement nécessaire de rappeler l'ensemble des parties concernées à leurs obligations internationales.

1. La question de la compatibilité de l'édification du mur selon le tracé retenu avec diverses règles de droit international

15. Par la voix de sa présidence, l'Union européenne a contesté à plusieurs reprises la licéité de l'édification du mur selon le tracé retenus[1]. L'Assemblée générale a exprimé un point de vue identique en déclarant, dans la résolution ES-10/13 du 21 octobre 2003, que la construction du mur dans le territoire palestinien occupé était « contraire aux dispositions pertinentes du droit international ». La République française a déjà eu l'occasion d'indiquer qu'elle partageait pleinement ce constat[2]. Elle se bornera donc ici à exposer les raisons de droit qui en justifient le bien-fondé. À cette fin, elle estime qu'elle ne serait pas dans son rôle en complétant ou en contestant les éléments figurant dans le rapport du secrétaire général et le résumé des positions juridiques d'Israël et de la Palestine[3] qui y est annexé.

1. Voir les déclarations du représentant permanent de l'Italie au Conseil de sécurité le 14 octobre MW (b/F V.454, p. 46) et à l'Assemblée générale le 8 décembre 2003 (AIES-IO/PV.23, p. 17).
2. Voir la déclaration du représentant permanent de la France au Conseil de sécurité le 14 octobre 2003 (S/PV.4841, pp. 19-20).
3. Le terme de « Palestine » est celui qui est employé depuis 1988 au sein du système des Nations unies.

Elle se contentera donc d'exposer les considérations juridiques qui lui paraissent découler de ces données.

a) La question des règles au regard desquelles la licéité de l'édification du mur selon le tracé retenu doit être examinée

16. Conformément aux termes de la résolution ES-10/14, la Cour est appelée à se prononcer sur les conséquences juridiques de l'édification du mur « compte tenu (...) notamment [de] la IVe Convention de Genève, et [des] résolutions consacrées à la question par le Conseil de sécurité et l'Assemblée générale ». Cette formulation implique, d'une part, que ces instruments juridiques sont applicables pour répondre à la question posée et, d'autre part, que des règles d'autre origine pourraient l'être. Il convient de s'interroger sur l'ensemble des principes au regard desquels la Cour doit répondre à la question qui lui est posée.

- i/L'applicabilité des règles relatives à l'occupation de guerre

17. Il résulte du texte même de la question que la Cour est appelée à privilégier la IVe Convention de Genève de 1949. L'utilisation par la résolution des formules « puissance occupante » et « territoire palestinien occupé » confirme cette constatation.

18. Comme la Cour l'a reconnu, les conventions de Genève « constituent à certains égards le développement [des principes généraux de base du droit humanitaire...] qu'à d'autres égards elles ne font qu'exprimer[1] ». Dès lors, « ces règles fondamentales s'imposent (...) à tous les États, qu'ils aient ou non ratifié les instruments conventionnels qui les expriment, parce qu'elles constituent des principes intransgressibles du droit international coutumier[2] ». Il en résulte également que, conformément au principe de base énoncé par

1. CIL, arrêt, 27 juin 1996, « Activités militaires et paramilitaires au Nicaragua ou contre celui-ci », Rec. 1996, p. 113, paragraphe 218 ; voir aussi l'avis consultatif du 8 juillet 1996, « Licéité de la menace ou de l'emploi d'armes nucléaires », Rec. 1996, p. 256, paragraphe 75.

2. *Ibid.*, p. 257, paragraphe 79.

la clause de Martens, énoncée pour la première fois dans la Convention II de La Haye de 1899 concernant les lois et coutumes de la guerre sur terre et dont la Cour a rappelé l'applicabilité continue dans sa version contemporaine résultant de l'article 1, paragraphe 2, du protocole additionnel 1 de 1977[1], « les personnes civiles et les combattants restent sous la sauvegarde et sous l'empire des principes du droit des gens, tels qu'ils résultent des usages établis, des principes de l'humanité et des exigences de la conscience publique ».

19. Par ailleurs, quand bien même la Convention IV ne serait pas applicable en tant que telle du fait qu'elle n'a pas été ratifiée par l'autre partie au conflit armé, la Palestine, ses dispositions n'en seraient pas moins applicables, non pas en tant que telles, mais du fait que, et dans la mesure où, elles expriment les principes généraux du droit humanitaire.

20. En outre, et plus précisément dans le cas présent :

— le conflit armé de 1967 qui est à l'origine de l'occupation des territoires de la rive ouest et de Gaza a opposé Israël à l'Égypte, la Syrie et à la Jordanie, trois États parties aux Conventions de 1949 ;

— la Palestine, qui a demandé, à plusieurs reprises, à devenir partie aux Conventions de Genève s'est engagée à appliquer unilatéralement ces instruments et le gouvernement suisse dépositaire, sans « trancher la question de savoir si [la dernière en date de ces communications, du 21 juin 1989, devait] être considérée comme un instrument d'adhésion au sens des dispositions pertinentes des Conventions et de leurs protocoles additionnels », a estimé que « la déclaration unilatérale d'application des quatre Conventions de Genève et du protocole additionnel 1 faite le 7 juin 1982 par l'OLP demeure valable[2] » ;

— Israël a, dans un premier temps, reconnu l'applicabilité de la Convention aux termes de l'article 35 de l'ordre n° 1 édicté par les autorités d'occupation le 7 juin 1967, « *the Military Court (...) must apply the provisions of the Geneva Convention dated 12 August, 1949, Relative to the Protection of Civilians in Time of War, with respect tojudicial procedures. In case of conflict between this Order and said Convention, the Convention shall prevail*[3] » ; par ailleurs, il convient de relever que la

1. Voir l'avis précité de 1996, Rec. 1996, p. 257, paragraphe 78, et p. 260, paragraphe 87.
2. RIC.R., 1990, pp. 69-70.
3. Texte in *Proclamation, Orders and Appointments of the Israeli Defence Forces in the West bank Area*, 11 août 1967.

Cour suprême d'Israël, saisie du cas de civils palestiniens expulsés sur ordre du commandant militaire de Judée et de Samarie hors de ces territoires à destination de Gaza, a, dans un jugement en date du 3 septembre 2002[1], fait explicitement application de certaines dispositions de la Convention IV, ce qu'elle évitait de faire auparavant, même si elles les appliquait de facto[2] ;

– enfin, l'applicabilité de la Convention IV a été affirmée à maintes reprises par les organes compétents des Nations unies[3].

21. Quant au règlement de La Haye de 1907, ses dispositions ont acquis une valeur coutumière qui les rend opposables à tout État, partie ou non.

• ii/L'applicabilité des règles relatives à la protection internationale des droits de l'homme

22. Contrairement à la Convention IV de 1949, les traités relatifs à la protection internationale des droits de l'homme auxquels Israël est partie ne sont pas expressément mentionnés comme étant des instruments pertinents par la résolution ES-10/14 saisissant la Cour de la question en examen. À cet égard, il apparaît que la Cour devrait être guidée par les deux directives suivantes.

23. En premier lieu, conformément à l'article 2 du pacte relatif aux droits civils et politiques, les États parties « s'engagent à respecter et à garantir à tous les individus se trouvant sur leur territoire et relevant de leur compétence » les droits qui y sont reconnus. Bien qu'il ne comporte pas de disposition similaire du fait de la nature des

---

1. *Cf.* HCJ 7015/02 et 7019/02, Ajuri v. IDF Commander, [2002] IsrLR, paragraphe 13.

2. *Cf.* HCJ 1361/91 Mesalem v. IDF Commander in Gaza Strip lsrSC 36(4) 444, p. 456 ; HSJ 554/81 Beransa v. Central Commander isrSC 36(4)247, p. 250.

3. Voir notamment les résolutions de l'Assemblée générale 2851 (XXVI) du 20 décembre 1971, 3092M ~A~A v111J Uu 1 décembre 1973, 3240 B (XXIV), du 29 novembre 1974, 3525 B (XXX) du 15 décembre 1975 ou encore 58/97 du 17 décembre 2003. Sur ce point, v. également les résolutions du Conseil de sécurité 271 (1969) du 15 septembre 1969, 446 (1979) du 22 mars 1979, 465 (1980) du 1er mars 1980, 672 (1990) du 12 octobre 1990 et, plus récemment, 1322 (2000) du 7 octobre 2000 et 1435 (2002) du 24 septembre 2002.

droits qu'il énonce, le pacte relatif aux droits économiques, sociaux et culturels doit être interprété dans le même esprit. Il en résulte que les pactes sont en principe applicables dans les territoires occupés dans la mesure où les individus qui s'y trouvent « relèvent de la compétence » de la puissance occupante.

24. En second lieu cependant, il convient de tenir dûment compte de l'article du pacte relatif aux droits civils et politiques, qui :

— d'une part, autorise les États parties à « prendre, dans la stricte mesure où la situation l'exige, des mesures dérogeant aux obligations » qui y sont prévues « sous réserve que ces mesures ne soient pas incompatibles avec les autres obligations qui leur incombent en droit international… » (paragraphe 1) ;

— d'autre part, exclut toute dérogation à certaines dispositions (paragraphe 2) ; toutefois, aucune de ces exclusions ne paraît pertinente en l'espèce.

• iii/Les résolutions consacrées à la question par le Conseil de sécurité et l'Assemblée générale

25. Dans sa demande d'avis, l'Assemblée générale a souligné l'utilité de prendre en considération les résolutions consacrées à la question par le Conseil de sécurité et l'Assemblée générale. La France croit utile d'apporter les précisions suivantes à ce sujet.

26. Il convient probablement de ne pas interpréter de manière étroite l'expression « résolutions consacrées à la question ». On peut relever à cet égard que le Conseil de sécurité n'a adopté aucune résolution portant directement sur la question de la licéité de l'édification du mur ou sur ses conséquences. Quant à l'Assemblée générale, outre la résolution ES-10/14, elle a, par sa résolution ES-10/13 du 21 octobre 2003, adoptée par 144 voix contre 4 avec 12 abstentions, exigé « qu'Israël arrête la construction du mur dans le territoire palestinien occupé, y compris Jérusalem-Est et ses alentours, et revienne sur ce projet, qui s'écarte de la ligne d'armistice de 1949 et qui est contraire aux dispositions pertinentes du droit international ». Dans ses résolutions 58/98 et 58/99 du 9 décembre 2003, elle s'est de nouveau déclarée préoccupée par la construction du mur et son tracé et, dans la première, elle a de nouveau exigé l'arrêt de son édification.

27. Ces quelques résolutions ne sont pas les seules à être pertinentes aux fins de la demande d'avis : de nombreux éléments figurant

dans les résolutions du Conseil de sécurité et de l'Assemblée générale devraient en outre être pris en considération par la Cour, notamment ceux concernant le droit applicable[1], l'inadmissibilité de l'acquisition de territoires par la force et la condamnation des tentatives d'annexion de certains territoires occupés par Israël, ainsi que de la politique de colonisation qui y est menée[2]. Tel est aussi le cas d'autres résolutions, plus générales, comme les résolutions 1368 (2001) et 1373 (2001) relatives à la lutte contre le terrorisme[3].

- iv/Les accords particuliers par lesquels les parties concernées sont liées

28. Bien que la résolution ES-10/14 ne mentionne spécifiquement aucun instrument juridique particulier autre que la IVe Convention de Genève, sa rédaction non limitative invite à s'interroger sur l'existence de règles qui pourraient lier les parties concernées, soit entre elles, soit même dans leurs relations avec des tiers, et qui seraient pertinentes pour permettre à la Cour de répondre à la question que lui a posée l'Assemblée générale.

29. L'accord intérimaire israélo-palestinien de Taba relatif à la Cisjordanie et à la bande de Gaza du 28 septembre 1995, qui se substitue aux accords de Washington du 13 septembre 1993 et du Caire du 4 mai 1994, et en reprend et en complète les dispositions pertinentes, pourrait présenter une certaine pertinence à cet égard[4]. Aux termes de l'article XI de cet accord : « Les deux parties considèrent la Cisjordanie et la bande de Gaza comme une seule entité territoriale, dont l'intégrité et le statut seront préservés au cours de la période intérimaire. »

---

1. Voir ci-dessus, paragraphe 21.
2. Voir notamment, en ce qui concerne l'annexion de Jérusalem-Est, les résolutions du Conseil de sécurité : 298 (1971) du 25 septembre 1971, 476 (1980) du 30 juin 1980, 478 (1980) du 20 août 1980, et celles de l'Assemblée générale : 36/120 E du 10 décembre 1981, 56131 du 3 décembre 2001 et 58/22 du 3 décembre 2003. Pour ce qui est des colonies de peuplement, voir les résolutions 446 (1979) du 22 mars 1979, 452 (1979) du 20 juillet 1979, 465 (1980) du 1er mars 1980 du Conseil, ou 2253 (ES-V) du 4 juillet 1967, 36/226 A du 17 décembre 1981, 38/58 C du 13 décembre 1983, 44/40 A du 4 décembre 1989, 57/126 du 11 décembre 2002, ES-10/6 du 9 février 1999, ES-10/ 13 du 21 octobre 2003 ou 59/98 du 9 décembre 2003 de l'Assemblée.
3. *Cf. infra* paragraphe 49.
4. Document A/1511/889 et S/1997/357.

En outre, les articles XXIX et XXX, et VIII et IX de l'annexe 1 garantissent et organisent le libre passage entre la Cisjordanie et la bande de Gaza, et les mouvements dans, depuis et vers ces territoires.

30. La question se pose en outre du statut juridique de la Feuille de route, établie par le « quatuor » constitué par des représentants des États-Unis d'Amérique, de la Fédération de Russie, de l'Union européenne et de l'Organisation des Nations unies, et approuvée par la résolution 1515 (2003) du Conseil de sécurité du 19 novembre 2003[1]. Le texte de ce document a été présenté au gouvernement israélien et à l'Autorité palestinienne le 30 avril 2003 et, bien qu'Israël eût fait des réserves concernant le détail du texte, les deux parties en ont approuvé le principe lors de la conférence d'Aqaba, le 4 juin 2003.

31. Il n'est pas exclu que ces engagements croisés puissent être considérés comme un accord liant leurs auteurs[2] ; on peut aussi les considérer comme des actes juridiques unilatéraux obligatoires à ce titre. En tout cas, il convient de remarquer que la Feuille de route est rédigée en termes d'obligations pesant sur les parties[3] et que par sa déclaration du 22 juin 2003, le « quatuor » a pris acte des « engagements » pris à l'occasion du sommet d'Aqaba[4]. De plus, dans sa résolution 1515 du 19 novembre 2003, le Conseil de sécurité a demandé « aux parties de s'acquitter des obligations qui leur incombent en vertu de la Feuille de route, en coopération avec le quatuor, et de concrétiser la vision de deux États vivant côte à côte dans la paix et la sécurité ».

32. Sur le fond, la Feuille de route comporte des éléments qui présentent des liens très directs avec la question posée à la Cour. En particulier :

---

1. Document S/2003/529.

2. La Cour a eu l'occasion de préciser qu'un accord n'était soumis à aucune forme particulière en droit international (*cf.* les arrêts du 19 décembre 1978, « Plateau continental de la mer Égée », Rec. 1978, p. 39, paragraphe 96, et du 1er juillet 1994, « Délimitation maritime et questions territoriales entre Qatar et Bahreïn », Rec. 1994, pp. 120-121, paragraphe 23.

3. *Cf.* la partie introductive, *in fine* « À chaque phase, les parties doivent s'acquitter de leurs obligations parallèlement, sauf indication contraire » (S/2003/529, annexe p. 2).

4. Voir l'annexe de la lettre datée du 25 juin 2003, adressée au président du Conseil de sécurité par le secrétaire général (S/2003/672).

— dès la phase 1 (en principe avant mai 2003), « les Palestiniens entreprennent immédiatement de mettre fin à la violence sans condition » et « Israël prend toutes les dispositions nécessaires pour aider à normaliser la vie des Palestiniens » et « gèle toutes les activités d'implantation de colonies » ;

— « Le gouvernement israélien ne prend aucune disposition susceptible de briser la confiance, notamment les expulsions, les attaques dirigées contre des civils, la saisie ou la destruction de biens palestiniens comme mesure punitive ou destinée à faciliter des activités de construction par Israël, la destruction d'institutions et d'infrastructures palestiniennes et autres mesures énoncées dans le plan de travail Tenet » ;

— en outre, « Israël prend des mesures pour améliorer la situation humanitaire », notamment « en assouplissant les restrictions à la circulation des personnes et des biens » ;

— s'agissant de la phase II (qui devait durer de juin à décembre 2003), il est prévu que, dans le cadre du processus de négociation israélo-palestinien visant à la création d'un État palestinien indépendant doté de frontières provisoires, « les accords antérieurs visant à maximiser la continuité territoriale seront mis en œuvre ».

b) La question de la conformité à ces règles de l'édification du mur selon le tracé retenu

33 Après avoir examiné la nature des règles pertinentes, la République française abordera la question de la conformité à celles-ci de la construction du mur selon le tracé retenu. Par commodité, il semble opportun de distinguer les problèmes posés par l'interdiction de l'annexion (i), d'une part, et les manquements aux autres règles du droit humanitaire et les atteintes aux règles protectrices des Droits de l'homme applicables (ii), d'autre part.

- i/Les problèmes juridiques posés par l'interdiction de l'annexion et les questions connexes

34. Il ne saurait faire de doute que si l'édification du mur devait s'analyser en une annexion d'une partie du territoire palestinien occupé, celle-ci serait contraire à l'idée même d'occupation militaire, qui correspond à un pouvoir de fait (*cf.* l'article 42 du Règlement de La Haye) n'ayant vocation à s'exercer que de manière temporaire. Il en résulte qu'une annexion, *de facto* ou *de jure*, ne saurait priver les

personnes protégées qui se trouvent sur le territoire occupé du bénéfice de la IVe Convention de 1949 (article 47).

35. Cette règle est renforcée par le principe de l'interdiction de l'acquisition de tout territoire par la force. Découlant de l'article 2, paragraphe 4, de la Charte des Nations unies, ce principe est exprimé avec netteté dans la déclaration relative aux principes du droit international touchant les relations amicales et la coopération entre les États, conformément à la Charte des Nations unies[1].

36. Le Conseil de sécurité a fait application de ce principe au cas des territoires arabes occupés dès sa résolution 242 (1967) du 22 novembre 1967 dans laquelle il souligne « l'inadmissibilité de l'acquisition de territoire par la guerre » et affirme que « l'instauration d'une paix juste et durable » doit comprendre le principe du « retrait des forces armées israéliennes des territoires occupés lors du récent conflit ». Le Conseil a réaffirmé ce principe à maintes reprises depuis lors[2].

37. Il reste que, de son côté, « Israël a déclaré à plusieurs reprises que l'édification de la barrière est une mesure temporaire[3] ». Ainsi, le représentant permanent d'Israël a affirmé dans une déclaration du 8 décembre 2003 devant l'Assemblée générale des Nations unies que « *the security fence is a temporary* (...) *measure* (...) *As soon as the terror ends, the fence will no longer be necessary*[4] ». La décision 2077 du conseil des ministres israéliens approuvant la première phase de construction de la « barrière de sécurité » confirme du reste qu'« elle ne constitue pas une frontière politique ou autre[5] ».

1. Résolution 2625 (XXV) du 24 octobre 1970.
2. Voir notamment les Résolutions 252 (1968) du 21 mai 1968, 267 (1969) du 3 juillet 1969, 298 (1971) du 25 septembre 1971, 476 (1980) du 30 juin 1980, 478 (1980) du 20 août 1980 et 681 (1990) du 20 décembre 1990. Voir aussi, notamment, les Résolutions 2799 (XXVI) du 13 décembre 1971, 2949 (XXVII) du 8 décembre 1972, 131/61 du 9 décembre, 197632/20 du 25 novembre 1977, 37/123 A du 20 décembre 1982, 44/40 A du 4 décembre 1989, 52/52 du 9 décembre 1997, 55155 du 10 décembre 2000, 56/36 du 3 décembre 2001 ou 57/110 du 3 décembre 2002 de l'Assemblée générale.
3. Rapport du Secrétaire général, A/ES-10/248, paragraphe 29.
4. Texte disponible sur le site www.Ismet-UN.org.
5. Voir le rapport du secrétaire général, paragraphe 5.

38. De l'avis de la République française, de telles déclarations ont une incidence juridique. Elles conduisent la République française à estimer que l'on ne saurait imputer à Israël, du seul fait de la construction du mur, une violation du principe fondamental du droit international, qui s'applique aux territoires occupés, de l'interdiction de toute acquisition territoriale par la force, dans la mesure où cette construction est déclarée temporaire et sans incidence sur le tracé des frontières définitives entre Israël et la Palestine. Le gouvernement français rappelle toutefois que l'Assemblée générale a indiqué, dans la résolution ES-10/13 du 21 octobre 2003, que : « Le tracé prévu du mur que construit Israël, la puissance occupante, dans le territoire palestinien occupé, y compris Jérusalem-Est et ses alentours, risque de préjuger des négociations futures et de rendre la solution à *(sic)* deux États physiquement impossible à appliquer et d'entraîner une situation humanitaire encore plus difficile pour les Palestiniens. »

- ii/Les manquements aux autres règles du droit international humanitaire et aux principes protecteurs des droits de l'homme applicables

39. La construction du mur paraît contraire à d'autres règles du droit international humanitaire ou protectrices des droits de l'homme par lesquelles Israël est lié. Ainsi que la France l'a indiqué ci-dessus (sections a, i et ii), les deux corps de règles sont applicables en l'espèce et se complètent mutuellement. Il y a donc lieu d'examiner conjointement les violations que l'édification du mur pourrait constituer des unes et des autres.

40. Sous réserve des aspects examinés ci-dessus (i), l'un des manquements les plus graves aux règles du droit international humanitaire résultant de la construction du mur selon le tracé retenu concerne sans doute, *prima facie*, la destruction de biens ou de propriétés qu'elle entraîne, et qui est mentionnée dans le rapport du secrétaire général[1].

41. À cet égard, le droit international invite à tenir compte de deux considérations. D'une part, il impose une indemnisation qui compense effectivement l'intégralité du préjudice subi par les propriétaires des

1. A/ES-10/248, paragraphe 29. Voir aussi les paragraphes 17, 18 et 25.

biens concernés. D'autre part, il permet la prise en compte des « nécessités de la guerre ».

42. En effet, aux termes de l'article 23.g) du règlement de La Haye de 1907, il est interdit « de détruire ou de saisir des propriétés ennemies, sauf le cas où ces destructions ou ces saisies seraient impérieusement commandées par les nécessités de la guerre ».

Et l'article 53 de la IVe Convention de 1949 dispose : « Il est interdit à la puissance occupante de détruire des biens mobiliers ou immobiliers, appartenant individuellement ou collectivement à des personnes privées, à l'État ou à des collectivités publiques, à des organisations sociales ou coopératives, sauf dans les cas où ces destructions seraient rendues absolument nécessaires par les opérations militaires. »

En outre, l'article 147 de la convention considère comme des « infractions graves (...) la destruction et l'appropriation de biens non justifiées par des nécessités militaires et exécutées sur une grande échelle de façon illicite et arbitraire ».

43. Il résulte de leur énoncé que ces interdictions ne sont pas absolues et s'entendent sous réserve des nécessités militaires[1]. Il importe cependant de noter qu'elles sont énoncées, dans ces trois dispositions, de façon particulièrement stricte : elles doivent être « impérieuses » ou « absolument nécessaires ». Il appartiendra à la Cour de porter sur ce point sa propre appréciation.

44. Il est un deuxième domaine dans lequel la construction du mur paraît, *prima facie*, tenir en échec sinon les règles du droit international humanitaire, du moins celles qui sont relatives à la protection des droits de l'homme. Cette édification porte en effet une atteinte sérieuse à la liberté de circulation des personnes garantie par l'article 12 du pacte international relatif aux droits civils et politiques de 1966. Ici encore, il résulte de la rédaction même de cette disposition qu'il ne s'agit pas d'une liberté absolue, puisque le paragraphe 3 de l'article admet la possibilité de « restrictions prévues par la loi, nécessaires pour protéger la sécurité nationale, l'ordre public... ». De l'avis de la République française, d'un côté, il ne faut pas interpréter de manière trop restreinte cette possibilité dans le cadre d'une guerre. D'un autre côté, il convient de tenir compte de la durée

1. L'impact juridique de telles nécessités sera examiné ci-après (paragraphe 53).

extrêmement longue de l'occupation en question, qui rend difficilement acceptables des restrictions qui seraient justifiables si elles étaient provisoires et limitées à la période suivant immédiatement des opérations militaires.

2. *La question de la proportionnalité de l'édification du mur selon le tracé retenu par rapport aux menaces pesant sur Israël*

45. Si, selon l'article 1 du projet d'articles de la Commission du Droit international sur la responsabilité de l'État pour fait internationalement illicite, « tout fait internationalement illicite de l'État engage sa responsabilité internationale », l'illicéité est exclue dans un certain nombre de circonstances énumérées aux articles 20 à 25 de ce projet. Il convient donc de s'interroger sur la question de savoir si, bien qu'elle soit, *prima facie*, contraire à plusieurs obligations internationales d'Israël, l'édification du mur sur le territoire palestinien occupé ne peut être justifiée par certaines de ces circonstances. Il convient notamment de se demander si cette édification constitue une réponse proportionnée (b) aux menaces auxquelles elle entend riposter (a).

a) Le droit d'Israël de riposter aux menaces pesant sur sa sécurité

46. Comme l'indique le rapport du Secrétaire général, la construction du mur s'inscrit dans le cadre des mesures étudiées par le gouvernement israélien en vue d'« enrayer les infiltrations en Israël à partir du centre et du nord de la Cisjordanie » et a été décidée « [à] la suite d'une forte augmentation du nombre des attentats terroristes perpétrés par des Palestiniens au printemps 2002[1] ».

47. Il est incontestable qu'Israël doit faire face à des menaces graves pesant sur sa sécurité auxquelles il doit être mis fin. Telle est du reste l'une des préoccupations constantes reflétées par la Feuille de route qui rappelle qu'« un règlement du conflit israélo-palestinien prévoyant deux États ne verra le jour que lorsque la violence et le

1. A/ES-10/248, paragraphe 4.

terrorisme auront pris fin » et appelle avec insistance les dirigeants palestiniens à « agir de façon décisive contre le terrorisme[1] ».

48. Ces préoccupations ont été exprimées avec fermeté, le 14 octobre 2003, par le représentant permanent de la France lors du débat du Conseil de sécurité : « La France reconnaît le droit imprescriptible d'Israël à la sécurité et son droit à se défendre et à lutter contre les attentats terroristes, qui sont absolument condamnables, moralement répugnants et qu'aucune cause ne saurait justifier[2]. »

Le délégué de l'Italie s'est exprimé dans le même sens au nom de l'ensemble des États membres de l'Union européenne et a réitéré leur ferme condamnation de l'intensification des attaques-suicides et des autres actes de violence au cours des débats de la dixième session extraordinaire d'urgence de l'Assemblée générale le 20 octobre 2003[3] puis, de nouveau, le 8 décembre 2003 durant le débat sur le projet de résolution ES-10/14[4], en même temps qu'il reconnaissait, toujours au nom de l'Union européenne, « le droit d'Israël de protéger ses citoyens des attentats terroristes ».

49. De même, l'Assemblée générale a condamné à maintes reprises « tout recours à la violence, au terrorisme et à la destruction » et, en particulier, les attentats suicides[5], et demandé à l'Autorité palestinienne « d'arrêter et de désorganiser les individus et les groupes qui exécutent et organisent des attentats violents et de les empêcher d'agir[6] ». Pour sa part, le Conseil de sécurité s'est déclaré « attaché à la vision d'une région dans laquelle deux États, Israël et la Palestine, vivent côte à côte, à l'intérieur de frontières reconnues et sûres », dans la droite ligne de ses résolutions 242 (1967) et 338 (1973), et a exigé « la cessation immédiate de tous les actes de violence, y compris tous les actes de terreur[7] ». Par ailleurs, le Conseil de sécurité a, par sa

---

1. Document S/2003/529, annexe.
2. Voir S/PV.4841, p. 19.
3. Voir A/ES-IO/PV.21, p. 22-23.
4. Voir A/ES-IO/PV.23, p. 17.
5. Résolution ES-10/13 du 21 octobre 2003 ; voir aussi les résolutions ES-10/2 du 25 avril 1997, ES-10/8 du 20 décembre 2001, 57/110 du 3 décembre 2002, 57/127 du 11 décembre 2002, ES-10/12 du 19 septembre 2003 et 58/98 et 58/99 du 9 décembre 2003.
6. Résolution ES-10/13.
7. Résolution 1397 (2002) du 12 mars 2002 ; voir aussi les résolutions 1402 (2002) du 30 mars 2002, 1435 (2002) du 24 septembre 2002, et 1515 (2003) du 19 novembre 2003.

résolution 1269 dont la portée est générale, « [condamné] catégoriquement tous les actes ainsi que toutes les méthodes et pratiques de terrorisme, qu'il juge criminels, et injustifiables, quels qu'en soient les motifs, sous toutes leurs formes et manifestations, où qu'ils soient commis et quels qu'en soient les auteurs, en particulier ceux qui risquent de porter atteinte à la paix et à la sécurité internationales[1] ». Il a, par sa résolution 1435, « [demandé] à l'Autorité palestinienne d'honorer l'engagement qu'elle a pris et de faire traduire en justice les auteurs d'attentats terroristes[2] ».

50. Ces actes ont sans aucun doute créé une situation qui autorise Israël à prendre des mesures de nature à assurer sa sécurité, que l'on qualifie cette situation de légitime défense, de détresse ou d'état de nécessité.

b) L'évaluation du problème de la proportionnalité

• i/L'exigence de proportionnalité

51. Indépendamment des conditions particulières auxquelles chacune de ces circonstances excluant l'illicéité peut être subordonnée, toutes exigent que les mesures en question soient proportionnelles au danger auquel elles répondent. Ainsi, en ce qui concerne la légitime défense, qu'Israël invoque expressément[3], son exercice est subordonné, par l'article 51 de la Charte et par le droit international coutumier, à des conditions strictes dont l'une est précisément le principe de proportionnalité ; « les conditions de proportionnalité de nécessité [sont] inhérentes au concept de légitime défense[4] ».

---

1. Résolution 1269 (1999) du 19 octobre 1999, paragraphe 1. Voir aussi les résolutions 1368 (2001) et 1373 (2001).
2. Résolution 1435 (2002) du 24 septembre 2002, paragraphe 4
3. Annexe 1 au rapport du secrétaire général, A/ES-10/248, paragraphe 6.
4. Rapport de la CDI, 53e session, 2001, Assemblée générale, documents officiels, 56e session, supplément n° 10 (A/56/10), p. 192, commentaire de l'article 21, paragraphe 6. Voir notamment CIJ, arrêt, 27 juin 1986, « Activités militaires et paramilitaires au Nicaragua ou contre celui-ci », Rec, 1986, p. 94, paragraphe 176, ou p. 103, paragraphe 194, avis consultatif, 8 juillet 1996, « Licéité de la menace ou de l'emploi d'armes nucléaires » Rec. 1996-1, p. 245, paragraphe 41, et arrêt 6 novembre 2003, « Plates-formes pétrolières », paragraphes 43, 51, 74 et 76.

52. La condition de proportionnalité trouve également à s'appliquer si l'on considère la construction du mur comme une contre-mesure adoptée et mise en œuvre en riposte aux menaces, sans aucun doute illicites[1], pesant sur Israël. Outre qu'elles « sont limitées à l'inexécution temporaire d'obligations internationales de l'État prenant les mesures envers l'État responsable » et « doivent, autant que possible, être prises d'une manière qui permette la reprise de l'exécution des obligations en question[2] » et ne porter atteinte ni « aux obligations concernant la protection des droits fondamentaux de l'homme », ni « aux obligations de caractère humanitaire excluant les représailles[3] ».

« Les contre-mesures doivent être proportionnelles au préjudice subi, compte tenu de la gravité du fait internationalement illicite et des droits en cause[4] ».

53. Le fait que le mur soit construit dans le cadre d'une occupation armée est sans incidence sur l'exigence fondamentale de proportionnalité. L'ensemble du droit dans les conflits armés internationaux est dominé par la recherche d'un équilibre entre les nécessités de la guerre et son humanisation, ce qui constitue en soi une illustration du principe de proportionnalité. Il se trouve plus précisément énoncé dans les dispositions spécifiques qui trouvent application en la présente espèce, qu'il s'agisse de l'article 23.g) du règlement de La Haye de 1907 ou des articles 53 ou 147 de la IVe Convention de Genève de 1949, qui restreignent de manière particulièrement stricte la possibilité d'invoquer les « nécessités militaires » (voir *supra*, paragraphes 42 et 43).

54. Il en va de même en ce qui concerne la lutte contre le terrorisme. Ainsi, tout en reconnaissant « le droit imprescriptible d'Israël à la sécurité et son droit à se défendre et à lutter contre les attentats terroristes » (voir *supra*, paragraphe 48), le représentant permanent de la France a, lors de son intervention du 14 octobre 2003 devant le Conseil de sécurité, précisé que, « cependant, la lutte contre le terrorisme ne saurait tout justifier et doit se faire dans le respect du droit[5] ».

1. Voir a), supra.
2. Article 49, paragraphes 2 et 3, du projet précité de la CDI.
3. *Ibid.*, article 50, paragraphe I. b) et c).
4. *Ibid*, article 51. Voir CIJ, arrêt du 25 septembre 1997, Projet de Gabeikovo-Nagymaros, Rec. 1997, p. 56.
5. Voir S/PV.484 1, p. 19. Voir également les interventions précitées (notes 73, 74 et 75) du représentant de l'Italie au nom de l'Union européenne des 14 et 20 octobre 2003 et du 8 octobre 2003.

• ii/L'appréciation de la proportionnalité

55. Si la Cour décide de donner suite à la demande d'avis, il lui revient d'établir si les conditions nécessaires à la mise en œuvre d'une circonstance excluant l'illicéité résultant de la construction du mur sont remplies et, en particulier, si l'exigence fondamentale de proportionnalité a été respectée.

56. À cette fin, la Haute Juridiction sera conduite à prendre en considération non seulement les circonstances immédiates de l'édification du mur, mais aussi le contexte plus général dans lequel celle-ci intervient.

57. Dans l'affaire des plates-formes pétrolières, la Cour a précisé qu'elle « ne saurait apprécier isolément la proportionnalité entre [l'action contre les plates-formes] et l'attaque censée l'avoir motivée[1] ». De même ici, il lui faudra tenir pleinement compte à la fois de la gravité des menaces pesant sur la sécurité d'Israël, de l'ensemble des mesures prises par le gouvernement israélien pour y faire face, dont la construction du mur n'est qu'un épisode, ainsi que des atteintes que la construction du mur porte aux droits des Palestiniens.

58. Dans ce contexte, la Cour pourrait souhaiter prendre notamment en compte le fait que le mur, s'il est achevé, constituera une barrière continue, entrecoupée d'un petit nombre de points de passage, de 720 kilomètres de long[2] créant au surplus de multiples enclaves touchant plus d'un demi-million de Palestiniens[3] et amputant *de facto* le territoire palestinien occupé, dont une portion se trouvera coupée de tout contact direct avec un État tiers.

3. La question des conséquences juridiques de l'édification du mur selon le tracé retenu

a) L'obligation de mettre fin à la situation illicite et de réparer le préjudice qu'elle a causé

59. Ainsi que la Commission du droit international l'indique dans le commentaire des articles qu'elle a adoptés en 2001 sur la

1. Arrêt du 6 novembre 2003, paragraphe 77 ; voir aussi le paragraphe 68.
2. Rapport du secrétaire général, A/ES-10/248, paragraphe 6.
3. *Ibid.*, paragraphe 8.

responsabilité de l'État pour fait internationalement illicite, « la question de la cessation est souvent étroitement liée à celle de la réparation, et en particulier de la restitution[1] ». Un État ne saurait en effet s'acquitter pleinement du devoir qui lui incombe, au titre de la réparation, d'éliminer les conséquences de son comportement illicite tant qu'il ne se conforme pas à l'obligation d'y mettre fin[2].

- i) L'obligation de mettre fin à la situation illicite

60. Deux conditions doivent être réunies pour qu'un État responsable d'un fait internationalement illicite soit tenu de mettre un terme à celui-ci. Selon les termes employés par le Tribunal arbitral dans l'affaire du *Rainbow Warrior*, la naissance de l'obligation de cessation exige à la fois « que l'acte illicite ait un caractère continu et que la règle violée soit toujours en vigueur[3] » au moment où les conséquences juridiques de cet acte doivent être établies. À l'aune de ces deux conditions, il ne fait pas de doute qu'Israël ait, consécutivement à la construction du mur dans le territoire occupé, pour première obligation de mettre fin à son comportement illicite.

61. En effet, la construction du mur, selon le tracé retenu par Israël, doit avant tout être comprise comme le fait générateur d'une « situation illégale[4] ». C'est cette situation, prise dans la globalité des violations qu'elle comporte, qui perdure aujourd'hui en contrariété

1. Rapport de la Commission du droit international, 53e session – Assemblée générale, documents officiels, 56e session, suppl. n° 10 (A/56/10) [ci-après Rapport CD.L 2001], p. 235, commentaire de l'article 30, paragraphe 7.

2. Dans l'affaire relative au personnel diplomatique et consulaire des États-Unis à Téhéran, par exemple, la Cour a décidé que la première des mesures que l'Iran devait prendre pour remédier à la situation consistait à « faire cesser immédiatement la détention illicite » des otages américains (arrêt du 24 mai 1980, p. 44, paragraphe 95, point 3), a).

3. Sentence du 30 avril 1990, Nations unies, Recueil des sentences arbitrales, vol. XX (1990), p. 270, paragraphe 114 ; voir aussi le Rapport CD.L 2001, p. 234, commentaire de Part. 30, paragraphe 3.

4. Voir « Conséquences juridiques pour les États de la présence continue de l'Afrique du Sud en Namibie », avis consultatif du 21 juin 1971, Rec. 1971, p. 54, paragraphe 118. 5$.

de certaines des règles les mieux établies du droit international et qui doit prendre fin. Dans cette perspective, la première mesure qu'Israël doit prendre pour remédier à l'illégalité de son comportement consiste à arrêter les travaux qu'il a entrepris dans les territoires palestiniens depuis plus de dix-huit mois, ainsi que l'Assemblée générale le lui a demandé[1].

62. Bien qu'il ne se soit pas prononcé sur le problème du mur construit par Israël ou sur les conséquences qu'il entraîne, le Conseil de sécurité a, en de nombreuses occasions, adopté un langage similaire au sujet d'autres actes accomplis par Israël dans les territoires palestiniens occupés. Ainsi, dans la résolution 452 (1979), il « demande au gouvernement et au peuple israélien de cesser d'urgence d'établir, édifier et planifier des colonies de peuplement dans les territoires occupés depuis 1967, y compris Jérusalem[2] ». De même, et alors qu'était déjà connue la décision prise par Israël d'édifier un « système de clôtures, de murs, de fossés et de barrières en Cisjordanie[3] », le Conseil a exigé du gouvernement de ce pays qu'il « mette fin aux mesures de destruction des infrastructures civiles » dans différentes parties des territoires occupés[4].

• ii) L'obligation de réparer les dommages causés par la situation illicite

63. Comme la Cour permanente de Justice internationale l'a rappelé dans une formule célèbre : « Le principe essentiel, qui découle de la notion même d'acte illicite est que la réparation doit, autant que possible, effacer toutes les conséquences de l'acte illicite et rétablir l'état qui aurait vraisemblablement existé si ledit acte n'avait pas été commis[5] ».

---

1. Voir les résolutions ES-10/ 13 du 21 octobre 2003 et 58/98 du 9 décembre 2003.
2. Résolution du 20 juillet 1979.
3. Rapport du secrétaire général, A/ES-10/248, paragraphe 2.
4. Résolution 1435 (2002), 24 septembre 2002, paragraphe 2.
5. Usine de Chorzów, arrêt n° 13, 13 septembre 1928, série A, n° 17, p. 47 ; voir aussi CIJ, « Affaire relative au mandat d'arrêt du 11 avril 2000, arrêt du 14 février 2002 », Rec. 2002, pp. 31-32, paragraphe 76.

64. La restitution constitue la modalité première de la réparation[1]. Aux termes de l'article 35 du projet de la CDI sur la responsabilité de l'État pour fait internationalement illicite, qui codifie ici une règle inspirée par la simple logique et soutenue par une jurisprudence constante[2], l'État responsable est tenu d'y procéder « dès lors et pour autant [qu'elle] n'est pas matériellement impossible ». Or, même si, à la lecture du rapport du secrétaire général, le mur apparaît comme une structure imposante, appelée à creuser une marque tangible dans le territoire palestinien occupé[3], la destruction de la partie située sur ce territoire et la remise des choses en l'état ne semblent pas impossibles.

65. D'une part, en effet, alors que la restitution s'avère souvent impossible dans les hypothèses où le préjudice procède de la destruction d'un bien, elle paraît toujours pouvoir être effectuée lorsque, comme dans le cas présent, il s'agit à l'inverse de mettre à bas une structure existante. L'opération peut parfois présenter des difficultés pratiques importantes ; en tant que telles, celles-ci ne suffisent cependant pas à rendre la restitution matériellement impossible[4]. D'autre part, et surtout, Israël a souligné en plusieurs occasions le caractère temporaire de l'ouvrage qu'il construit[5] en insistant d'ailleurs pour qu'il soit désigné comme une « clôture de sécurité » et non comme « un mur de séparation » à vocation permanente[6].

---

1. Dans l'arrêt relatif à l'Usine de Chorzów, la CPJ1 souligne d'ailleurs, dans la suite immédiate du passage précité, la primauté de la restitution sur les autres formes de réparation (série A, n° 17, pp. 47-48 ; voir aussi la sentence rendue par l'arbitre unique Dupuy dans l'affaire Texaco-Calasiatic (19 janvier 1977, texte *in* JDL, 1977, p. 350).

2. Voir notamment l'arrêt rendu par la CPM dans l'affaire de l'Usine de Chorzów (13 septembre 1928, série A, n° 17, p. 48) et les affaires citées par la CDI dans le commentaire de l'article 35 (Rapport CD.1 2001, p. 257, ri. 526).

3. A/ES-10/248, notamment paragraphes 9-14.

4. Dans une perspective similaire, il convient de rappeler que le Conseil de sécurité, après avoir constaté que « les pratiques d'Israël consistant à installer des éléments de sa population et de nouveaux immigrants » dans les territoires palestiniens occupés constituaient une « violation flagrante » de la IVe Convention de Genève, a demandé au gouvernement israélien de « démanteler les colonies de peuplement existantes » (Résolution 465 [1980], 1er mars 1980, paragraphes 5 et 6).

5. Voir *supra*, paragraphe 37.

6. Voir le rapport du secrétaire général, A/ES-10/248, paragraphe 2 (astérisque).

66. Dans le même temps, Israël a clairement exprimé sa volonté de subordonner un éventuel démantèlement du mur ou une modification de son tracé, à l'évolution des négociations relatives au statut final des territoires palestiniens occupés[1]. Une telle affirmation n'est pas compatible avec l'esprit même du processus de réparation, tel que la Cour permanente de Justice internationale l'a défini dans un *dictum* célèbre[2].

67. Pour que le rétablissement du *statu quo ante* soit aussi complet que possible, il importe enfin que le démantèlement du mur dans le territoire palestinien occupé soit accompagné de mesures de retrait des actes juridiques qui ont permis sa construction[3], et si besoin est, du versement d'une indemnisation appropriée.

- iii) La nécessité d'offrir des assurances et des garanties de non-répétition appropriées

68. La nécessité d'offrir des assurances ou des garanties de non-répétition du fait illicite ne résulte pas (*supra*, paragraphes 37-38) automatiquement de la commission d'un tel fait, mais doit être envisagée à raison des circonstances particulières de la situation considérée[4]. Dans une large mesure, elle procède donc avant tout d'une appréciation en opportunité, essentiellement fondée sur un examen de l'ampleur des manquements au droit constatés et de la probabilité du risque que

1. Voir en particulier la déclaration faite à l'Assemblée générale par le représentant permanent d'Israël aux Nations unies, lors du débat consacré à l'adoption de la résolution ES-10/14 (texte disponible www.Israel-UN.org ; *cf.* aussi le communiqué de presse AG/1463 du 8 décembre 2003).

2. « C'est un principe de droit international que la violation d'un engagement entraîne l'obligation de réparer dans une forme adéquate. La réparation est donc le complément indispensable d'un manquement à l'application d'une convention, sans qu'il soit nécessaire que cela soit inscrit dans la convention même » (Usine de Chorzów [compétence], 26 juillet 1927, série & n° 9, p. 21).

3. Le Conseil de sécurité a formulé à maintes reprises des demandes similaires à propos de mesures visant à modifier le statut de Jérusalem ou à favoriser l'implantation de colonies de peuplement (voir notamment les résolutions 446 (1979), 465 (1980) et 476 (1980) des 22 mars 1979, 1er mars et 30 juin 1980 respectivement).

4. Dans l'article 30, paragraphe b), de son projet sur la responsabilité de l'État pour fait internationalement illicite, la CDI envisage l'obligation d'offrir de telles assurances et garanties « si les circonstances l'exigent ».

ceux-ci se reproduisent. De ce double point de vue, l'octroi de telles assurances et garanties semblerait, dans les circonstances qui font l'objet de la présente demande d'avis, approprié.

b) L'obligation de ne pas reconnaître la licéité de la situation

69. L'obligation de ne pas reconnaître une situation illicite est souvent associée à la violation d'obligations qui présentent une importance fondamentale pour la communauté internationale dans son ensemble[1].

70. En l'espèce, lors des débats relatifs à la construction du mur qui se sont tenus au Conseil de sécurité et à l'Assemblée générale les 14 et 20 octobre, puis le 8 décembre 2003, les représentants permanents de la France et de l'Italie auprès des Nations unies, ce dernier s'exprimant au nom des membres de l'Union européenne, ont exprimé des préoccupations quant aux conséquences que pourrait avoir la poursuite des travaux[2]. Comme cela a été précédemment indiqué, il convient cependant de prêter foi aux engagements qu'Israël a pris sur ce point et, plus particulièrement, sur le fait que le mur ne constituait pas une frontière politique[3].

71. En tout état de cause, il n'est pas nécessaire de déterminer si ces manquements au droit constitueraient des violations graves d'obligations intransgressibles du droit international pour justifier la portée de l'obligation de non-reconnaissance dans la présente situation. Une telle détermination s'avère indispensable lorsque l'État responsable cherche à obtenir du sujet lésé lui-même la reconnaissance du fait illicite accompagnée d'une renonciation à contester ses conséquences[4]. Elle

1. Dans son projet sur la responsabilité de l'État pour fait internationalement illicite, la CDI évoque l'obligation de non-reconnaissance et de non-assistance dans le cas de « violation grave par l'État d'une obligation découlant d'une norme impérative du droit international général » (art. 40, § 2, et art. 41, § 2).

2. Voir S/PV.4841J. p. 19, pour l'intervention française au Conseil de sécurité le 14 octobre 2003 ; voir A/ESIO/PV.21, p. 23, pour l'intervention du représentant italien au nom des membres de l'Union européenne le 20 octobre 2003 devant l'Assemblée générale.

3. *Supra*, paragraphes 37-38.

4. Voir le Rapport C.

paraît en revanche dénuée de véritable pertinence pour ce qui a trait au comportement des tiers : soit, en effet, ceux-ci n'ont pas à se prononcer sur l'état d'une relation juridique intersubjective qui leur est purement étrangère, soit, à l'inverse, il existe une situation d'illégalité objective susceptible de déployer des effets *erga omnes*, à laquelle ils ne peuvent, par définition, rester indifférents[1]. C'est ce second cas de figure, analogue à maints égards au problème dont la Cour a eu à connaître en 1971, qui se présente ici.

c) L'obligation de reprendre l'exécution des obligations violées

72. Il n'existe aucun motif juridique permettant de penser que les obligations qui ont été invoquées dans le présent exposé sont devenues inapplicables du fait de l'édification du mur construit par Israël dans le territoire palestinien occupé. Qu'elles procèdent du droit international général, du droit humanitaire, des principes de la protection internationale des droits de l'homme ou des accords particuliers liant Israël et la Palestine, ces obligations sont toujours en vigueur et doivent être exécutées de bonne foi par les parties. Du seul point de vue de la question soumise à la Cour, le devoir de reprendre l'exécution des obligations qui ont été violées ne figure donc sans doute pas au nombre des conséquences juridiques de la construction du mur en territoire palestinien occupé.

73. La République française considère toutefois que la Cour pourrait utilement envisager d'évoquer, pour surplus de droit, les conséquences juridiques que l'édification du mur ne saurait avoir, en rappelant notamment les parties concernées, mais aussi la communauté internationale dans son ensemble, au respect de leurs obligations internationales et, notamment, au devoir de négocier en vue du règlement pacifique des différends[2].

---

1. Sur cette « situation illégale », voir *supra*, paragraphe 61.
2. La Cour a procédé de la sorte à plusieurs reprises ; voir notamment « Personnel diplomatique et consulaire des États-Unis à Téhéran », arrêt du 24 mai 1980, Rec. 1980, pp. 42-43, paragraphe 92 ; « Projet Gabeikovo-Nagymaros », arrêt du 25 septembre 1997, Rec. 1997, p. 81, par. 154 ; « Incident aérien du 10 août 1999 » (compétence), arrêt du 21 juin 2000, Rec. 2000, p. 34, paragraphe 55 (concernant l'obligation de régler pacifiquement les différends internationaux).

Conclusion

74. La République française prie la Cour, dans le cas où elle estimerait devoir répondre à la demande d'avis consultatif contenue dans la résolution l'Assemblée générale, de le faire à la lumière des observations qui précèdent.

À Paris, le 30 janvier 2004

Ronny Abraham
Agent de la République française

Annexe V

Rapport du secrétaire général des Nations unies

New York, 28 novembre. – Le rapport du secrétaire général sur la mise en œuvre par Israël de la résolution A/ES-10/13 en date du 21 octobre 2003 a été rendu public aujourd'hui. Cette résolution exigeait qu'Israël arrête la construction du mur dans le territoire palestinien occupé y compris Jérusalem-Est et ses alentours et revienne sur ce projet.

Le secrétaire général conclut qu'Israël ne se conforme pas à la demande de l'Assemblée générale. Il s'appuie sur les résultats des recherches effectuées par le personnel des Nations unies sur le terrain :

— les travaux de construction se poursuivent dans le territoire palestinien occupé, le long de la limite nord-est de la Cisjordanie et à l'est de Jérusalem ;

— des terrains ont été nivelés pour l'aménagement d'une zone au nord-ouest de la Cisjordanie ;

— des terrains sont régulièrement réquisitionnés ;

— la première carte officielle indiquant le tracé projeté pour la barrière a été publiée et il a été annoncé que les travaux correspondants devaient être achevés d'ici à 2005.

Le secrétaire général dans ce rapport reconnaît le droit et le devoir d'Israël de protéger sa population contre les attaques terroristes. Il note que la décision initiale de construire 80 kilomètres de barrières a suivi une augmentation importante des attaques terroristes palestiniennes au cours du printemps 2002 qui ont tué et blessé tant d'Israéliens. Le secrétaire général a toujours reconnu le droit d'Israël de vivre en paix et en sécurité. Toutefois, ce droit ne doit pas être appliqué de manière à violer le droit international ou à porter préjudice aux perspectives de paix à long terme.

Le secrétaire général note qu'Israël a déclaré à plusieurs reprises que l'édification de la barrière est une mesure temporaire. Or, l'ampleur des travaux et la superficie des terres de la Cisjordanie, qui soit sont réquisitionnées pour sa construction, soit se retrouveront entre la barrière et la Ligne verte, constituent un grave sujet de préoccupation et comportent des conséquences pour l'avenir. « En plein milieu du processus de la Feuille de route, à un moment où toutes les parties devraient faire, de bonne foi, des gestes propres à renforcer la confiance, l'édification de la barrière en Cisjordanie ne peut être considérée que comme un acte profondément contraire au but recherché. »

Selon le rapport, la barrière construite est située à proximité de la Ligne verte. En certains endroits, elle s'en éloigne de plus de 7,5 kilomètres pour intégrer des colonies, en encerclant des agglomérations palestiniennes. En certains endroits, le tracé projeté impliquerait un écart de 22 kilomètres par rapport à la Ligne verte si les travaux sont exécutés intégralement. D'après le tracé, environ 975 kilomètres carrés, soit 16,6 % de la superficie de la Cisjordanie, seront situés entre la Ligne verte et la barrière. Environ 237 000 Palestiniens vivent dans cette zone. Si la barrière est entièrement construite comme prévu, 160 000 autres Palestiniens vivront dans des enclaves. Le tracé projeté incorpore près de 320 000 colons, dont 178 000 environ à Jérusalem-Est occupé.

Le secrétaire général informe également l'Assemblée générale des répercussions humanitaires et socio-économiques qu'implique la barrière telle que planifiée :

— près de 56 000 Palestiniens vivent déjà dans des enclaves créées par la barrière, notamment dans la ville de Qalqiliya où l'accès à la terre, aux marchés, aux emplois et aux services est sérieusement compromis ;

— sur ces 56 000 Palestiniens, près de 5300 d'entre eux vivent dans des zones spéciales entre la barrière et la Ligne verte qui sont soumises à de nouvelles consignes militaires ;

— la barrière est de nature à accroître la fragmentation de la Cisjordanie qui résulte du système de bouclage des territoires imposé par Israël à la suite de la reprise de la violence en octobre 2000.

Le secrétaire général reste convaincu que seul un règlement juste, global et durable fondé sur les résolutions 242 (1967) et 338 (1973) du Conseil de sécurité peut mener à la solution de deux États, Israël et la Palestine, vivant côte à côte dans la paix et la sécurité, à l'intérieur de frontières sûres et reconnues. Il appelle instamment le gouvernement israélien et l'Autorité palestinienne à revenir à la table des négociations.

Le rapport est disponible à l'adresse suivante :
www.un.org/Docs/journal/asp/ws.asp?m=A/ES-10/248.

Pour de plus amples informations, veuillez contacter le Bureau du porte-parole au : +1 (212)-963-7161 ; e-mail : eckhard@un.org

ou Mark Dennis, bureau du Coordonnateur spécial pour les territoires palestiniens occupés, tél. : +972-55-627-807 ; e-mail : dennism@un.org

Annexe VI

Suicides et autres attentats à la bombe en Israël depuis la Déclaration de principes (septembre 1993) (d'intention ?)

Sources : www.mfa.gov.il/MFA/Terrorism

6 avril 1994 : huit morts dans un attentat à la voiture piégée lancée sur un bus dans le centre de Afula. Attentat revendiqué par le Hamas.

13 avril 1994 : cinq morts lors d'un attentat suicide dans un bus à la station centrale de Hadera. Attentat revendiqué par le Hamas.

19 octobre 1994 : lors d'un attentat suicide à la bombe sur la ligne de bus n° 5 dans la rue Dizengoff à Tel-Aviv, vingt et un Israéliens et un Hollandais ont été tués.

11 novembre 1994 : trois soldats sont tués au carrefour de Netzarim et de la bande de Gaza lorsqu'un cycliste palestinien déclenche les explosifs qu'il avait arrimés autour de son corps. Le Jihad islamique déclara que cette attaque n'était qu'une riposte à l'attentat commis sur la voiture d'un leader du Jihad, Hani Abed, tué le 2 novembre.

22 janvier 1995 : deux bombes explosent l'une après l'autre au carrefour Beit Lid à proximité de Netanya, tuant dix-huit soldats et un civil. Attentat revendiqué par le Jihad islamique.

9 avril 1995 : sept Israéliens et un Américain trouvent la mort dans l'attentat commis avec une voiture bélier bourrée d'explosifs lancée contre un bus près de Kfar Darom, dans la bande de Gaza.

24 juillet 1995 : six civils sont tués dans un bus lors d'un attentat suicide à Ramat Gan.

21 août 1995 : trois Israéliens et un Américain sont tués dans un bus à Jérusalem lors d'un attentat suicide.

25 février 1996 : attentat suicide sur la ligne de bus n° 18 à la station centrale de Jérusalem. On dénombre vingt-six tués, dont dix-sept civils et neuf soldats. Attentat revendiqué par le Hamas.

25 février 1996 : un Israélien est tué lors d'un attentat suicide à la bombe au point de ramassage[1] de Ashkelon. Attentat revendiqué par le Hamas.

3 mars 1996 : attentat suicide dans un bus sur la ligne n° 18, sur la route de Jaffa à Jérusalem, faisant dix-neuf tués, dont seize civils et trois soldats.

4 mars 1996 : aux abords du centre Dizengoff à Tel-Aviv, un attentat suicide réalisé avec une bombe de 20 kilos tue treize personnes, dont douze civils et un soldat.

21 mars 1997 : trois personnes trouvent la mort lorsqu'un kamikaze déclenche sa bombe sur la terrasse d'un café à Tel-Aviv. Quarante-huit autres personnes sont blessées.

30 juillet 1997 : deux attentats suicides consécutifs au marché de Yehuda à Jérusalem font seize tués et cent soixante-dix-huit blessés.

4 septembre 1997 : cinq personnes tuées et cent quatre-vingt-un blessés, tel est le résultat de trois attentats suicides dans les rues piétonnes de Ben Yehuda à Jérusalem.

29 octobre 1998 : un soldat israélien est tué alors qu'un terroriste lance sa voiture piégée sur une Jeep de l'armée israélienne qui escortait un bus transportant quarante élèves du cours élémentaire des colonies de Kfar Darom dans la bande de Gaza.

2 novembre 2000 : Ayelet Shahar Levy, 28 ans, et Hanan Levy, 33 ans, sont tués lors d'un attentat à la voiture piégée au marché Yehuda à Jérusalem. Dix autres personnes sont blessées. Attentat revendiqué par le Jihad islamique.

20 novembre 2000 : un attentat à la bombe est commis à 7 h 30 du matin au passage d'un bus scolaire transportant des écoliers de Kfar Darom vers l'école de Gush Katif. Miriam Amitai, 35 ans, et Gavriel

1. Le point de ramassage est un arrêt réservé aux militaires pris en charge par l'armée, pour leurs trajets en direction de leur caserne ou de leur domicile (*N.d.T.*).

Biton, 34 ans, sont tués. Neuf autres personnes (dont cinq enfants) sont blessées, parmi lesquelles cinq sont grièvement touchées.

22 novembre 2000 : Shoshanna Reis, 21 ans, originaire de Hadera, et Meir Barhmane, 35 ans, originaire de Givat Olga, sont tués et soixante autres personnes sont blessées lors d'un violent attentat à la voiture piégée au passage du bus dans l'avenue principale de Hadera, à un moment où l'avenue était pleine de badauds et de gens qui se rendaient à leur travail.

22 décembre 2000 : trois soldats sont blessés dans un attentat suicide à la bombe dans un café à la jonction de Mehola, au nord de la vallée du Jourdain. Le terroriste, qui portait une ceinture bourrée d'explosifs, est tué par l'explosion.

1er janvier 2001 : une voiture piégée explose à proximité d'un arrêt de bus en plein centre de la zone commerciale de Netanya. On compte environ soixante blessés, pour la plupart légèrement touchés. Une personne non identifiée, vraisemblablement l'un des auteurs de l'attentat, décède suite à de graves brûlures. Attentat revendiqué par le Hamas.

8 février 2001 : un violent attentat à la voiture piégée à 4 h 40 de l'après-midi est commis dans les faubourgs ultra-orthodoxes de Beit Israël à Jérusalem, blessant sévèrement quatre personnes.

14 février 2001 : huit personnes sont tuées et vingt-cinq autres blessées lorsqu'un bus conduit par un terroriste palestinien fonce dans un groupe de soldats et de civils qui attendaient le bus à l'arrêt près de Holon, au sud de Tel-Aviv.

1er mars 2001 : une personne est tuée et neuf autres blessées lorsqu'un terroriste fait sauter une bombe à côté d'une station de taxi sur la ligne entre Tel-Aviv et Tiberias, au carrefour de Mei Ami et de Wadi Ara.

4 mars 2001 : trois personnes sont tuées et soixante autres blessées dans un attentat suicide en plein centre de Netanya.

27 mars 2001 : une voiture piégée explose à 7 h 40 du matin dans la zone commerciale et industrielle de Talpiot à Jérusalem. Sept personnes sont blessées dont une légèrement. Attentat revendiqué par le Jihad islamique.

27 mars 2001 : vingt-huit personnes sont blessées, dont deux grièvement, dans un attentat suicide dirigé contre un bus de la ligne n° 6 à la jonction nord de la Ha' Giva Ha' Tzarfati à Jérusalem. Attentat revendiqué par le Hamas.

28 mars 2001 : deux adolescents sont tués et quatre autres blessés, dont un mortellement, dans un attentat suicide à la station d'essence de Mifgash Hashalom, « l'arrêt de la paix », à quelques centaines de mètres du barrage routier de l'armée israélienne (IDF[1]), à l'entrée de Qalqiliya, à l'est de Kfar Saba. Attentat revendiqué par le Hamas.

22 avril 2001 : un terroriste fait exploser la bombe de très forte puissance qu'il transportait à proximité d'un groupe de personnes attendant à l'arrêt de bus, au coin des rues Weizman et Tchernichovsky à Kfar Sava. Une personne est tuée et soixante autres blessées par le souffle de l'explosion, dont deux grièvement. Le terroriste trouve également la mort dans l'explosion et le Hamas revendique l'attentat.

23 avril 2001 : huit personnes sont légèrement blessées dans un attentat à la voiture piégée à Or Yehuda, à quelques kilomètres au nord de l'aéroport Ben-Gourion, et les officiers supérieurs de la police déclarent que c'est un « miracle », car la bombe a explosé dans une zone où se pressaient les badauds qui faisaient leurs achats pour la veillée du Jour de l'Indépendance.

29 avril 2001 : une voiture piégée explose à côté d'un bus scolaire circulant à proximité de la West Bank à Naplouse. On compte deux blessés dans l'attentat. Le corps du terroriste suicidé est découvert dans la voiture. Attentat revendiqué par le Hamas.

18 mai 2001 : un kamikaze palestinien qui porte une veste bourrée d'explosifs se fait sauter à l'extérieur du centre commercial de Hasharon, la cité balnéaire de Netanya. Cinq civils trouvent la mort et une centaine de personnes sont blessées dans l'attentat. Attentat revendiqué par le Hamas.

25 mai 2001 : soixante-cinq personnes sont blessées dans l'attentat suicide à la voiture piégée à la station de bus de Hedera. Les deux terroristes sont apparemment tués dans l'explosion. Attentat revendiqué par le Jihad islamique.

27 mai 2001 : une voiture explose en plein centre de Jérusalem, peu après minuit. On dénombre deux blessés. Attentat revendiqué par le Front populaire pour la libération de la Palestine.

Le même jour, une bombe explose à 9 heures du matin à proximité de l'intersection de la route principale qui mène à Jaffa et de la route de Heshin. La bombe contenait des éclats de mortier qui

1. IDF : Israeli Defense Force.

furent projetés jusqu'à plusieurs centaines de mètres du lieu de l'explosion. Une trentaine de personnes sont blessées, la plupart d'entre elles sont en état de choc. Attentat revendiqué par le Jihad islamique.

30 mai 2001 : une bombe explose peu après 16 heures aux abords d'une école de Netanya alors que de nombreux élèves étaient encore dans les locaux, occupés à réviser pour des examens de qualification. Huit personnes sont touchées et souffrent de troubles de l'audition suite à la détonation. Attentat revendiqué par le Jihad islamique.

1er juin 2001 : vingt et une personnes sont tuées et cent vingt autres blessées dans l'attentat suicide d'un terroriste qui se fait exploser au dolphinarium de Tel-Aviv situé le long de la digue, juste avant minuit, alors qu'un grand nombre d'adolescents attendent pour entrer dans la discothèque toute proche.

22 juin 2001 : le sergent Aviv Iszak, 19 ans, originaire de Kfar Saba, et le sergent Ofir Kit, 19 ans, originaire de Jérusalem, sont tués près de Dugit dans la bande de Gaza, alors qu'une Jeep portant une plaque d'immatriculation israélienne, paraissant enlisée dans le sable, explose à leur approche. Attentat revendiqué par le Hamas.

2 juillet 2001 : deux bombes explosent tour à tour aux environs de 8 h 20 le lundi matin, dans deux voitures des faubourgs de Yehud, près de Tel-Aviv. Six passants sont légèrement blessés. Les sources d'information de la police formulent l'hypothèse que les bombes ont été déposées par des terroristes. Le Front populaire de libération de la Palestine, une faction radicale de l'OLP, revendique l'attentat.

9 juillet 2001 : un kamikaze palestinien est tué dans un attentat à la voiture piégée près du carrefour de Kissufim dans le sud de la bande de Gaza, ne causant aucune autre victime. Un désastre est évité car la bombe explose sans toucher d'autre véhicule. Attentat revendiqué par le Hamas.

16 juillet 2001 : ce lundi, aux environs de 19 h 30, le caporal Hanit Amari, 19 ans, et le sergent-major Avi Ben Harush, 20 ans, tous deux originaires de Zichron Yaakov, sont tués et onze autres blessés, dont trois grièvement, lorsqu'une bombe explose dans un attentat suicide à l'arrêt de bus près de la gare de Binyamina, à mi-chemin entre Netanya et Haïfa. Attentat revendiqué par le Jihad islamique.

8 août 2001 : peu après 9 heures, un kamikaze est tué par l'explosion de la charge installée dans sa voiture, blessant légèrement un

soldat au barrage militaire de B'kaot Moshav, au nord de la vallée du Jourdain.

9 août 2001 : quinze personnes sont tuées, dont sept enfants, et environ cent trente personnes sont blessées dans un attentat suicide à la pizzeria Sbarro, au coin de l'avenue King George et de la route de Jaffa en plein centre de Jérusalem. Le Hamas et le Jihad revendiquent tous les deux l'attentat.

12 août 2001 : vingt et une personnes sont blessées dans un attentat suicide à la bombe commis à 17 h 30 au café Wall Street au centre de Kiryat Motzkin. Le terroriste est tué. Attentat revendiqué par le Jihad islamique.

21 août 2001 : une bombe, placée sous une voiture, explose à 14 h 15 près du quartier russe au centre de Jérusalem ; une femme en état de choc a dû être soignée. Une deuxième bombe de très forte puissance est découverte à l'intérieur de la voiture et désamorcée.

4 septembre 2001 : vingt personnes sont tuées lors de l'attentat suicide à la bombe dans l'avenue Honevi'im près de l'hôpital Bikur Holim au centre de Jérusalem peu avant 8 heures du matin. Le terroriste, déguisé en juif ultra-orthodoxe, suscite le doute chez les passants en raison des énormes sacs qu'il transporte. Alors que deux policiers l'abordent, il actionne le détonateur. Les deux policiers sont blessés, l'un très grièvement. Le terroriste est tué dans l'explosion. Attentat revendiqué par le Hamas.

9 septembre 2001 : trois personnes sont tuées et quatre-vingt-dix autres blessées, la plupart légèrement, dans un attentat suicide à la bombe près de la gare de Nahariya au nord d'Israël. Le terroriste, tué dans l'explosion, attendit l'arrivée du train de Tel-Aviv et la sortie des voyageurs avant d'amorcer la bombe qu'il transportait. Attentat revendiqué par le Hamas.

9 septembre 2001 : une voiture piégée explose au carrefour de Beit Lid, près de Netanya, blessant dix-sept personnes. Une personne tuée dans l'explosion est l'auteur présumé de l'attentat.

1er octobre 2001 : une voiture piégée, lourdement chargée, explose dans le faubourg de Talpiot à Jérusalem. Quelques personnes sont légèrement blessées.

7 octobre 2001 : Yair Mordechai, 43 ans, originaire du kibboutz Sheluhot, est tué alors qu'un terroriste palestinien rattaché au Jihad islamique commet un attentat suicide à l'aide de bombes arrimées à sa taille à l'entrée du kibboutz de la vallée de Beit She'an.

26 novembre 2001 : un kamikaze palestinien se tue et blesse deux gardes-frontières à Erez, le point de rencontre de la bande de Gaza. Le poseur de bombe s'était joint à un groupe de travailleurs attendant l'autorisation de pénétrer sur le territoire d'Israël. Attentat revendiqué par le Hamas.

29 novembre 2001 : trois personnes sont tuées et neuf autres blessées dans un attentat suicide à la bombe dans le bus Egged de la ligne n° 83 qui faisait route entre Nazareth et Tel-Aviv, à proximité de Hadera. Attentat revendiqué par le Jihad islamique et le Fatah.

1er décembre 2001 : onze personnes sont tuées et cent quatre-vingts autres blessées lorsque l'explosion d'engins piégés est déclenchée par deux kamikazes, le samedi, vers 23 h 30, sur l'avenue Ben Yehuda, le centre piétonnier en plein cœur de Jérusalem. Vingt minutes plus tard, une voiture piégée explose à son tour. Attentat revendiqué par le Hamas.

2 décembre 2001 : quinze personnes sont tuées et quarante autres blessées, la plupart grièvement, dans un attentat suicide dans un bus Egged de la ligne n° 16, à Haïfa, peu après midi. Attentat revendiqué par le Hamas.

5 décembre 2001 : un kamikaze commet un attentat en faisant exploser une bombe de forte puissance peu après 7 h 30 dans l'avenue King David à Jérusalem. Un certain nombre de personnes qui attendaient à l'arrêt de bus sont légèrement blessées. Le terroriste est tué dans l'explosion. La police enquête pour savoir si la bombe, emballée avec des clous et des lames de rasoir, avait explosé prématurément. Attentat revendiqué par le Jihad islamique.

9 décembre 2001 : un kamikaze fait exploser une bombe de forte puissance près de l'arrêt de bus du poste de contrôle à la jonction de Haïfa peu après 7 h 30. Environ trente personnes sont blessées, la plupart légèrement, et sont en état de choc. Un deuxième engin explosif est découvert et déclenché à proximité. Le terroriste est tué.

12 décembre 2001 : quatre personnes voyageant dans deux voitures sont légèrement blessées dans un attentat commis à 18 heures par deux kamikazes près de la communauté de Neve Dekalim dans la bande de Gaza.

25 janvier 2002 : ce vendredi à 11 h 15, vingt-cinq personnes sont blessées lorsqu'un kamikaze palestinien fait exploser sa bombe devant un café du centre piétonnier près de l'ancienne gare routière de Tel-Aviv.

27 janvier 2002 : Pinhas Tokatli, 81 ans, originaire de Jérusalem, est tué et plus de cent cinquante personnes sont blessées, dont quatre grièvement, dans un attentat suicide sur la route de Jaffa, en plein centre de Jérusalem, peu avant 12 h 30. La terroriste, identifiée comme étant un membre du Fatah, portait sur elle une charge de plus de 10 kilos d'explosifs.

16 février 2002 : deux adolescents sont tués et environ trente autres personnes blessées, dont six grièvement, lorsqu'un terroriste se fait sauter avec sa bombe un samedi soir dans une pizzeria de la galerie marchande de Karnei Shomron en Samarie. Une troisième personne succombera plus tard à ses blessures. Attentat revendiqué par le Front populaire pour la libération de la Palestine.

18 février 2002 : le policier Ahmed Mazarib, 32 ans, originaire du village de bédouins Beit Zarzir en Galilée, trouve la mort, victime d'un attentat suicide à la bombe alors qu'il arrêtait une personne sur la route de Ma'ale Adumim vers Jérusalem pour l'interroger. Le terroriste réussit à déclencher la bombe de sa voiture. Attentat revendiqué par les Brigades des martyrs d'El-Aqsa.

27 février 2002 : un kamikaze palestinien se fait sauter au barrage de Maccabim sur l'autoroute de Jérusalem à Modi'in le mercredi soir, blessant trois policiers.

2 mars 2002 : onze personnes sont tuées et plus de cinquante autres blessées, dont quatre mortellement, dans un attentat suicide ce samedi soir à 19 h 30, à proximité du quartier ultra-orthodoxe de Beit Yisraël au centre de Jérusalem, alors que les gens se réunissaient pour célébrer une bar-mitzva. Le terroriste déclencha sa bombe près d'un groupe de femmes qui attendaient avec leurs landaus que leurs maris reviennent de la synagogue. Attentat revendiqué par les Brigades des martyrs d'El-Aqsa.

5 mars 2002 : Maharatu Tagana, 85 ans, originaire des hauteurs de Nazareth, est tué et un grand nombre de personnes sont blessées, la plupart légèrement, lorsqu'un terroriste se fait exploser dans un bus Egged de la ligne n° 823 qui entrait dans la gare centrale de Afula. Attentat revendiqué par le Jihad islamique.

7 mars 2002 : un kamikaze se fait sauter dans le hall d'entrée d'un hôtel dans le centre commercial des alentours de Ariel en Samarie. Quinze personnes sont blessées, dont une grièvement. Attentat revendiqué par le Front populaire pour la libération de la Palestine.

9 mars 2002 : onze personnes sont tuées et cinquante-quatre autres blessées dans un attentat à la bombe à 22 h 30, ce samedi soir au café

Moment, au coin des avenues Aza et Ben Maimon dans le quartier Rehavia au centre de Jérusalem. Attentat revendiqué par le Hamas.

17 mars 2002 : un kamikaze se fait exploser avec sa bombe près de l'arrêt de bus de la ligne n° 22 au carrefour de Giva Ha' Tzerfati au nord de Jérusalem. Vingt-cinq personnes sont légèrement blessées.

20 mars 2002 : sept personnes, dont quatre soldats, sont tuées et environ trente autres blessées, certaines grièvement, dans un attentat suicide sur la ligne du bus Egged de la ligne n° 823 alors qu'elles se rendaient de Tel-Aviv à Nazareth, au carrefour Musmus sur l'autoroute 65 (Wadi Ara) près de Afula. Attentat revendiqué par le Jihad islamique.

21 mars 2002 : trois personnes sont tuées et quatre-vingt-six autres blessées, dont trois grièvement, dans un attentat suicide sur l'avenue King George au centre de Jérusalem. Le terroriste déclencha sa bombe chargée de clous et de pointes en métal au milieu d'une foule de badauds. Attentat revendiqué par les Brigades des martyrs d'El-Aqsa.

27 mars 2002 : trente personnes sont tuées et cent quarante blessées, dont vingt grièvement, dans un attentat suicide à la bombe au Park Hotel de la cité balnéaire de Netanya, alors que l'hôtel accueillait deux cent cinquante invités pour la fête de Pessah[1]. Le Hamas revendiqua l'attentat. Le terroriste était un membre du Hamas de Tulkarem et figurait sur la liste des terroristes recherchés par Israël.

29 mars 2002 : deux personnes sont tuées et vingt-huit autres blessées, dont deux grièvement, alors qu'une terroriste fait exploser la bombe qu'elle portait dans le supermarché Kiryat Yovel de Jérusalem. Attentat revendiqué par les Brigades des martyrs d'El-Aqsa.

30 mars 2002 : une personne est tuée et environ trente autres sont blessées dans un attentat suicide dans un café au coin des rues Allenby et Bialik à Tel-Aviv. Attentat revendiqué par les Brigades des martyrs d'El-Aqsa.

31 mars 2002 : quinze personnes sont tuées et plus de quarante blessées dans un attentat suicide à Haïfa, au restaurant Matza de la station-service, près du centre commercial du Grand-Canyon. Attentat revendiqué par le Hamas.

31 mars 2002 : une personne des services paramédicaux MDA[2] est grièvement blessée, de même que trois autres personnes, ce dimanche

1. La fête de Pessah est la Pâque juive (*N.d.T.*)
2. MDA : Magen David Adom, équivalent de la Croix-Rouge (*N.d.T.*).

à 17 heures dans un attentat suicide à la bombe au centre médical d'urgence au centre de Efrat, situé dans le bloc sud de Gush Etzion.

1er avril 2002 : un officier de police est tué à Jérusalem alors qu'il interpelle un terroriste à un barrage routier, lequel déclenche alors la bombe qu'il prévoyait de faire exploser dans le centre de la ville. Attentat revendiqué par les Brigades des martyrs d'El-Aqsa.

10 avril 2002 : huit personnes tuées et vingt-deux autres blessées dans un attentat commis dans le bus Egged de la ligne n° 960, sur la route reliant Haïfa à Jérusalem. La bombe explose à proximité du kibboutz Yagur, à l'est de Haïfa. Attentat revendiqué par le Hamas.

12 avril 2002 : six personnes sont tuées et cent quatre autres blessées lorsqu'une bombe de forte puissance éclate à l'arrêt de bus sur la route de Jaffa à l'entrée du marché ouvert de Mahane Yehuda à Jérusalem. Attentat revendiqué par les Brigades des martyrs d'El-Aqsa.

7 mai 2002 : seize personnes sont tuées et cinquante-cinq autres blessées au golf de Rishon Lezion au sud-ouest de Tel-Aviv, à une heure d'affluence. L'attentat suicide est commis au troisième étage du club à l'aide d'une bombe de forte puissance qui provoque l'effondrement d'une partie des bâtiments. Attentat revendiqué par le Hamas.

19 mai 2002 : trois personnes sont tuées et cinquante-neuf blessées (dont dix grièvement) lors d'un attentat suicide à la bombe. Le terroriste, déguisé en soldat, s'est fait sauter en plein marché de Netanya. L'attentat fut revendiqué à la fois par le Hamas et par le Front populaire de libération de la Palestine.

20 mai 2002 : un poseur de bombe, apparemment destinée à Afula, se fait exploser à un arrêt de bus, à l'approche d'un policier qui venait l'interroger. Il n'y a pas d'autres victimes.

22 mai 2002 : deux personnes sont tuées et environ vingt autres blessées lors d'un attentat suicide dans la rue Rothschild en plein centre piétonnier de Rishon Lezion.

23 mai 2002 : une bombe placée par des terroristes explose sous un camion d'essence du dépôt de Pi Glilot au nord de Tel-Aviv. Le véhicule explose en un gigantesque incendie rapidement circonscrit.

24 mai 2002 : un garde de sécurité tire sur un terroriste qui tente de lancer sa voiture bélier sur le Studio 49, une discothèque de Tel-Aviv. Le terroriste est tué et cinq Israéliens légèrement blessés, alors que la bombe explose prématurément.

27 mai 2002 : une grand-mère et sa petite-fille sont tuées et trente-sept autres personnes blessées, dont certaines grièvement, lors d'un attentat suicide à côté d'un distributeur de crèmes glacées à l'extérieur du centre commercial de Petah Tikva. Attentat revendiqué par les Brigades des martyrs du Fath El-Aqsa.

5 juin 2002 : dix-sept personnes sont tuées et trente-huit autres blessées lorsqu'une voiture chargée d'explosifs est lancée contre le bus Egged de la ligne n° 830 entre Tel-Aviv et Tiberias au carrefour de Meggido, à proximité de Afula. Le bus qui s'embrase est complètement détruit. Le terroriste est tué dans l'explosion. Attentat revendiqué par le Jihad islamique.

11 juin 2002 : une fillette de 14 ans est tuée et quinze autres personnes sont blessées lors d'un attentat suicide à l'aide d'une charge relativement faible dans un restaurant shwarma[1] à Herzliya.

18 juin 2002 : dix-neuf personnes sont tuées et soixante-quatorze autres blessées, dont six grièvement, dans un attentat suicide au carrefour de Patt sur la ligne du bus Egged de la ligne n° 32A circulant entre Gilo et le centre de Jérusalem. Le bus, complètement détruit, emmenait de nombreux élèves à l'école. Attentat revendiqué par le Hamas.

19 juin 2002 : sept personnes sont tuées et cinquante autres blessées, dont trois grièvement lorsqu'un kamikaze se fait exploser à un arrêt de bus bondé, au poste de contrôle à l'intersection de la Ha' Giva Ha' Tzerfati au nord de Jérusalem peu après 19 heures, au moment où les passants rentrent de leur travail. Attentat revendiqué par les Brigades des martyrs d'El-Aqsa.

16 juillet 2002 : neuf personnes sont tuées et vingt autres blessées dans une attaque terroriste dans le bus Dan[2] de la ligne n° 189 qui circulait sur la route de Bnei Brak vers Emmanuel en Samarie. Une charge explosive est déclenchée au passage du bus blindé. Le terroriste attendait en embuscade, vraisemblablement vêtu d'un uniforme de l'IDF (Israeli Defense Force), et a ouvert le feu sur le bus. Bien que quatre organisations terroristes aient revendiqué l'attentat, il est pratiquement certain que ce soit l'œuvre de la

1. *Schwarma* désigne les commerces dont la spécialité est de vendre des pitas fourrées à déguster sur place ou à emporter.
2. La compagnie de bus Egged couvre tout le territoire, alors que la compagnie Dan se concentre sur Tel-Aviv et ses faubourgs, à quelques exceptions près.

même cellule du Hamas qui perpétra l'attentat du 12 décembre 2001 à Emmanuel.

17 juillet 2002 : cinq personnes sont tuées (deux Israéliens et trois ressortissants étrangers) et quarante autres blessées, dont quatre grièvement, dans un double attentat suicide dans l'avenue Neve Shaanan près de l'ancien terminal de bus de Tel-Aviv. Attentat revendiqué par le Jihad islamique.

30 juillet 2002 : cinq personnes sont légèrement blessées dans un attentat suicide devant un vendeur de falafels dans la rue Hanevi'im dans le centre de Jérusalem. Le poseur de bombe est tué, manifestement à cause de l'explosion prématurée de l'engin.

31 juillet 2002 : neuf personnes sont tuées et quatre-vingt-cinq autres blessées, dont quatorze grièvement, lorsqu'une bombe explose à la cafétéria du centre estudiantin Frank-Sinatra à l'université hébraïque du Mont-Scopus. Les engins explosifs ont été déposés dans la cafétéria même, laquelle est détruite par l'explosion. Attentat revendiqué par le Hamas.

4 août 2002 : neuf personnes sont tuées et quelque cinquante autres blessées dans un attentat suicide dans le bus Egged 361 reliant Haïfa à Safed, au carrefour Meron au nord d'Israël. Attentat revendiqué par le Hamas.

5 août 2002 : une bombe explose dans une voiture au carrefour Umm al-Fahm au nord d'Israël, tuant le terroriste et blessant le chauffeur, un Israélien résidant à Nazareth.

18 septembre 2002 : le sergent de police Moshe Hezkiyah, 21 ans, originaire de Elyachin, est tué et trois autres personnes sont blessées dans un attentat suicide à la bombe à l'arrêt de bus de la jonction Umm al-Fahm. Le terroriste avait l'intention de déclencher sa bombe une fois à bord du bus, mais il l'a fait quand le policier s'est approché pour l'interroger. Attentat revendiqué par le Jihad islamique.

19 septembre 2002 : six personnes sont tuées et environ soixante-dix autres blessées lorsqu'un terroriste déclenche l'explosion d'une bombe dans le bus Dan de la ligne n° 4, rue Allenby, juste en face de la Grande Synagogue, à Tel-Aviv. Attentat revendiqué par le Hamas.

10 octobre 2002 : Sa'ada Aharon, 71 ans, originaire de Ramat Gan, est tué et environ trente autres personnes sont blessées lorsqu'un kamikaze fait exploser sa charge en tentant de monter dans le bus Dan de la ligne n° 87 qui traverse l'université Bar-Ilan sur l'autoroute de Geha (route 4). Attentat revendiqué par le Hamas.

21 octobre 2002 : quatorze personnes sont tuées et une cinquantaine d'autres blessées quand une voiture bélier chargée de 100 kilos d'explosifs percute le bus Egged de la ligne n° 841 qui relie Kiryat Shmona à Tel-Aviv, alors qu'il circule le long de la route n° 65 Wadi Ara en direction de Hadera. Le bus est propulsé au-delà de son arrêt quand le kamikaze, au volant d'une Jeep, déclenche sa charge juste derrière lui. Attentat revendiqué par le Jihad islamique.

27 octobre 2002 : deux officiers de l'IDF et un officier en civil sont tués, environ vingt autres personnes sont blessées dans un attentat suicide à la station d'essence Sonol à l'entrée de Ariel, en Samarie. Les victimes sont tuées alors qu'elles tentent d'empêcher le terroriste de déclencher sa bombe. Le terroriste est identifié comme étant un membre du Hamas.

4 novembre 2002 : deux personnes – un garde de sécurité et un adolescent récemment immigré d'Argentine – sont tuées et environ soixante-dix autres blessées dans un attentat suicide à la bombe dans le centre commercial de Kfar Sava. Attentat revendiqué par le Jihad islamique.

21 novembre 2002 : onze personnes sont tuées et environ cinquante autres blessées dans un attentat suicide à la bombe dans le bus Egged de la ligne n° 20 sur l'avenue Mexico dans le quartier de Kiryat Menahem à Jérusalem. Le bus est rempli de passagers, pour la plupart des écoliers se rendant dans le centre-ville en pleine heure de pointe. Attentat revendiqué par le Hamas.

5 janvier 2003 : vingt-deux personnes sont tuées et environ cent vingt autres blessées dans un double attentat suicide à la bombe à l'ancienne gare routière de Tel-Aviv. L'attaque est apparemment l'œuvre de deux membres des Brigades des martyrs d'El-Aqsa soutenus par le Jihad islamique.

5 mars 2003 : dix-sept personnes sont tuées et cinquante-trois autres blessées dans un attentat suicide à la bombe dans le bus Egged de la ligne n° 37 sur le boulevard Moriah dans le quartier Carmel de Haïfa, sur la route de l'université de Haïfa. Attentat revendiqué par le Hamas.

30 mars 2003 : plus de quarante personnes sont blessées dans un attentat suicide à la bombe dans le centre piétonnier à l'entrée du London Café à Netanya. Le porteur de la bombe est tué. Attentat revendiqué par le Jihad islamique.

24 avril 2003 : Alexander Kostyuk, un garde de sécurité de la société Bat Yam, âgé de 23 ans, est tué et treize autres passants sont blessés, dont deux grièvement, dans un attentat suicide à la bombe à

l'extérieur de la gare de Kfar Sava. Des groupuscules liés aux Brigades des martyrs d'El-Aqsa et au Front populaire de libération de la Palestine revendiquent conjointement l'attentat.

30 avril 2003 : trois personnes sont tuées et soixante autres blessées lorsqu'un kamikaze se fait exploser dans le bar Mike's Palace sur la plage de Tel-Aviv. Le Fatah Tanzim et le Hamas revendiquent tous deux l'attentat, déclarant avoir mené une action conjointe. Les services secrets révèlent que deux Britanniques musulmans impliqués dans l'attentat suicide ont été envoyés dans la bande de Gaza pour perpétrer des attentats organisés par la branche militaire du Hamas.

17 mai 2003 : Gadi Levy et son épouse Dina, âgés respectivement de 31 et 37 ans, originaires de Kiryat Arba, sont tués dans un attentat suicide à la bombe à Hébron. Attentat revendiqué par le Hamas.

18 mai 2003 : sept personnes sont tuées et vingt autres blessées dans un attentat suicide à la bombe dans le bus Egged de la ligne 6 près de Ha' Giva Ha' Tzerfati à Jérusalem. Le Hamas revendique l'attentat.

Un deuxième poseur de bombe fait éclater sa charge alors qu'il est intercepté par la police au nord de Jérusalem. Seul le terroriste est tué, aucune autre personne n'est blessée.

19 mai 2003 : trois soldats de l'IDF sont légèrement blessés quand un cycliste palestinien fait exploser sa charge alors qu'il dépasse une Jeep militaire près de Kfar Darom, au sud de la bande de Gaza. Le terroriste est tué par l'explosion. Attentat revendiqué par le Hamas.

19 mai 2003 : trois personnes sont tuées et environ soixante-dix autres blessées dans un attentat suicide à l'entrée du centre commercial Amakim à Afula. Le Jihad islamique et les Brigades des martyrs d'El-Aqsa revendiquent l'attentat.

22 mai 2003 : neuf Israéliens sont tués quand une bombe posée le long de la route explose à proximité d'un bus près de Netzarim dans la bande de Gaza.

11 juin 2003 : dix-sept personnes sont tuées et plus de cent autres blessées dans un attentat suicide dans le bus Egged de la ligne n° 14A à l'extérieur du bâtiment Clal sur la route de Jaffa dans le centre de Jérusalem. Attentat revendiqué par le Hamas.

19 juin 2003 : Avner Mordechai, 58 ans, originaire de Moshav Sde Trumot, est tué quand un kamikaze se fait exploser dans un magasin de Sde Trumot au sud de Beit She'an. Le terroriste est tué. Attentat revendiqué par le Jihad islamique.

7 juillet 2003 : Mazal Afari, 65 ans, originaire de Moshav Kfar Yavetz, est tuée dans sa maison ce lundi après-midi et trois de ses petits-enfants sont légèrement blessés dans un attentat suicide à la bombe. La dépouille mutilée du poseur de bombe est découverte dans les décombres de la maison. Attentat revendiqué par le Jihad islamique.

12 août 2003 : Erez Hershkovitz, 18 ans, originaire de Eilon Moreh, est tué et trois autres personnes sont blessées lorsqu'un adolescent palestinien se fait exploser avec une bombe à un arrêt de bus à la périphérie de Ariel. Amatzia Nisanevitch, 22 ans, originaire de Nofim, succombe à ses blessures le 28 août.

19 août 2003 : vingt-trois personnes sont tuées et plus de cent trente autres blessées lorsqu'un Palestinien se fait exploser avec sa bombe dans le bus Egged de la ligne n° 20 dans le quartier Shmuel Hanavi à Jérusalem. Attentat revendiqué par le Hamas.

9 septembre 2003 : neuf soldats de l'IDF sont tués et trente autres personnes blessées dans un attentat suicide à la bombe au poste de garde militaire à l'extérieur de l'entrée principale de l'hôpital militaire de Assaf-Harofeh et de la base de Tsrifin.

9 septembre 2003 : sept personnes sont tuées et plus de cinquante autres blessées dans un attentat suicide à la bombe devant le café Hillel dans la rue Emek Refaim, le quartier le plus prisé de la Colonie germanique des faubourgs de Jérusalem. Attentat revendiqué par le Hamas.

4 octobre 2003 : vingt et une personnes sont tuées, dont quatre enfants, et soixante autres blessées dans un attentat suicide à la bombe mené par une terroriste de Jenin au restaurant Maxim à Haïfa. Attentat revendiqué par le Jihad islamique.

9 octobre 2003 : un kamikaze palestinien se fait exploser au poste militaire du DCO (Defense Control Office) situé à l'entrée de Tulkarem. Le poseur de bombe s'est approché du guichet de la réception et s'est fait exploser, blessant deux soldats de l'IDF et un Palestinien.

15 octobre 2003 : trois Américains sont tués et un autre blessé à la jonction Beit Hanoun dans la bande de Gaza lorsqu'une bombe de très forte puissance explose, démolissant une Jeep blindée dans un convoi de diplomates américains.

3 novembre 2003 : un kamikaze se tue au village de West Bank à Azun, près de Kfar Qasem, alors qu'il s'aperçoit que des officiers de la sécurité israéliens le recherchent. Un soldat de l'IDF est légèrement blessé. Attentat revendiqué par les Brigades des martyrs d'El-Aqsa.

25 décembre 2003 : quatre Israéliens sont tués et plus de vingt autres blessés dans un attentat suicide à la bombe à l'arrêt de bus du carrefour Geha, à l'est de Tel-Aviv, à proximité de Petah Tikva. Attentat revendiqué par le Front populaire de libération de la Palestine.

14 janvier 2004 : quatre Israéliens (trois soldats et un civil) sont tués et dix autres blessés quand une terroriste fait exploser sa bombe au carrefour de Erez dans la bande de Gaza. Le Hamas et les Brigades des martyrs d'El-Aqsa revendiquent conjointement l'attentat.

29 janvier 2004 : onze personnes sont tuées et plus de cinquante autres blessées, dont treize grièvement, dans un attentat suicide à la bombe dans un bus Egged de la ligne n° 19 au coin des avenues Gaza et Arlozorov à Jérusalem. Les Brigades des martyrs d'El-Aqsa revendiquent l'attentat en précisant que le kamikaze s'appelait Ali Yusuf Jaara, un policier palestinien de 29 ans originaire de Bethléem.

22 février 2004 : huit personnes sont tuées et plus de soixante autres blessées, dont onze d'entre elles sont des écoliers, dans un attentat suicide à la bombe dans un bus de la ligne n° 14A venant de Jérusalem, à proximité du parc Apahamonim. Les Brigades des martyrs d'El-Aqsa revendiquent l'attentat, désignant Mohammed Za'ul, originaire de Bethléem, comme son auteur.

6 mars 2004 : deux policiers palestiniens sont tués dans une attaque terroriste, au poste frontière d'Erez au nord de Gaza, menée à coups de tirs de mitraillette et de véhicules suicides bourrés d'explosifs dont certains étaient des Jeep camouflées de l'IDF. Deux des véhicules explosent du côté palestinien du carrefour, tuant quatre terroristes. On ne dénombre aucune victime de l'IDF. Le Hamas, le Jihad islamique et l'aile militaire du Fatah revendiquent l'attentat.

14 mars 2004 : dix personnes sont tuées et seize autres blessées dans un double attentat suicide au port d'Ashdod. Attentat revendiqué par le Hamas et le Fatah.

Conclusion

Depuis l'origine et partout où ils se sont installés, les juifs ont bâti des *eruv*, ces murs symboliques qui les séparent des autres, des non-juifs, des goys. Curieusement, l'un des rares vestiges du temple de Jérusalem détruit par Rome est une inscription, ô combien symbolique dans le contexte actuel : « Goy, si tu passes ce Mur, tu ne pourras que te blâmer toi-même pour la mort atroce qui t'attend. »

L'efficacité politique et stratégique des murs, murailles et rideaux de fer qui jalonnent l'histoire des peuples est plus que douteuse. Quand ces frontières artificielles ne se sont pas tout simplement écroulées, elles ont été contournées comme la Grande Muraille de Chine et la ligne Maginot, ou chargées de la symbolique du Mal, comme le mur de Berlin que chacun finalement rêvait de détruire.

Le mur de Sharon suffira-t-il à contenir ce terrorisme qu'Israël ne peut vaincre ? Le général devenu Premier ministre a-t-il oublié qu'aucun obstacle matériel ne résiste à l'imagination des hommes ? Lorsque mus par la haine et le désespoir les terroristes palestiniens transiteront par les pays voisins, que faudra-t-il faire ? Construire d'autres murs tout au long des frontières syrienne, libanaise, jordanienne, égyptienne ? Bâtir des blockhaus sur les plages et truffer de mines sous-marines la côte méditerranéenne ?

Israël s'enferme. Israël s'isole. Avec ce mur, ses habitants seront plus que jamais coupés des réalités de la région. Les juifs européens se sont battus pendant deux siècles pour sortir des ghettos, pour faire tomber le mur de la ségrégation et de l'arbitraire. Celui que les Israéliens construisent aujourd'hui illustre leur peur de l'avenir, leur impuissance, leur désespoir.

Il est tel une ultime expression physique de l'une des maximes les plus importantes de l'enseignement juif : « Érige un mur autour de la Torah ».

Le mur de Sharon est aussi ce mur autour de la Torah, car comme m'a dit l'un de ses soutiens politiques : « Si vous laissez un goy circuler librement, tôt ou tard il tue un juif. »

La formule est dure, mais elle cache une réalité intangible qui met en péril, aux yeux de bien des juifs, l'existence même de leur État et donc leur avenir : la situation démographique des deux côtés du mur est telle que si les Palestiniens renoncent demain au rêve d'avoir un État indépendant, il réclameront le droit de vivre dans un État binational, au côté des juifs. Ils auront alors le soutien du million trois cent mille Arabes vivant à l'intérieur des frontières actuelles d'Israël et y seront majoritaires à court terme. Ils réclameront et obtiendront le droit de vote et entreront de plain-pied dans la communauté vivant sur le territoire considéré aujourd'hui comme « propriété d'Israël ». L'idée d'évacuer les colonies de Cisjordanie deviendra alors absurde.

Les Israéliens et les Palestiniens sont donc condamnés à vivre côte à côte. La création d'un État palestinien est non seulement vitale pour Israël, mais elle est urgente. Plus l'injustice frappera l'un, plus l'autre en souffrira. Aujourd'hui, la question n'est plus de savoir qui a raison et qui a tort, qui est le bon et qui est le méchant. La question est de savoir de quoi demain sera fait.

Et pour qu'un avenir de paix et de justice ait une chance, il est indispensable qu'Israël devienne, enfin, un pays comme les autres.

Table

Impression réalisée sur CAMERON par

BUSSIÈRE CAMEDAN IMPRIMERIES

GROUPE CPI

à Saint-Amand-Montrond (Cher)
en septembre 2004
pour les Éditions Presses de la Renaissance
12, avenue d'Italie
75013 Paris

Composé par Nord Compo
à Villeneuve-d'Ascq

N° d'édition : 060. — N° d'impression : 043582/1.
Dépôt légal : septembre 2004.

Imprimé en France